Crónicas de América Latina

Crónicas de América Latina: narrativa de no-ficción es la primera edición de una novedosa antología de crónicas diseñada para la enseñanza de español avanzado.

Los textos, fascinantes y accesibles, permiten que los estudiantes se adentren en la compleja realidad contemporánea, tanto política como social y cultural, de América Latina, mientras refuerzan la lectura, la redacción y la conversación. Los ejercicios, todos ellos diseñados a partir de los propios textos, pretenden repasar problemas gramaticales y léxicos tradicionales, con especial énfasis en aquellos que atañen a las variedades dialectales del español americano: por ejemplo, el uso del pronombre 'vos' o las características del español caribeño.

Este libro es un excelente material de lectura que puede usarse en clases de español como segunda lengua o en clases de español para hablantes de herencia, tanto en clases de lengua (gramática o conversación) como de contenido (cultura). Dividido en nueve capítulos, el material abarca temas cruciales tales como política, identidad, raza, género, inmigración, violencia, exilio, medio ambiente, gastronomía, fútbol y música.

Cada texto puede leerse de forma independiente, lo que permite que los profesores seleccionen las lecturas según las particularidades de cada curso. Pensado en un principio para estudiantes de español, esta antología es sobre todo una lectura indispensable para cualquier persona interesada en la zona que concentra el mayor número de hispanohablantes en el mundo.

Miguel Á. Novella (PhD Georgetown University) cursó una Licenciatura en Lengua y Literaturas Hispánicas y una maestría en Lingüística Aplicada en la Universidad Nacional Autónoma de México (UNAM) en Ciudad de México. Ha enseñado español como lengua extranjera y cursos de formación de profesores en México y los Estados Unidos. Sus principales áreas de investigación son el aprendizaje implícito y explícito de una segunda lengua, la instrucción por tareas, la formación de docentes de segundas lenguas, el español para propósitos específicos y la adquisición y el desarrollo lingüístico de los hablantes de herencia. Ha publicado en revistas académicas y presentado en conferencias nacionales e internacionales. Actualmente es un profesor asociado de español en Eastern Washington University, donde ofrece cursos de metodología de segundas lenguas y de gramática.

Esteban Mayorga (PhD Boston College) es profesor de literatura y de estudios latinoamericanos en el Departamento de Lenguas de la Universidad de Niágara, Nueva York, y en la Universidad San Francisco de Quito, Ecuador. Sus áreas de investigación son la escritura de viajes, la ficción transatlántica contemporánea y la enseñanza de lengua y cultura hispánicas. Es autor de varios libros de ficción, incluidas las novelas *Moscow, Idaho* (2015) y *Faribole* (2018); así como del libro de crítica literaria *Galápagos Imaginarios de la evolución textual en las islas encantadas* (2019). Para su doctorado escribió sobre la representación del paisaje galapaguense. Cada dos años imparte un curso sobre literatura de viajes y lleva a sus estudiantes a las Galápagos.

Crónicas de América Latina
Narrativa de no-ficción

Miguel Á. Novella y Esteban Mayorga

SPANISH LIST ADVISOR: JAVIER MUÑOZ-BASOLS

LONDON AND NEW YORK

First published 2020
by Routledge
2 Park Square, Milton Park, Abingdon, Oxon OX14 4RN

and by Routledge
52 Vanderbilt Avenue, New York, NY 10017

Routledge is an imprint of the Taylor & Francis Group, an informa business

© 2020 Miguel Á. Novella and Esteban Mayorga

The right of Miguel Á. Novella and Esteban Mayorga to be identified as authors of this work has been asserted by them in accordance with sections 77 and 78 of the Copyright, Designs and Patents Act 1988.

All rights reserved. No part of this book may be reprinted or reproduced or utilised in any form or by any electronic, mechanical, or other means, now known or hereafter invented, including photocopying and recording, or in any information storage or retrieval system, without permission in writing from the publishers.

Trademark notice: Product or corporate names may be trademarks or registered trademarks, and are used only for identification and explanation without intent to infringe.

British Library Cataloguing-in-Publication Data
A catalogue record for this book is available from the British Library

Library of Congress Cataloging-in-Publication Data
A catalog record has been requested for this book

ISBN: 978-1-138-71300-0 (hbk)
ISBN: 978-1-138-71301-7 (pbk)
ISBN: 978-1-315-19964-1 (ebk)

Typeset in Times New Roman
by Newgen Publishing UK

Contents

Foreword   vii

1   Identidad y lengua   1
La travesía de Wikdi – Alberto Salcedo Ramos – Colombia 1
Un año detrás de los acentos – Pablo Zulaica – México 12

2   Tensión de género   20
Machos – Leila Guerriero – Argentina 20
Muxes de Juchitán – Martín Caparrós – México 26

3   Tensión política   35
Yoani contra Yohandry – Diego Enrique Osorno – Cuba 35
Se alza el mito – Lisa López – Venezuela 47

4   La dictadura y los desplazados   58
El rastro en los huesos I – Leila Guerriero – Argentina 58
El rastro en los huesos II – Leila Guerriero – Argentina 71
Argentinos al grito de guerra – Sandra Lorenzano – Argentina / México 83

5   Representaciones latinoamericanas en los Estados Unidos   92
No soy tu cholo – Marco Avilés – Perú 92
Por amor al dólar – J.M. Servín – EE. UU. / México 101
Historia de dos ciudades – Víctor Hugo Michael – EE. UU. / México 109

6   Problemas y discusiones medioambientales   122
Galápagos: The Ecuadorian Dream – Juan Fernando Andrade – Ecuador 122
La orquesta impensada – María Soledad Pereira – Paraguay 132
Acariciar el cóndor – Alain-Paul Mallard – Bolivia 140

7   El fútbol   150
En busca del técnico perfecto – Fabián Casas – Argentina 150
El mundo Mundial 1: La fábrica de ficciones – Martín Caparrós – Argentina 156

8 El sabor de la gastronomía latinoamericana 163
El señor de las papas – Eliezer Budasoff – Perú 163
Disculpa, tienes un bicho en tu boca – David Hidalgo – México 174
La señora de las arepas – Marco Bello – Venezuela 186

9 Personajes latinoamericanos 194
La segunda Bachelet – Patricio Fernández – Chile 194
Un fin de semana con Pablo Escobar – Juan José Hoyos – Colombia 202
La fokin izquierda – Diego Enrique Osorno – México / Cuba / Puerto Rico 218

Índice 228

Foreword

Social and cultural landscapes of Latin America

We are honored to present a pioneering work that seeks to introduce to the market of advanced Spanish learners a textbook for Latin American culture and language based on pieces of creative non-fiction. These pieces, or *crónicas periodísticas*, compare to those found in prominent magazines such as *The New Yorker* or *Harper's*. *Crónicas*, which represent a literary genre with a long tradition in Latin America, have currently gained a central role in the Spanish-speaking literary world and are published in important cultural magazines of the region. Prestigious writers, and institutions, recognize the value of this genre as "the best" prose written in Spanish today. Currently, a textbook exclusively based on *crónicas* does not exist.

We believe that creative non-fiction journalistic reports are characterized by a writing style that proves ideal for advanced learners of Spanish. Most *crónicas* tend to be shorter than the average short story and depend on verifiable facts, as some have defined them as "true stories well told". Midway between literature and journalism, this hybrid genre has emerged as one of the ideal ways to highlight and present the complex realities of Latin American countries. *Crónicas* might be the optimal conduit to understanding the particular ethos that shapes the Americas.

Instructors will benefit from using this textbook because journalistic narratives do not have to deal, necessarily, with the same conceptual problems that might arise from other genres. As world languages pedagogy emphasizes the importance of the relationship between language and culture, instuctors recognize the need to expose students to authentic materials designed by native speakers for native speakers. As a result, it is common to use literary texts in world languages courses in order to introduce students to language and culture in the target language, and although this approach can be useful, we would like to present an alternative to these that contributes with diverse topics and materials. In the *crónicas* we selected the emphasis is on real events as part of an effort to mirror prevalent themes of these countries more effectively. At the language acquisition level, a creative non-fiction approach attempts to avoid some of the issues that more traditional literary texts might pose. We would like to facilitate discussions immediate to specific cultural aspects and therefore have strived to present them in an amiable, reader-friendly format compared to regular content-based texts used in typical language courses.

We are convinced that students will benefit because our book can partly efface comprehension difficulties, resulting in improved learning and better retention of the material. In addition, the style of texts used in more traditional language courses tends to be, more often than not, different from the current standard Spanish spoken in everyday life. We have tried to combat this by offering a selection of authentic texts written by some of the best writers in Spanish that showcases the contemporary Spanish language used in Latin American countries. Additionally, it seems that students are already familiar with expository writing, which is comparable to the writing used in journalistic pieces, and in this book we would like to capitalize on this pre-acquired knowledge and its recognizable style.

The main goals of this book are:

- To provide students and instructors with a textbook that allows them to study Spanish culture and language through an alternative to literature-based textbooks.
- To reinforce composition, conversation, and reading skills in Spanish using an innovative method that emphasizes creative non-fiction.
- To complement the learning process of advanced Spanish language acquisition by including texts from many different Latin American countries.
- To expose students to current important topics of the Latin American nations, and, as a result, expand the students' cultural knowledge.
- To familiarize students with contemporary prose written in Spanish and thus increase the students' knowledge of the target language.

The quality of the prose and the importance of the topic were the main criteria to select these texts. The result of this intersection resulted in 26 texts from 24 different authors and 13 singular countries. These cover important issues of the subcontinent: popular culture and identity, gender issues, politics, immigration and displacement, Latin American diaspora in the United States, environmental issues, gastronomy, drug trafficking, music, and sports. We strongly believe that this selection, which avoids formulaic themes, offers a window through which this complex, vibrant, and diverse region with the largest number of Spanish speakers in the world can be studied.

Organization of the material

The texts are structured in thematic chapters, but each text is independent and can be read accordingly. Therefore, the anthology offers flexibility to suit advanced language courses – as a supplemental reading material – as well as culture and civilization courses – as the main textbook – which can be used as the organizing source that integrates the course content. Considering the quality of the authors and texts, the anthology is also recommended for already fluent readers or native speakers interested in the *crónica* genre.

Each text is supported by a series of pedagogical elements that enhance the reading comprehension of the reader:

a) A short biography note of the author.
b) An introduction to the reading that situates the text within a larger historical and cultural context.
c) Vocabulary exercises that deal with the most crucial lexicon needed to obtain an in-depth understanding of the text.
d) The text is accompanied by glosses.
e) Different types of questions: comprehension, detail, main idea, and inference.

Foreword ix

f) Organic exercises, demonstrating how the language is used in context, emerged from the readings covering linguistic aspects such as grammar, cognates, word formation, dialects, and so on. Some of these topics are rules of accentuation particular to the Spanish language; grammatical issues such as Spanish verbs with prepositions, preterite vs. imperfect, verbal periphrases, gerunds, participles, the prepositions *por* vs. *para*, as well as morphology issues including gender in animals and diminutive formation and usage. Issues of variation are also covered such as regional Spanish words, peculiarities of the Caribbean Spanish, and the Latin American usage of the pronoun 'vos', which is present in the whole region but nonexistent in Peninsular Spanish.

This book is dedicated to all learners of Spanish, but also to those who already know the language and want to know more about the complexities that go well beyond geographic and linguistic boundaries.

Authors would like to thank their current institutions: Eastern Washington University and Niagara University for their continuous support, and in particular the Department of Modern Languages at EWU and the Department of Modern and Classical Languages at NU. The authors would also like to thank Samantha Vale Noya and Rosie McEwan from Routledge, who have guided us since we submitted the proposal. Geraldine Martin and Céline Durassier, production editor and project manager respectively, who were in charge of editing the manuscript until it became a publishable book. Miguel Á. Novella Gómez wants to thank his parents, Miguel Á. Novella and Antonia Gómez; wife, Teodora Bernadeta, and siblings, Mayra Roxana and Víctor Manuel. Esteban Mayorga would like to thank many individuals and institusions but four immediately come to mind: Gabriela Ponce, Samuel Mayorga, Manuela Larrea, and Jim McCutcheon.

1 Identidad y lengua

LA TRAVESÍA DE WIKDI – COLOMBIA

Publicado originalmente en la revista *Soho* (2013)

Alberto Salcedo Ramos

Según datos del Banco Mundial, un tercio de la población rural de América Latina no cuenta con servicios básicos, y en ciertos lugares esta cifra es aún mayor. La crónica que vas a leer a continuación individualiza este problema al retratar la caminata que un niño colombiano, Wikdi, realiza para ir y volver a su escuela. No es casual que el niño sea indígena y que esté en uno de los Departamentos de menores recursos del país. Las dificultades que Wikdi tiene que sufrir solo para acceder a algo tan básico e importante como la educación primaria, ayudan a entender mejor las contradicciones de equidad social que se encuentran en Latinoamérica, y muestran uno de los desfases propios a un proceso de modernidad todavía por completarse.

Acerca del autor

Alberto Salcedo Ramos (Colombia, 1963) es un cronista colombiano de mucho renombre cuyo trabajo aparece en diversas antologías de periodismo narrativo. Forma parte del grupo "Nuevos Cronistas de Indias" y dicta talleres en distintos países. Escribe sobre varios temas, muchos de ellos relacionados con la cultura popular. Ha obtenido varios premios por sus textos, "La travesía de Wikdi" obtuvo el primer lugar en los Premios Ortega y Gasset.

Actividades de pre-lectura

I

Ejercicios de vocabulario

Encuentra la definición que mejor corresponda a la palabra resaltada, utiliza el contexto como ayuda.

1. Allí, además, los **paramilitares** han torturado y asesinado a muchas personas. (Lns. 2–3)
2. Además, al culminar el **bachillerato** en ese colegio de "libres" seguramente hablará mejor el idioma español. (Lns. 44–45)

2 *Identidad y lengua*

3. Para los indígenas kunas, "libres" son todas aquellas personas que no pertenecen a su **etnia**. (Lns. 45–46)
4. ¡Qué **quijotada**, por Dios, qué historias tan románticas las que florecen en nuestro país! (Lns. 129–130)
5. Supuestamente, aquí enseñan a criar conejos; sin embargo, la última vez que los estudiantes vieron un conejo fue hace ocho años. Tampoco quedan **cuyes** ni patos. (Lns. 219–221)

II

Paso 1

Antes de leer el texto piensa cuando eras niño e ibas a la escuela. ¿Ibas solo? ¿Quién te llevaba? ¿Cuánto tiempo te tomaba llegar? Brevemente responde por escrito a las tres preguntas.

Paso 2

Comparte tus ideas con un compañero. Juntos, intenten responder a las siguientes preguntas.
 ¿Puedes pensar en las desventajas de vivir lejos de tu escuela? Enumera tres. ¿Hay alguna ventaja?

III

Indica si estás de acuerdo con las siguientes oraciones.

	Estoy de acuerdo	*No estoy de acuerdo*
1. Nunca he reflexionado verdaderamente acerca de la distancia que hay entre mi casa y mi escuela.	___	___
2. Soy consciente de que muchos niños en el mundo, incluso en mi país, tienen problemas para llegar a la escuela.	___	___
3. En mi país el problema de transporte se limita a encontrar aparcamiento y a evitar el tráfico.	___	___
4. El transporte en realidad no es un problema serio, hay muchos otros más importantes y urgentes como la pobreza.	___	___
5. Creo que todos los niños del mundo deberían tener transporte seguro y gratuito a la escuela.	___	___

IV

Ahora lee la crónica. Recuerda que no tienes que entender todo, sino solamente los puntos principales y la organización general del texto. No te detengas para buscar palabras en el diccionario.

La travesía de Wikdi

En la áspera trocha[1] de ocho kilómetros que separa a Wikdi de su escuela se han desnucado[2] decenas de burros. Allí, además, los paramilitares[3] han torturado y asesinado a muchas personas. Sin embargo, Wikdi no se detiene a pensar en lo peligrosa que es esa senda atestada de piedras, barro seco y maleza. Si lo hiciera, se moriría de susto y no podría estudiar. En la caminata de ida y vuelta entre su rancho, localizado en el resguardo indígena de Arquía, y su colegio, ubicado en el municipio de Unguía,[4] emplea cinco horas diarias.

Son las 4:35 de la mañana. En enero la temperatura suele ser de extremos en esta zona del Darién chocoano: ardiente durante el día y gélida durante la madrugada. Wikdi —trece años, cuerpo menudo— tirita de frío. Hace un instante le dijo a Prisciliano, su padre, que prefiere bañarse de noche. En este momento ambos especulan sobre lo helado que debe de haber amanecido el río Arquía.

—Menos mal que nos bañamos anoche —dice el padre.
—Esta noche volvemos al río —contesta el hijo.

Diagonal adonde ellos se encuentran, un perro se acerca al fogón de leña emplazado en el suelo de tierra. Arquea el lomo contra uno de los ladrillos del brasero, y allí se queda recostado absorbiendo el calor. Prisciliano le pregunta a su hijo si guardó el cuaderno de geografía en el morral. El niño asiente con la cabeza, dice que ya se sabe de memoria la ubicación de América. El padre mira su reloj y se dirige a mí.

—Cinco menos veinte —dice.

Luego agrega que Wikdi ya debería ir andando hacia el colegio. Lo que pasa, explica, es que en esta época clarea casi a las seis de la mañana y a él no le gusta que el muchachito transite por ese camino tan anochecido. Hace unos minutos, cuando él y yo éramos los únicos ocupantes despiertos del rancho, Prisciliano me contó que el nacimiento de Wikdi, el mayor de sus cinco hijos, sucedió en una madrugada tan oscura como esta. Fue el 13 de mayo de 1998. A Ana Cecilia, su mujer, le sobrevinieron los dolores de parto un poco antes de las tres de la mañana. Así que él, fiel a un antiguo precepto de su etnia, corrió a avisarles a los padres de ambos. Los cuatro abuelos se plantaron alrededor de la cama, cada uno con un candil[5] encendido entre las manos. Entonces fue como si de repente todos los kunas mayores, muertos o vivos, conocidos o desconocidos, hubieran convertido la noche en día solo para despejarle el horizonte al nuevo miembro de la familia. Por eso Prisciliano cree que a los seres de su raza siempre los recibe la aurora, así el mundo se encuentre sumergido en las tinieblas. Eso sí —concluye con

---

1 Camino estrecho, por lo general en mal estado, que acorta distancia entre dos lugares.
2 Morir de un golpe en la parte de atrás del cuello, la nuca.
3 Organizaciones que tienen una cultura organizacional militar pero que no son parte de las fuerzas armadas o del Estado. Por lo general, operan fuera de la ley.
4 La crónica se refiere al Departamento de Chocó, ubicado al noroeste de Colombia, uno de los que menos recursos tiene en todo el país.
5 Lámpara de aceite que alumbra con fuego.

aire reflexivo—: aunque lleven la claridad por dentro arriesgan demasiado cuando se internan por la trocha de Arquía en medio de tamaña negrura.

Prisciliano —treinta y ocho años, cuerpo menudo— espera que el sacrificio que está haciendo su hijo valga la pena. Él cree que en la Institución Educativa Agrícola de Unguía el niño desarrollará habilidades prácticas muy útiles para su comunidad, como aplicar vacunas veterinarias o manejar fertilizantes. Además, al culminar el bachillerato en ese colegio de "libres" seguramente hablará mejor el idioma español. Para los indígenas kunas, "libres" son todas aquellas personas que no pertenecen a su etnia.

—El colegio está lejos —dice— pero no hay ninguno cerca. El que tenemos nosotros aquí en el resguardo solo llega hasta quinto grado, y Wikdi ya está en séptimo.
—La única opción es cursar el bachillerato en Unguía.
—Así es. Ahí me gradué yo también.

Prisciliano advierte que con el favor de Papatumadi —es decir, Dios— Wikdi estudiará para convertirse en profesor una vez termine su ciclo de secundaria.

—Nunca le he insinuado que elija esa opción —aclara—. Él vio el ejemplo en casa porque yo soy profesor de la escuela de Arquía.

¿Podrá Wikdi abrirse paso en la vida con los conocimientos que adquiera en el colegio de los "libres"? Es algo que está por verse, responde Prisciliano. Quizá se enriquecerá al asimilar ciertos códigos del mundo ilustrado, ese mundo que se encuentra más allá de la selva y el mar que aíslan a sus hermanos. Se acercará a la nación blanca y a la nación negra. De ese modo contribuirá a ensanchar los confines de su propia comarca. Se documentará sobre la historia de Colombia, y así podrá, al menos, averiguar en qué momento se obstruyeron los caminos que vinculaban a los kunas con el resto del país.

Estudiará el Álgebra de Baldor, se aprenderá los nombres de algunas penínsulas, oirá mencionar a Don Quijote de la Mancha. Después, transformado ya en profesor, les transmitirá sus conocimientos a las futuras generaciones. Entonces será como si otra vez, por cuenta de los saberes de un predecesor, brotara la aurora en medio de la noche.

—Las cinco y todavía oscuro —dice ahora Prisciliano.

Anabelkis, su cuñada, ya está despierta: hierve café en el mismo fogón en el que hace un momento tomaba calor el perro. Su marido intenta tranquilizar al bebé recién nacido de ambos, que llora a moco tendido. Nadie más falta por levantarse, pues Ana Cecilia y los otros hijos de Prisciliano durmieron anoche en Turbo, Antioquia. En el radio suena una conocida canción de despecho interpretada por Darío Gómez.

Ya lo ves me tiré el matrimonio
y ya te la jugué de verdad
fuiste mala, ay, demasiado mala
pero en esta vida todo hay que aguantar.

El fogón es ahora una hoguera que esparce su resplandor por todo el recinto. Cantan los gallos, rebuznan los burros. En el rancho ha empezado a bullir la nueva jornada. Más allá siguen reinando las tinieblas. Pareciera que en ninguna de las 61 casas restantes del cabildo se hubiera encendido un solo candil. Eso sí: cualquiera que haya nacido aquí sabe que, a esta hora, la mayoría de los 582 habitantes de la comarca ya está en pie.

Wikdi le dice hasta luego a Prisciliano en su lengua nativa ("¡kusalmalo!"), y comienza a caminar a través del pasillo que le van abriendo los cuatro perros de la familia.

***

Hemos caminado por entre un riachuelo como de treinta centímetros de profundidad. Hemos atravesado un puente roto sobre una quebrada sin agua. Hemos escalado una pendiente cuyas rocas enormes casi no dejan espacio para introducir el pie. Hemos cruzado un trecho de barro revestido de huellas endurecidas: pezuñas, garras, pisadas humanas. Hemos bajado por una cuesta invadida de guijarros filosos que parecen a punto de desfondarnos las botas. Ahora nos aprestamos a vadear una cañada repleta de peñascos resbaladizos. Un vistazo a la izquierda, otro a la derecha. Ni modo, toca pisar encima de estas piedras recubiertas de cieno. Me asalta una idea pavorosa: aquí es fácil caer y romperse la columna. A Wikdi, es evidente, no lo atormentan estos recelos de nosotros los "libres": zambulle las manos en el agua, se remoja los brazos y el rostro.

Hace hora y media salimos de Arquía. La temperatura ha subido, calculo, a unos 38 grados centígrados.[6] Todavía nos falta una hora de viaje para llegar al colegio, y luego Wikdi deberá hacer el recorrido inverso hasta su rancho. Cinco horas diarias de travesía: se dice muy fácil, pero créanme: hay que vivir la experiencia en carne propia para entender de qué les estoy hablando. En esta trocha los caballos se hunden hasta la barriga y hay que desenterrarlos halándolos[7] con sogas. Algunos se estropean, otros mueren. Unos zapatos primorosos de esos que usa cierta gente en la ciudad —unos Converse, por ejemplo— ya se me habrían desbaratado. Aquí los pedruscos afilados taladran la suela. El caminante siente las punzadas en las plantas de los pies aunque calce botas pantaneras como las que tengo en este momento.

—¡Qué sed! —le digo a Wikdi.
—¿Usted no trajo agua?
—No.
—Apenas nos faltan tres puentes para llegar al pueblo.

Agradezco en silencio que Wikdi tenga la cortesía de intentar consolarme. Entonces él, tras esbozar una sonrisa candorosa, corrige la información que acaba de suministrarme.

—No, mentiras: faltan son cuatro puentes.

En la gran urbe en la que habito, mencionar a un niño indígena que gasta cinco horas diarias caminando para poder asistir a la escuela es referirse al protagonista de un episodio bucólico. ¡Qué quijotada, por Dios, qué historias tan románticas las que

---

6 100 grados Farenheit.
7 Halar es una variación dialectal de jalar.

florecen en nuestro país! Pero acá, en el barro de la realidad, al sentir los rigores de la travesía, al observar las carencias de los personajes implicados, uno entiende que no se encuentra frente a una anécdota sino frente a un drama. (…) Cuando la trocha se sale de la foto de Google y aparece debajo de uno, es un monstruo que hiere los pies. Produce quemazón entre los dedos, acalambra los músculos gemelos. Extenúa, asfixia, maltrata. Sin embargo, Wikdi luce fresco. Tiene la piel cubierta de arena pero se ve entero. Le pregunto si está cansado.

—No.
—¿Tienes sed?
—Tampoco.

Wikdi calla, y así, en silencio, se adelanta un par de metros. Luego, sin mirarme, dice que lo que tiene es hambre porque hoy se vino sin desayunar.

—¿Cuántas veces vas a clases sin desayunar?
—Yo voy sin desayunar, pero en el colegio dan un refrigerio.
—Entonces comes cuando llegues.
—El año pasado era que daban refrigerio. Este año no dan nada.

Captada en su propio ambiente, digo, la historia que estoy contando suscita tanta admiración como tristeza. Y susto: aquí los paramilitares han matado a muchísimas personas. Hubo un tiempo en el que adentrarse en estos parajes equivalía a firmar anticipadamente el acta de defunción. El camino quedó abandonado y fue arrasado por la maleza en varios tramos. Todavía hoy existen partes cerradas. Así que nos ha tocado desviarnos y avanzar, sin permiso de nadie, por el interior de algunas fincas paralelas. Doy un vistazo panorámico, tanteo la magnitud de nuestra soledad. En este instante no hay en el mundo un blanco más fácil que nosotros. Si nos saliera al paso un paramilitar dispuesto a exterminarnos, lo conseguiría sin necesidad de despeinarse. Sobrevivir en la trocha de Arquía, después de todo, es un simple acto de fe. Y por eso, supongo, Wikdi permanece a salvo al final de cada caminata: él nunca teme lo peor.

—Faltan dos puentes —dice.

Solo una vez se ha sentido en riesgo. Caminaba distraído por un atajo cuando divisó, de improviso, una culebra que iba arrastrándose muy cerca de él. Se asustó, pensó en devolverse. También estuvo a punto de saltar por encima del animal. Al final no hizo ni lo uno ni lo otro, sino que se quedó inmóvil viendo cómo la serpiente se alejaba.

—¿Por qué te quedaste quieto cuando viste la culebra?
—Me quedé así.
—Sí, pero ¿por qué?
—Yo me quedé quieto y la culebra se fue.
—¿Tú sabes por qué se fue la culebra?
—Porque yo me quedé quieto.
—¿Y cómo supiste que si te quedabas quieto la culebra se iría?
—No sé.

Identidad y lengua 7

—¿Tu papá te enseñó eso?
—No.

Deduzco que Wikdi, fiel a su casta, vive en armonía con el universo que le correspondió. Él, por ejemplo, marcha sin balancear los brazos hacia atrás y hacia adelante, como hacemos nosotros, los "libres". Al llevar los brazos pegados al cuerpo evita gastar más energías de las necesarias. Deduzco también que tanto Wikdi como los demás integrantes de su comunidad son capaces de mantenerse firmes porque ven más allá de donde termina el horizonte. Si se sentaran bajo la copa de un árbol a dolerse del camino, si solo tuvieran en cuenta la aspereza de la travesía y sus peligros, no llegarían a ninguna parte.

—¿Tú por qué estás estudiando?
—Porque quiero ser profesor.
—¿Profesor de qué?
—De inglés y de matemáticas.
—¿Y eso para qué?
—Para que mis alumnos aprendan.
—¿Quiénes van a ser tus alumnos?
—Los niños de Arquía.

Deduzco, además, que para hacer camino al andar como proponía el poeta Antonio Machado, conviene tener una feliz dosis de ignorancia. Que es justamente lo que sucede con Wikdi. Él desconoce las amenazas que representan los paramilitares, y no se plantea la posibilidad de convertirse, al final de tanto esfuerzo, en una de las víctimas del desempleo que afecta a su departamento. En el Chocó, según un informe de las Naciones Unidas que será publicado a finales de este mes, el 54% de los habitantes sobrevive gracias a una ocupación informal. Allí, en el año 2002, el 20% de la población devengaba menos de dos dólares diarios. En esta misma región donde nos encontramos, a propósito, se presentó en 2007 una emergencia por desnutrición infantil que ocasionó la muerte de doce niños. Wikdi, insisto, no se detiene a pensar en tales problemas. Y en eso radica parte de la fuerza con la que sus pies talla 35 devoran el mundo.

—Ese es el último puente —dice, mientras me dirige una mirada astuta.
—¿El que está sobre el río Unguía?
—Sí, ese. Ahí mismito está el pueblo.

***

La Institución Educativa Agrícola de Unguía, fundada en 1961, ha forjado ebanistas, costureras, microempresarios avícolas. Pero hoy el taller de carpintería se encuentra cerrado, no hay ni una sola máquina de modistería y tampoco sobrevive ningún pollo de engorde. Supuestamente, aquí enseñan a criar conejos; sin embargo, la última vez que los estudiantes vieron un conejo fue hace ocho años. Tampoco quedan cuyes ni patos. En los 18 salones de clases abundan las sillas inservibles: están desfondadas, o cojas, o sin brazos. La sección de informática causa tanto pesar como indignación: los computadores son prehistóricos, no tienen puerto de memoria USB sino ranuras para disquetes que ya desaparecieron del mercado. Apenas cinco funcionan a medias. Recorrer las instalaciones del colegio es hacer un inventario de desastres.

—Este año no hemos podido darles a los estudiantes su refrigerio diario —dice Benigno Murillo, el rector—. El Instituto Colombiano de Bienestar Familiar, que es el que nos ayuda en ese campo, nos mandó un oficio informándonos que volverá a dar la merienda en marzo. Hemos tenido que reducir la duración de las clases y finalizar las jornadas más temprano. ¡Usted no se imagina la cantidad de muchachos que vienen sin desayunar!

Ahora los estudiantes del grupo Séptimo A van entrando atropelladamente al salón. Se sientan, sacan sus cuadernos. En el colegio nadie conoce a nuestro personaje como Wikdi: acá le llaman 'Anderson', el nombre alterno que le puso su padre para que encajara con menos tropiezos en el ámbito de los "libres".

—Anderson —dice el profesor de geografía—: ¿trajo la tarea?

Mientras el niño le muestra el trabajo al profesor, reviso mi teléfono celular. Está sin señal, un trasto inútil que durante la travesía solo me ha funcionado como reloj despertador. La "aldea global" que los pontífices de la comunicación exaltan desde los tiempos de McLuhan,[8] sigue teniendo más de aldea que de global. En el mundo civilizado vamos a remolque de la tecnología; en estos parajes atrasados la tecnología va a remolque de nosotros. Allá, en las grandes ciudades, al otro lado de la selva y el mar, el hombre acorta las distancias sin necesidad de moverse un milímetro. Acá toca calzarse las botas y ponerle el pecho al viaje.

—América es el segundo continente en extensión —lee el profesor en el cuaderno de Anderson.

Se me viene a la mente una palabra que desecho en seguida porque me parece gastada por el abuso: 'odisea'. Para entrar en este lugar de la costa pacífica colombiana que parece enclavado en el recodo más hermético del planeta, toca apretar las mandíbulas y asumir riesgos. El trayecto entre mi casa y el salón en el cual me encuentro este martes ha sido uno de los más arduos de mi vida: el domingo por la mañana abordé un avión comercial de Bogotá a Medellín. La tarde de ese mismo día viajé a Carepa —Urabá antioqueño— en una avioneta que mi compañero de viaje, el fotógrafo Camilo Rozo, describió como "una pequeña buseta con alas". En seguida tomé un taxi que, una hora después, me dejó en Turbo. El lunes madrugué a embarcarme, junto con veintitrés pasajeros más, en una lancha veloz que se abrió paso en el enfurecido mar a través de olas de tres metros de alto. Atravesé el caudaloso río Atrato, surqué la Ciénaga de Unguía, hice en caballo el viaje de ida hacia el resguardo de los kunas. Y hoy caminé con Wikdi, durante dos horas y media, por la trocha de Arquía.

El profesor sigue hablando:

—Chocó, nuestro departamento, es un puntito en el mapa de América.

---

8 Herbert M. McLuhan (1911–1980) fue un filósofo canadiense conocido por sus teorías acerca de los medios de comunicación.

¡Ah, si bastara con figurar en el Atlas Universal para ser tenido en cuenta! Estas lejuras de pobres nunca les han interesado a los indolentes gobernantes nuestros, y por eso los paramilitares están al mando. En la práctica ellos son los patronos y los legisladores reconocidos por la gente.

¿Cómo se podría romper el círculo vicioso del atraso? En parte con educación, supongo. Pero entonces vuelvo al documento de las Naciones Unidas. Según el censo de 2005, Chocó tiene la segunda tasa de analfabetismo más alta en Colombia entre la población de 15 a 24 años: 9,47%. Un estudio de 2009 determinó que en el departamento uno de cada dos niños que terminan la educación primaria no continúa la secundaria. En este punto pienso, además, en un dato que parece una mofa[9] de la dura realidad: el comandante de los paramilitares en el área es apodado 'el Profe'.

Anderson regresa sonriente a su silla. Me pregunto adónde lo llevará el camino al final del ciclo académico. Su profesora Eyda Luz Valencia, que fue quien lo bautizó con el nombre de "libre", cree que llegará lejos porque es despabilado y tiene buen juicio a la hora de tomar decisiones. Existen razones para vaticinar que no será un 'profe' siniestro como el de los paramilitares, sino un profesor sabio como su padre, capaz de improvisar una aurora aunque la noche esté perdida en las tinieblas.

Actividades para después de la lectura

Comprensión

I

Paso 1

Escoge la respuesta que más represente la idea central de la crónica.

a. El texto se limita a retratar el viaje diario que Wikdi, un chico colombiano, hace todos los días para ir a la escuela.
b. El autor quiere que entendamos cómo vive la mayoría de niños colombianos hoy en día.
c. La crónica quiere mostrar cómo en pleno siglo XXI todavía existen inequidades enormes, especialmente entre los indígenas colombianos que viven en el campo, y utiliza la figura de Wikdi para hacerla más conmovedora.

Paso 2

Explica tu respuesta con un ejemplo del texto. Elabora lo necesario.

Paso 3

- Comparte oralmente tu respuesta con un compañero.
- Después comparte tu respuesta con el resto de la clase. ¿Está, la mayoría, de acuerdo?

---

9 Una mofa es una burla, por lo general con desprecio.

10 *Identidad y lengua*

II

Responde a las siguientes preguntas.

1. ¿Cuántos kilómetros camina Wikdi para ir a la escuela todos los días? (Ln. 1)
2. ¿Cuántos años tiene Wikdi? ¿A qué hora se levantan Wikdi y su padre todos los días laborables? (Ln. 8–10)
3. ¿A qué etnia pertenecen Wikdi y su padre? (Lns. 45–46)
4. ¿Por qué el padre de Wikdi quiere que su hijo vaya a la escuela? ¿Qué profesión le interesa al chico? (Lns. 53–54)
5. ¿Cómo se dice "hasta luego" en la lengua nativa de Wikdi y Prisciliano, su maestro? (Ln. 91)
6. Además de larga, ¿cómo es la travesía de Wikdi a la escuela? (Lns. 96–104)

Interpretación

1. En tu opinión, ¿por qué crees que el autor de la crónica hizo el largo viaje con Wikdi? ¿Qué aporta esta experiencia al texto? ¿Cuáles son sus dificultades?
2. La distancia entre la escuela y la casa de Wikdi también es una distancia metafórica entre la Colombia moderna y la Colombia precolombina. ¿Cómo muestra el autor estas diferencias?
3. Prisciliano es maestro en la escuela local y Wikdi también quiere ser maestro. ¿Qué nos quiere "enseñar" el cronista al retratar esta generación de educadores? ¿Qué nos enseña Wikdi a nosotros los lectores? ¿Por qué es importante?
4. Aparentemente Wikdi no les tiene miedo a los paramilitares de la zona cuando hace su viaje diario, pero la vez que se encontró con una culebra tuvo miedo que lo atacara. ¿Cómo puedes explicar que no se asuste de la violencia social pero sí de la violencia natural? ¿Qué armonía puedes ver?

Discusión o debate

1. Los niños que viven tan lejos de la escuela no deberían asistir, deberían quedarse en casa para ayudar a sus padres o ayudar en el campo.
2. El gobierno no puede ayudar a esta gente porque tiene problemas mucho más urgentes en las ciudades, donde hay más gente que es más importante.

Ejercicios de gramática

Las cláusulas condicionales irreales con "Si…"

Las cláusulas condicionales expresan situaciones posibles, probables o hipotéticas. Las oraciones condicionales irreales presentan situaciones improbables o hipotéticas que son contrarias a la realidad.

Observa las siguientes oraciones tomadas del texto que acabas de leer:

1. Si **se sentaran** bajo la copa de un árbol a dolerse del camino, si solo **tuvieran** en cuenta la aspereza de la travesía y sus peligros, no **llegarían** a ninguna parte.

Identidad y lengua 11

Pero en realidad: Wikdi y los demás miembros de su comunidad no se sienten, ni tienen en cuenta la aspereza del camino, y por eso no llegan a ninguna parte.

2. Si nos **saliera** al paso un paramilitar dispuesto a exterminarnos, lo **conseguiría** sin necesidad de despeinarse.
   Pero en realidad: No hay un paramilitar que aparezca, y por eso no puede exterminarlos.

Último ejemplo, este no aparece en el texto:

Si **viviera** en la misma comunidad de Wikdi, **caminaría** cinco horas para ir a la escuela.
Pero en realidad: No vivo ahí, y por lo mismo no tengo que caminar cinco horas para llegar a la escuela.

Regla: Para formar oraciones condicionales irreales:

Si + imperfecto del subjuntivo + condicional

Se usa el imperfecto del subjuntivo y el condicional si la situación es irreal y contraria a la realidad: Si la comunidad de Wikdi **tuviera** una escuela, Wikdi no **caminaría** tanto todos los días.

A. Completa las siguientes oraciones:

1. Wikdi se moriría de susto y no podría estudiar si él _____ (pensar) en lo peligroso que es el camino a su escuela.
2. Si _____ (existir) un bachillerato en la comunidad de Wikdi, él no tendría que levantarse tan temprano para ir a la escuela.
3. El escritor y Wikdi no tendrían tanta sed si no _____ (hacer) tanto calor.
4. Si la Institución Educativa Agrícola de Unguía _____ (tener) más recursos, la escuela tendría mejores instalaciones.
5. Chocó, el departamento en la que vive Wikdi, no tendría la tasa de analfabetismo más alta de Colombia si la población indígena de Colombia _____ (recibir) más ayuda del gobierno central.

B. Escribe cinco oraciones para explicar qué harías para ayudar a Wikdi, a su familia y a su comunidad si tuvieras la oportunidad de hacerlo. Propón una solución hipotética al problema de Wikdi. Piensa que tienes recursos ilimitados.
Modelo: Si **enviara** dinero a una organización de ayuda a niños indígenas, Wikdi **tendría** una mejor escuela.

1. _____
2. _____
3. _____
4. _____
5. _____

UN AÑO DETRÁS DE LOS ACENTOS – MÉXICO

Publicado originalmente en la revista *Gatopardo* (2010)

Pablo Zulaica

A pesar de la supuesta simplicidad de la ortografía en español, esta presenta algunos retos. La colocación de tildes (´) es uno de los aspectos de la ortografía más difíciles de dominar para los hablantes nativos de español. Es por ello que una buena parte de los hispanohablantes, independientemente de su posición social y nivel de escolarización, tienen dificultad en saber dónde colocar la elusiva tilde. Esto ha llevado a que no pocas personas hayan propuesto la desaparición de las reglas de acentuación. Gabriel García Márquez, escritor colombiano ganador del Premio Nobel de Literatura, propuso en el Primer Congreso Internacional de la Lengua Española en Zacatecas, México, en el año de 1997 la simplificación de la ortografía. Entre estas polémicas propuestas se encontraba, además de la eliminación de la 'h' o la simplificación de la 'b' y la 'v', la eliminación por completo del uso de las tildes en español.

Esta crónica trata acerca de una persona que trabaja en una agencia de publicidad y decide empezar una campaña para colocar tildes (o acentos) en los anuncios públicos a los que les hace falta.

Acerca del autor

Pablo Zulaica (España, 1982) es un publicista, escritor y fotógrafo español que divide su tiempo entre Ciudad de México y otros lugares de Europa. Ha escrito libros de ficción principalmente para niños y jóvenes, *Los acentos perdidos* (Lumen, 2010) *y Un fin de semana en la coladera* (Montena, 2014). Sus escritos de crónica han aparecido en la antología de viajes *Inquietos vascones* (Desnivel, 2013) y en *A mí no me va a pasar* (Cámara de Diputados de México, 2015). Ha sido parte de distintas agencias de publicidad en distintos países.

Actividades de pre-lectura

I

Ejercicios de vocabulario

Relaciona el significado con las palabras.

1. ( ) Garabato	a. Nervioso.
2. ( ) Aupar	b. Grosero, tosco en los modales.
3. ( ) Noño/a	c. Moverse algo hacia arriba, levantarse.
4. ( ) Enervado/a	d. Rasgo de forma irregular que se hace con un objeto de escritura.
5. ( ) Zafio/a	e. Cosa que carece de gracia o de importancia.

II

Paso 1

¿Crees que es importante tener una buena ortografía? ¿Qué importancia le das a la ortografía en tu idioma o en los idiomas que aprendes?

Paso 2

¿Te molesta a ti personalmente ver faltas de ortografía en los medios impresos o en anuncios públicos? ¿Recuerdas algunos ejemplos?

Paso 3

Ve a la bitácora electrónica (blog) "Acentos perdidos" http://acentosperdidos.blogspot.com administrada por el autor del texto que vas a leer a continuación. Una vez que la hayas revisado, ¿de qué crees que se tratará la crónica que vas a leer?

III

Ahora lee la crónica. Recuerda que no tienes que entender todo, sino solamente los puntos principales y la organización general del texto. No te detengas para buscar palabras en el diccionario.

Un año detrás de los acentos

Hace ya 11 meses que comencé a corregir acentos en las calles de la ciudad de México. En los refrigeradores con que las cerveceras dotan a las cantinas, en las vallas y espectaculares que firma el gobierno de la ciudad, en las mantas de los candidatos a diputados, en el metro o en las escuelas de *ingles*[1] o de *primária y secundária*.[2] No pude hacerlo, sin embargo, en los discursos de la Secretaría de Educación. Y eso que los políticos hablan con faltas de ortografía, como dice Joaquín Sabina.[3]

Alguien cercano me dijo que esta campaña hablaba mucho de cómo soy, y creo que es cierto, así que si cuento de dónde y de quién salí quizá todo se entienda un poco mejor. Nací en el País Vasco,[4] allá en el norte de España, en una familia tranquila de ciudad pequeña, clase media como casi todos. De mi madre aprendí que todo en la vida tiene un lado positivo, y que al final sólo las experiencias quedan, razón esencial por la que, cuando pudo ser, me vine a México. Por otro lado, no sé si a observar se enseña, pero con mi padre aprendí a hacerlo. Él se relaja podando jardines o coleccionando sellos, recortes de periódicos y fotos que toma de los cambios de la ciudad: puentes, parques o banquetas que desaparecerán.

---

1 A esta palabra le falta el acento a propósito, debería ser "inglés".
2 A estas palabras les sobra el acento a propósito, deberían ser "primaria" y "secundaria".
3 Cantautor español muy reconocido en España y Latino América.
4 País Vasco: provincia autónoma del norte de España que colinda con Francia. En esta región se habla vasco además del español.

14   *Identidad y lengua*

De tal palo, tal astilla,[5] supongo. A ellos les encantaría que me corte el pelo y esa clase de cosas, pero en el fondo no les he salido demasiado diferente. Leemos cuanto podemos, usamos poco el carro, separamos la basura. Al cumplir 18, la desinformación y una mala síntesis en mi cabeza adolescente me llevaron a suponer la publicidad como una simple suma de creatividad, fotografía y muchos libros. Me matriculé. En casa sólo tuvimos una consigna: estudiar lo que más nos gustara.

Precisamente fue la publicidad la que me trajo a México. Llegué porque una agencia mexicana de publicidad decidió que quería tener creativos extranjeros y se fue a buscarlos. Yo no entendía por qué, pero se me antojaba México y me quería ir, así que me esmeré para que me eligieran. Al poco tiempo de llegar me llevaron a una junta donde tres agencias se disputaban anunciar un afamado whisky. De parte de la primera acudían un mexicano y un creativo argentino; por la segunda, una mexicana y un creativo francés; por la nuestra, dos mexicanos y yo. Al salir, mi trajeado jefe no estaba de acuerdo con mi papel: "Debes hablar más"; "¿Para qué?"; "Para que te oigan el acento". Claro.

Nacimiento de Acentos Perdidos

Desde luego, la inspiración aparece donde mejor la tratan. Una tarde de trabajo, a raíz de una charla con una redactora y una diseñadora amigas, nació una idea. Pasó un año y la idea de los acentos era apenas un garabato en un cuaderno viejo de notas. Por momentos la había sentido demasiado ñoña y nunca le tuve tanta fe. Pero un día desperté convencido y con ganas de llevarla a cabo, quería ver por lo menos qué sucedía con ella. La publicidad es muy poco grata y bien sabemos que si una idea no está en la calle, si es sólo un apunte en la libreta, entonces no existe. Por eso, *Acentos perdidos* nació ese día. Ese día abrí Photoshop e hice un diseño muy rudimentario: tracé seis tildes en Arial, las pasé a blancas con un ribete negro y escribí en cada acento una de las normas básicas de acentuación; después, una pequeña explicación y un contacto, exactamente como sería un anuncio. Quedaba así:

"Esta palabra se acentúa porque es aguda y termina en n, s o vocal.
Te corrijo y te enseño para que no tengas que volver a pagarme.
Tesis, trabajos, documentos.frescopy@gmail.com - acentosperdidos.blogspot.com"

Los mandé imprimir en papel oficio adhesivo, recorté unos cuantos y me metí un puñado al morral para llevarlos siempre encima. El primer acento de todos lo pegué en una noche de fiesta en una esquina. Luego le tomé una foto.

Era una idea amplia, como suele decirse en publicidad, y ahora había que adaptarla lo más posible. Hoy en día hubiera sido absurdo no abrir un blog que lo documente. Lo inauguré, y me propuse subir una foto con un acento cada día. La primera semana no hice nada por difundirlo, pero cuando lo sentí listo lo anuncié en mi cuenta de Facebook y abrí un *Twitter* para ello. Tres días más tarde, cuando entré a la página, el contador marcaba 2 600 visitas sólo en las últimas 24 horas.

De alguna manera la suerte estaba echada. Como cualquier campaña viral, si esto funciona, lo haría por sí solo. Durante el mes siguiente respondí no menos de 300 correos electrónicos sobre el tema. Una decena de ellos terminó en entrevistas de televisión, 20 de radio y otros muchos en entrevistas telefónicas para notas impresas o en línea. Un día me llegó un extraño correo de Argentina: mis amigos porteños me habían visto

---

5 Expresión popular que se refiere a que un padre y un hijo son parecidos.

en televisión. Luego vinieron España, Estados Unidos y Colombia, y prensa de otra veintena de países hispanohablantes, pero también de Italia.

Pero un proyecto tan callejero debía crecer en las calles y en los blogs. Recibía correos y reseñas de profesores entusiastas, de alumnos enervados, de personas que habían tenido ganas de salir a las calles marcador en mano e incluso alguna lo había hecho. Uno de esos correos me llegó de la ciudad de La Plata. Un joven estudiante de Economía me pedía permiso para replicar la idea en Argentina. Y como en cascada, Lorena me escribió desde Lima; Ana desde Maracaibo; Pablo desde San José de Costa Rica; Marcelo y Lorena, casi al mismo tiempo, desde Bogotá; Aroldo desde Nueva York; y Garbiñe desde Jaén, en España. A ellos se sumaron luego un grupo de maestros de Torrelavega (Cantabria, España), uno de universitarios costarricenses (ULACIT), otro de venezolanos (Universidad Bolivariana, campus de Táchira) y, recientemente, otro del TEC de Monterrey (campus Ciudad Juárez). Éste me alegró sobremanera. Al menos dentro de mi cabeza, Ciudad Juárez tenía una razón más de revertir su fama. Tenía un nuevo ejército, pequeño, pero más romántico.

Lorena y sus amigos peruanos, por su parte, convocaron a quien quisiera unirse para salir a corregir juntos por las calles de Lima. Lo llamaron Tildetón. Temí que se estuviera convirtiendo en algo muy sectario, no puedo negarlo. Tampoco me encantaba el nombre. Si me tocaba dirigir, no me veía en ese papel. Pero no me quedaba sino agradecerles su entusiasmo, apoyar la idea y adoptarla. Mandé a la goma mi vergüenza, hubo cuatro tildetones, y habrá más. Aparecía gente a la que yo no conocía: estudiantes, maestros con sus alumnos, mamás con niñas. El día que más, fuimos 20. Bien pensado, era maravilloso.

En este punto no puedo dejar de mencionar nuestro encuentro con la ley. Una joven se aupó con toda la ilusión del mundo para colocar un adhesivo en el letrero de la calle República de Brasil. Al bajar, teníamos a dos agentes de policía invitándonos a pasar a ambos a su unidad, camino de la delegación.

Se trataba de la Unidad Graffiti,[6] que no tenía muy claras las cosas. Al día siguiente llegó lo mejor: la Secretaría de Seguridad Pública (SSP) me extendió un salvoconducto que me habilitaba para continuar con el proyecto, "por tratarse de una actividad didáctica, ética y cultural".

Las consecuencias de *Acentos perdidos* fueron muchas y variadas. Pero ninguna tan grata como enseñar a los niños. Por ejemplo, al formar parte del programa de la asignatura de Lengua de una escuela. Algunos colegios, como el Salesianos de Linares (Jaén, España) o la escuela C. Narciso Goiburu de Colón (Entre Ríos, Argentina) lo adoptaron como ejercicio práctico de clase. En concreto, tengo un mensaje favorito. Un alumno de la escuela San Blas, de Aracena (Huelva, España): "hola soy un alumno del I.E.S. San Blas y me gustaria que publicarais mi imagen porque mi maestro de lengua me da un punto en la nota final si lo publicais".[7] Le dije que lo haría con mucho gusto en cuanto me volviera a enviar el mensaje sin faltas de ortografía.

Detrás de Acentos Perdidos

Dedico muchas horas semanales a tomar fotos, subirlas y contestar correos. Muchos me preguntan si gano algo con esto. Aparte de satisfacción y confianza, de sacarme

---

[6] Grupo de la policía que se formó en la Ciudad de México para combatir el grafiti urbano.
[7] Irónicamente, esta oración está escrita sin acentos.

de la publicidad y de ayudarme a replantear algunas cuestiones personales, nada de momento. Hubo ofertas para patrocinar el blog y es algo que no descarto. También detonó conferencias y clases que gustoso acepto. Pero felizmente, una gran editorial me llamó para proponerme un cuento infantil sobre ortografía basado en la historia de *Acentos perdidos*. Ya está escrito y en este verano verá la luz.

Quizás en este punto se entienda mejor que *Acentos perdidos* sea para mí, ante todo, un juego. Un juego de palabras que reivindica los espacios públicos como públicos que son, cuyas páginas son la ciudad y su libro Hispanoamérica, y al que quise invitar e invito a cuantas personas gusten de participar.

Ni el tuyo ni el mío

Porque aquí o allí, acá o allá, la discriminación geográfica se cae por sí sola al cabo de unas cuantas palabras. Así, el hecho de que el proyecto haya sido parido en español ibérico no debería ser mayor problema ni en Ushuaia[8] ni en la ciudad de México. Al fin y al cabo éste es un proyecto de lo más chilango.[9]

Todos deberíamos tener claro que se puede hablar con un léxico muy local, incluso con construcciones muy propias, pero siendo correcto. (Y correcto no significa estrictamente, al menos para mí, lo que la Real Academia Española (RAE) dice que es) Como todo extranjero, aprendí y sigo aprendiendo mexicanismos, quiero y debo adoptar la manera de hablar de la sociedad en la que vivo. Reconozco que es un privilegio poder ver el español de México desde fuera y desde dentro al mismo tiempo. Y también, por qué no, mejoro mi ortografía a raíz de debates que se suscitan en el blog o en algunas entrevistas. Lo más maravilloso es que uno nunca deja de aprender.

Por eso, en mi humilde opinión, este proyecto no tiene nada de nacionalista ni de chauvinista. Ni siquiera enarbola la bandera del español por el hecho de serlo, yo pocas banderas tengo. Busca fomentar el respeto a los lectores y a su inteligencia, lo hagan en castellano, náhuatl, vasco o aranés.[10]

La importancia de escribir bien

Ahora bien, ¿por qué comenzar una cruzada a favor de los acentos? Los acentos son un símbolo. En estos tiempos de consumismo desatado, la imagen lo es todo. Sin embargo, muchos parecen no haberse fijado en cuánto puede decir de una marca o persona la forma en que escribe. Queda muy claro que se puede ser útil sin tener que abrir para ello una fundación con el nombre de la empresa ni obtener el sello de empresa socialmente responsable.

Cuando un producto tiene fallos en su comunicación nos genera desconfianza, nos parece zafio, poco serio y menos profesional. Si estamos hambrientos y delante de una taquería poco nos importará cómo esté escrito el cartel de las propinas (aunque yo hago otra lectura: todo el mundo tiene derecho a saber escribir bien), pero si se trata de un negocio más formal que no implica sólo el hambre, la cosa cambia.

---

8 Capital de la Provincia del Tierra de Fuego, Antártida e Islas del Atlántico Sur.
9 Nombre que reciben las personas del Distrito Federal, la capital de México.
10 Lengua que se habla en el Valle de Arán ubicado en Cataluña. Es reconocida como una variante de la lengua occitana que se habla en el sur de Francia, principalmente.

Identidad y lengua 17

Hablemos de las personas. No saben cuántos currículos con faltas de ortografía llegaron a la agencia donde trabajaba solicitando un puesto de redactor. Cuando alguien nos dirige la palabra, hablada o escrita, por el solo hecho de hacerlo nos está contando sobre su educación —o sobre todo un sistema educativo—, su contexto social y lugar de origen, su facilidad para relacionarse o adaptarse a un contexto, e incluso sobre su forma de ser: metódico, responsable, inconformista, gente de mundo... o todo lo contrario. Respecto a este tema, siento que muchos creen que se escribe igual que se habla. Yo digo que nadie iría al trabajo en pantuflas, por muy lindas que sean. ¿O acaso no se arregla uno cuando va con otros? Cierto es que una escritura adecuada no implica una cultura amplia ni siquiera un hábito de lectura, pero suelen ir de la mano. Sea como sea, la escritura es a menudo una carta de presentación que dice más de lo que habla.

En perspectiva

Desde el tiempo que ha pasado es más fácil hablar. Si el proyecto funcionó y superó expectativas fue por varias razones. Se trata de algo sumamente sencillo y las ideas sencillas son las que mejor funcionan. El no tratarse de una marca comercial es otro factor clave: estoy seguro de que, de haber vendido la idea a una librería, no hubiera funcionado igual. Hay también una tercera razón no menos importante. Si mucha gente lo ha adoptado y ha decidido ponerse a corregir, significa que mucha gente tiene interés en escribir mejor. Y los medios han tenido un papel clave en esto. Yo atribuyo su difusión al interés de los propios editores y redactores, como una cuestión personal más allá del público, pues me imagino que en los diarios se librará una batalla constante contra la mala ortografía.

Curiosamente, todo esto me ha vuelto más permisivo y tolerante con la ortografía. Quizás es que entiendo mejor a la gente, algo difícil cuando uno vive dentro de una agencia y lejos de la calle. Si poco tenía yo de dogmático, ahora creo que menos. Es una cuestión de respeto y de consenso más allá de una defensa fanática de las normas. No sé si dentro de un siglo existirán las tildes. En última instancia, *Acentos perdidos* es un comercial a favor de las letras que llama a disfrutar de ellas; a reconocerlas como algo que está entre nosotros no para molestar, sino para enriquecer, para darnos identidad; incluso para demostrar que, aunque usar acentos pueda parecer algo barroco, aunque para muchos sean obra del demonio y para sus maestros motivo de suspenso, mientras duren en el diccionario servirán para hacerlo fuerte y, desde luego, para sumarle poesía a la vida.

Actividades para después de la lectura

Comprensión

1. ¿En dónde corrige acentos Pablo Zulaica, el autor de la crónica? (Lns. 2 y ss.)
2. ¿Por qué decidió el autor del texto estudiar publicidad? (Lns. 18 y ss.)
3. ¿Cómo nació la campaña *Acentos perdidos*? (Lns. 32 y ss.)
4. ¿De qué ciudades y países le pidieron permiso al autor de la crónica para replicar la idea? (Lns. 59 y ss.)
5. ¿Cuáles fueron algunas de las consecuencias gratas de la campaña *Acentos Perdidos*? (Lns. 83 y ss.)
6. ¿Por qué según su autor el proyecto *Acentos Perdidos* no es nacionalista? (Lns. 115 y ss.)

18 *Identidad y lengua*

7. ¿Por qué es importante escribir bien según el autor explica en la sección "La importancia de escribir bien"? (Lns. 139–154)
8. ¿Cuáles son las tres razones por las que el proyecto funcionó según el autor? (Lns. 157 y ss.)

Interpretación

1. ¿A qué se refiere al autor cuando cita una frase del cantante Joaquín Sabina que "los políticos hablan con faltas de ortografía"? (Lns. 5–6) ¿Cuál crees que es la opinión del autor acerca de los políticos?
2. ¿Por qué crees que el autor cuenta que su jefe le pidió que hablara más en las presentaciones para que le oyeran el "acento"? (Lns. 25 y ss.) ¿A qué tipo de "acento" se refiere? ¿Qué puedes concluir de esto? ¿Qué tipo de sociedad es la mexicana con respecto a ciertos grupos de extranjeros?
3. ¿Conoces la frase "La suerte está echada"? ¿En qué contexto la usa el autor? (Ln.55)
4. ¿A qué se refiere el autor cuando menciona que "Todos deberíamos tener claro que se puede hablar con un léxico muy local, incluso con construcciones muy propias, pero siendo correcto"? (Lns. 119 y ss.)
5. El autor menciona: "Yo digo que nadie iría al trabajo en pantuflas, por muy lindas que sean". (Lns. 151 y ss.) ¿Cómo se aplica esto en el contexto de la escritura?

Discusión o debate

1. El autor menciona que se ha convertido en una persona más tolerante con la ortografía. (Ln. 167) ¿No crees que es paradójico que una persona dedicada a corregir las faltas de ortografía mencione esto? Justifica tu respuesta.
2. ¿Estás de acuerdo con la campaña que lleva a cabo la persona para luchar contra las faltas de ortografía? ¿Te parece que cumple una función social o es a fin de cuentas una campaña superficial y sin importancia? ¿Una campaña similar funcionaría en tu país? Justifica tu respuesta.
3. El autor menciona que nadie escribe como habla. ¿Qué quiere decir con esto? ¿Crees que la expresión oral y la expresión escrita son tan diferentes? ¿En qué aspectos son similares y en qué aspectos varían?
4. Escribe una carta al autor del blog *Acentos Perdidos* y al autor de la crónica en la que manifiestes tu opinión con respecto a la campaña y al texto que acabas de leer.
5. Busca en un diccionario la diferencia entre inmigrante y emigrante e investiga acerca de la inmigración latinoamericana y la emigración hacia Latinoamérica en la España contemporánea. ¿Cuáles han sido las causas para estos movimientos? ¿De qué manera se cruza la historia de Latinoamérica y España con respecto al tema de la migración? ¿Crees que el autor de la crónica es un inmigrante?

Ejercicios de ortografía

Las reglas de acentuación

Todas las palabras de más de una sílaba en español tienen una sílaba que se pronuncia con más énfasis que las otras, la llamada sílaba tónica. Es importante reconocer la

Identidad y lengua 19

sílaba tónica porque es la que nos ayuda a decidir si la palabra necesita acento gráfico (tilde) o no. Para decidir si la palabra necesita acento gráfico, se deben conocer las siguientes reglas de acentuación:

1. Las palabras que se pronuncian con énfasis en la última sílaba necesitan tilde si terminan en vocal, n o s.

   Ejemplos: pa **pá**   a **vión**   ca mi na **rás**

2. Las palabras que se pronuncian con énfasis en la penúltima sílaba necesitan tilde si no terminan en vocal, n o s.

   Ejemplos: **ár** bol   **Ló** pez   **cés** ped

3. Las palabras que se pronuncian con énfasis en la antepenúltima sílaba siempre necesitan tilde.

   Ejemplos: A **mé** ri ca   **sí** la ba   ar **tís** ti co

Ejercicios

I Coloca la tilde en donde sea necesario según las reglas de acentuación presentadas.

1. a **re** na	3. **fa** cil	5. **li** der	7. **me** di co	9. pe **que** ña
2. ca **fe**	4. **pa** ja ro	6. re **loj**	8. cris **tal**	10. e **xa** me nes

II Divide en sílabas y coloca la tilde en donde sea necesario según las reglas de acentuación presentadas.

1. salio	3. basica	5. caminar	7. internacional	9. pagina
2. azucar	4. angel	6. autobus	8. antiguo	10. politica

III Acentúa las palabras que lo requieran en las siguientes oraciones.

1. La ortografia es una rama de la gramatica que se ocupa de la manera adecuada de escribir las palabras segun las convenciones de la lengua estandar.
2. Su importancia esta en que si no se cumplen las reglas ortograficas se puede cambiar el sentido del significado de la palabra y por ello de la oracion completa.
3. La ortografia esta relacionada con los colocacion de los acentos o tildes, el uso correcto de las letras en las palabras y los signos de acentuacion.

2 Tensión de género

MACHOS – ARGENTINA

Publicado originalmente en el diario *El País* (2016)

Leila Guerriero

A pesar de las políticas públicas emprendidas por los gobiernos de la región latinoamericana, todavía hay mucho por hacer para lograr una verdadera equidad de género en el subcontinente. En lo político, y sobre todo en lo que se refiere a la elección de mujeres, se han logrado avances importantes, por ejemplo, varias mujeres han sido elegidas como presidentes. Se puede mencionar el caso de Violeta Chamorro, presidenta de Nicaragua de 1990 a 1997; Laura Chinchilla, presidenta de Costa Rica de 2010 a 2014; Michelle Bachelet, presidenta de Chile de 2006 a 2010 y reelegida en 2013, y Cristina Fernández de Kirchner, quien gobernó la Argentina de 2007 a 2015.

Sin embargo, estos avances políticos no se han traducido en avances sociales. La región de Latinoamérica sufre altísimos índices de feminicidios. Países como El Salvador y Honduras registran tasas altas de estos males, pero es sobre todo la ciudad fronteriza de Ciudad Juárez, en Chihuahua, México, la que estuvo presente en los medios de comunicación por una serie de homicidios de mujeres no totalmente esclarecidos hasta la fecha.

En esta crónica, Leila Guerriero nos habla sobre el machismo escondido en actitudes y comentarios que no porque sean socialmente aceptados dejan de ser misóginos, en este caso, la libre elección de la maternidad. La región de Latinoamérica experimentó una reducción drástica de los índices de natalidad a partir de la década de los setenta debido a políticas públicas emprendidas por los gobiernos de la región, así como a una incorporación mayor de la mujer a la vida pública. Actualmente hay países de la región con índices de natalidad tan bajos como los de los países económicamente desarrollados. Sin embargo, hay cierto estigma social en las mujeres que enfrentan la maternidad como una elección y no como un sino.

Acerca de la autora

Leila Guerriero (Argentina, 1967) es una escritora y periodista argentina que publica en diversos medios de su país y del mundo hispánico en general. En la actualidad se desempeña como editora de la revista Gatopardo. Es considerada como una de las mejores cronistas del mundo hispano y es autora de los libros *Los suicidas del fin del mundo* (Tusquets, 2005), *Frutos extraños* (Aguilar 2009, Alfaguara España 2012), *Plano americano* (Ediciones Universidad Diego Portales, Chile, 2013), *Una historia sencilla* (Anagrama España 2013) y *Zona de obras* (Anagrama España 2015).

Actividades de pre-lectura

I

Ejercicios de vocabulario

Relaciona el significado con las palabras.

1. ( ) Mutilación	a. Trivial, sin importancia.
2. ( ) Banal	b. De forma astuta, de forma que engaña.
3. ( ) Perimido/a	c. Cortar una parte del cuerpo; que le falta algo.
4. ( ) Anidar	d. Obsoleto, anticuado, que no se usa.
5. ( ) Ladinamente	e. Proveniente de nido; que vive o habita en un lugar.

II

Paso 1

Cuando escuchas la palabra machismo, ¿en qué piensas?

Paso 2

¿Crees que hay machismo en las sociedades? ¿Hay comentarios o dichos en tu comunidad o idioma que reflejen una actitud misógina?

Paso 3

Busca en internet o en Wikipedia el índice de natalidad en el mundo y compara el índice de natalidad de los países latinoamericanos con el de los países desarrollados. ¿Es diferente? ¿A qué crees que se deba que el índice de natalidad sea diferente en los países latinoamericanos?

III

Ahora lee la crónica. Recuerda que no tienes que entender todo, sino solamente los puntos principales y la organización general del texto. No te detengas para buscar palabras en el diccionario.

Machos

1   Hace poco fue el Día de la Madre en la Argentina y, en un canal de noticias, el conductor citó una encuesta en la que se les preguntaba a las mujeres qué deseaban recibir para festejarlo. "Adiviná cuál fue el resultado", le preguntó a la conductora con quien compartía espacio. Ella, sin dudar, respondió: "Carteras y zapatos". El conductor, desorientado, dijo "No. Un
5   viaje en soledad con sus maridos". La conductora retrucó: "Ay, qué malas madres". Por esos días, uno de los dos diarios más importantes del país publicó un suplemento especial en el que se refería a la maternidad como "el tema femenino por excelencia", con una nota que empezaba así: "La experiencia (de la maternidad) es quizás la más trascendente que se puede vivir en este mundo". Aquel canal y ese diario suelen ocupar mucho espacio con
10 noticias que hablan de mujeres muertas a palos, a balazos, a cuchilladas por sus maridos, novios, exesposos. Pero, a la hora de pensar el rol de las hembras de la especie, lo hacen como podría hacerlo alguien nacido en el siglo XIX: una mujer debe ocuparse de "cosas de chicas" (zapatos, carteras) y, si no tiene hijos, aunque escriba poemas o descubra el secreto de la fusión fría, será un humano incompleto: un ser con una grave mutilación. Hay frases
15 que no son banales sino la evidencia de un sistema de pensamiento perimido y peligroso. Peleando contra él muchas damas, antes que nosotras, no solo quemaron sus corpiños sino que se dejaron la vida. El lado macho de la fuerza anida en todas partes, y muy ladinamente en el doble discurso que condena a los hombres que nos matan pero, a la vez, exige que sigamos ocupando el lugar sumiso y obsoleto de toda la vida. (A nadie le importa, pero si
20 yo fuera madre querría festejar mi día refocilándome con quien tuviera, en esa maternidad, tanta participación y responsabilidad y motivos de festejo como yo.)

Actividades para después de la lectura

Comprensión

1. ¿Por qué la conductora pensó que las mujeres eran "malas madres"? (Lns. 5 y ss.)
2. ¿Cómo es definida la maternidad según el suplemento del periódico argentino? (Lns. 8 y ss.)
3. ¿A qué deberían de dedicarse las mujeres en el siglo XIX según el pensamiento de algunos? (Lns. 12 y ss.)

Interpretación

1. ¿Cuál es la paradoja que existe entre la visión de la maternidad y las noticias que presentan la violencia de género que viven las mujeres según la autora del texto?
2. ¿Por qué le molestan los comentarios de la conductora a la autora del texto y piensa que son frases "banales" que reflejan la existencia de un pensamiento "peligroso"?

Discusión o debate

1. La autora menciona que: "Hay frases que no son banales sino la evidencia de un sistema de pensamiento perimido y peligroso". ¿En qué sentido el hecho de que la maternidad sea considerada como obligatoria para todas las mujeres y no como una elección es una idea peligrosa y anticuada?
2. Según ciertas personas, los deportistas hombres deberían de ganar más dinero que las mujeres porque hay más personas que los siguen. Las mujeres deportistas, por su

parte, consideran inaceptable esta propuesta porque ellas necesitan hacer el mismo esfuerzo y preparación para ser deportistas profesionales. ¿Cuál es tu opinión?

Ejercicios de gramática

El voseo en Latinoamérica

El sistema de pronombres de segunda persona es complejo en el español. Hay que recordar que en el caso del pronombre informal de segunda persona plural existe el pronombre *vosotros,* inexistente en el español latinoamericano, mientras que el formal plural, *ustedes,* es usado en todas las variedades del español. Por otro lado, el pronombre informal de segunda persona, *tú,* presenta mucha variedad regional. Aunque *tú* se usa en todo el español, en el caso del español latinoamericano existe una alternancia entre *tú* y *vos,* la cual es inexistente en el español peninsular.

El *voseo,* es decir, el uso de la segunda persona *vos* en lugar de *tú* existe únicamente en Latinoamérica. Aunque se piensa que es privativo de la Argentina o el Uruguay, su uso está extendido en toda Latinoamérica de forma diferenciada. Por ejemplo, no es usado en las Antillas y en la mayor parte del territorio peruano y mexicano en donde se usa *tú* como la segunda persona del singular. Sin embargo, hay regiones en las que hay alternancia entre *tú* y *vos* para las segundas personas informales del singular, tal es el caso de Bolivia, el sur de Perú, parte de Ecuador, la mayor parte de Colombia, el oeste de Venezuela, la frontera de Costa Rica y Panamá, partes de El Salvador, Guatemala y el estado mexicano de Chiapas. Los territorios que usan únicamente *vos* (segunda personal del singular) y nunca *tú*—el cual es totalmente inexistente—son la Argentina, el Uruguay, Costa Rica, Nicaragua, Guatemala, El Salvador y Honduras, aunque en estos dos últimos países puede existir alternancia entre *tú* y *vos* en las clases altas.

Simplificando un poco estos son los sistemas pronominales usados en el español peninsular (Sistema I) y en el español latinoamericano (Sistema II).

Sistema pronominal I

	Singular	Plural
Informal	tú	vosotros/as *
Formal	usted	ustedes

* Solo español peninsular.

Sistema pronominal II

	Singular	Plural
Informal	vos * / tú	ustedes
Formal	usted	ustedes

* Solo español latinoamericano.

Es importante estar familiarizado con el uso del voseo (*vos*) para la segunda persona del singular por su extensión y uso en todo el territorio latinoamericano.

24 *Tensión de género*

Las conjugaciones de los verbos según el uso del *tú* (Modelo verbal 1) y *vos* (Modelo verbal 2) son de la siguiente manera.

Modelo verbal 1: Tú

Verbo ser. Presente: tú eres, futuro simple: tú serás, imperativo: tú sé.

	-AR cantar	-ER temer	-IR vivir
Pres. indicativo	cantas	temes	vives
Futuro simple	cantarás	temerás	vivirás
Imperativo	canta	teme	vive

Modelo verbal 2: Vos

Verbo ser. Presente: vos sos, futuro simple: vos serás, imperativo vos sé.

	-AR cantar	-ER temer	-IR vivir
Pres. indicativo	cantás	temés	vivís
Futuro simple	cantarás	temerás	vivirás
Imperativo	cantá	temé	viví

I. Completa el siguiente diálogo con la forma correcta del *vos* en el presente.
Este es un diálogo que sostiene una mujer que participó en la reunión de la ONU, Mujeres en Chile 2015, con un ciudadano que quiere saber más acerca de la equidad de género.

Ciudadano: ¿Me _____ (poder) vos explicar qué es la equidad de género?
Mujer: Claro que sí, pero creo que antes vos _____ (deber) conocer la diferencia entre igualdad y equidad de género. ¿Vos _____ (saber) la diferencia?
Ciudadano: Yo pensaba que eran lo mismo.
Mujer: Están relacionadas, pero en realidad son diferentes. La igualdad no busca eliminar las diferencias, sino reconocer que las diferencias existen y que debemos buscar las condiciones que permitan superar las desigualdades sociales. La equidad de género, por ejemplo, busca la aplicación de políticas que compensen las condiciones sociales de desventaja de ciertas mujeres con respecto a los hombres y a ciertas mujeres. Vos _____ (eres) maestro, ¿verdad?
Ciudadano: Así es.
Mujer: Vos _____ (tener) mucho que hacer. Por ejemplo, algo en lo que existe inequidad de género es en el acceso a la educación. Dos terceras partes de los cerca de 800 millones de analfabetos que hay en el mundo son mujeres.

Imperativo. con vos

Para formar los mandatos con vos solo se quita la *–r* final. No hay irregulares

–AR	–ER	–IR
cantar	beber	vivir
(vos) cantá	(vos) bebé	(vos) viví

II. Completa las siguientes oraciones con los consejos que la misma mujer le da a una mujer que participa en un taller sobre género con el propósito de lograr una mayor equidad de género en su comunidad. Usa mandatos de vos.

1. _____ (vos / observar) tu entorno laboral y familiar para detectar situaciones de desigualdad que pueden ser cambiadas.
2. _____ (vos / conocer) las leyes y mecanismos que se han aprobado para conseguir la igualdad entre mujeres y hombres.
3. _____ (vos / consultar) el sitio de internet de ONU Mujeres.
4. _____ (vos / buscar) el empoderamiento de las mujeres.
5. _____ (vos / pedir) que los gobiernos locales y federales rindan cuenta de sus decisiones.

MUXES DE JUCHITÁN – MÉXICO

Publicado originalmente en la revista *Surcos* (2006)

Martín Caparrós

La cultura de género en Latinoamérica suele definirse de modo dicotómico, oscilando entre el machismo y el marianismo. Sin embargo, su fluidez también se muestra en otras facetas sociales que son menos difundidas, como es el caso de las relaciones que tienen los muxes en su propia colectividad, pues en ella los muxes son particulares de cara a la revelación tradicional del rol de la mujer y del hombre, y son totalmente aceptados. La crónica que sigue muestra cómo los constructos sociales en torno al sexo y al género no necesariamente tienen el mismo peso en comunidades que mantienen sus valores ancestrales, incluso en el México moderno.

Acerca del autor

Martín Caparrós (Argentina, 1957) es un escritor y periodista de notoriedad que se exilió en Europa durante la dictadura argentina de los setenta. Después de estudiar en París y vivir en Madrid, regresó a Buenos Aires y se dedicó a escribir para distintos medios. Actualmente vive en Barcelona, España. En 2011 obtuvo el prestigioso premio Herralde por su novela *Los living*, y entre sus textos más reconocidos están *Una luna* (2009) y *El hambre* (2015). Esta crónica también se publicó en la revista *Surcos* de América Latina, en 2006.

Actividades de pre-lectura

I

Ejercicios de vocabulario

Relaciona el significado de las palabras en negritas con las definiciones que se te ofrecen abajo. Trata de determinar su significado mediante el contexto.

( ) **Muxe** es una palabra zapoteca.

( ) —**Güero**, cómprame unos huevos de tortuga, un tamalito.

( ) —¿Qué significa **occidentalizarse** en este caso?

a) Pensar desde un punto de vista del Occidente, se considera a Europa y los Estados Unidos, principalmente.

b) Un género indefinido similar a ser homosexual pero con otras connotaciones.

c) Tener el pelo rubio.

II

Paso 1

Mucha gente piensa que los temas de género son todavía controversiales. ¿Piensas que el género de una persona—es decir, el hecho de ser mujer u hombre—en tu país es un criterio válido para determinar su rol en la sociedad? ¿Por qué?

Paso 2

Escribe las tres primeras ideas que se te ocurran cuando piensas en los roles de género, masculino o femenino. Utiliza oraciones completas.

―――――――――――――――――――――――――――――――――――――
―――――――――――――――――――――――――――――――――――――
―――――――――――――――――――――――――――――――――――――

III

Ahora lee la crónica. Recuerda que no tienes que entender todo, sino solamente los puntos principales y la organización general del texto. No te detengas para buscar palabras en el diccionario.

Muxes de Juchitán

Amaranta tenía siete años cuando terminó de entender las razones de su malestar: estaba cansada de hacer lo que no quería hacer. Amaranta, entonces, se llamaba Jorge y sus padres la vestían de niño, sus compañeros de escuela le jugaban a pistolas, sus hermanos le hacían goles. Amaranta se escapaba cada vez que podía, jugaba a cocinar y a las muñecas, y pensaba que los niños eran una panda de animales. De a poco, Amaranta fue descubriendo que no era uno de ellos, pero todos la seguían llamando Jorge. Su cuerpo tampoco correspondía a sus sensaciones, a sus sentimientos: Amaranta lloraba, algunas veces, o hacía llorar a sus muñecas, y todavía no conocía su nombre.

Son las cinco del alba y el sol apenas quiere, pero las calles del mercado ya están llenas de señoras imponentes: ochenta, cien kilos de carne en cuerpos breves. (…)

—Güero, cómprame unos huevos de tortuga, un tamalito.

El mercado se arma: con el sol aparecen pirámides de piñas como sandías, mucho mango, plátanos, tomates, aguacates, hierbas brujas, guayabas y papayas, chiles en montaña, relojes de tres dólares, tortillas, más tortillas, pollos muertos, vivos, huevos, la cabeza de una vaca, perros muy flacos, ratas como perros, iguanas retorciéndose, trozos de venado, flores interminables, camisetas con la cara de Guevara, toneladas de cedés piratas, pulpos, cangrejos moribundos, muy poco pez espada y las nubes de moscas. Músicas varias se mezclan en el aire, y las cotorras.

El mercado es el centro de la vida económica de Juchitán y por eso, entre otras cosas, muchos dijeron que aquí regía el matriarcado.

—¿Por qué decimos que hay matriarcado acá? Porque las mujeres predominan, siempre tienen la última palabra. Acá la que manda es la mamá, mi amigo. Y después la señora. Me dirá después un sesentón, cerveza en la cantina. En la economía tradicional de Juchitán los hombres salen a laborar los campos o a pescar, y las mujeres transforman esos productos y los venden. Las mujeres manejan el dinero, la casa, la organización de las fiestas y la educación de los hijos, pero la política, la cultura y las decisiones básicas son privilegio de los hombres.

—Eso del matriarcado es un invento de los investigadores que vienen unos días y se quedan con la primera imagen. Aquí, dicen, el hombre es un huevón y su mujer lo mantiene. Dice el padre Francisco Hererro o cura Paco, párroco de la iglesia de San Vicente Ferrer, patrono de Juchitán.

—Pero el hombre se levanta muy temprano porque a las doce del día ya está el sol incandescente y no se puede. Entonces, cuando llegan los antropólogos ven al hombre dormido y dicen ah, es una sociedad matriarcal. No, ésta es una sociedad muy comercial y la mujer es la que vende, todo el día; pero el hombre ha trabajado la noche, la madrugada. (…)

No existe, pero el papel de las mujeres es mucho más lúcido que en el resto de México.

—Aquí somos valoradas por todo lo que hacemos. Aquí es valioso tener hijos, manejar un hogar, ganar nuestro dinero: sentimos el apoyo de la comunidad y eso nos permite vivir con mucha felicidad y con mucha seguridad. Dirá Marta, mujer juchiteca. Y se les nota, incluso, en su manera de llevar el cuerpo: orgullosas, potentes, el mentón bien alzado, el hombre —si hay hombre— un paso atrás. (…)

Ahora Juchitán es una ciudad ni grande ni chica, ni rica ni pobre, ni linda ni fea, en el Istmo de Tehuantepec, al sur de México: el sitio donde el continente se estrecha y deja, entre Pacífico y Atlántico, sólo doscientos kilómetros de tierra. Y su tradición económica de siglos le permitió mantener una economía tradicional: en Juchitán la mayoría de la población vive de su producción o su comercio, no del sueldo en una fábrica: la penetración de las grandes empresas y del mercado globalizado es mucho menor que en el resto del país.

—Acá no vivimos para trabajar. Acá trabajamos para vivir, no más. Me dice una señorona en el mercado. (…)

Juchitán es un pueblo bravío: aquí se levantaron pronto contra los españoles,[1] aquí desafiaron a las tropas francesas de Maximiliano y a los soldados mexicanos de Porfirio Díaz.[2] Aquí, en 1981, la Coalición Obrero Campesino Estudiantil del Istmo —la COCEI— ganó unas elecciones municipales y la convirtió en la primera ciudad de México gobernada por la izquierda indigenista y campesina. Juchitán se hizo famosa en esos días.

Amaranta siguió jugando con muñecas, vestidos, comiditas, hasta que descubrió unos juegos que le gustaban más. Tenía ocho o nueve años cuando las escondidas se convirtieron en su momento favorito: a los chicos vecinos les gustaba eclipsarse con ella y allí, detrás de una tapia o una mata, se toqueteaban, se frotaban. Amaranta tenía un poco de miedo pero apostaba a esos placeres nuevos:

—Así crecí hasta los once, doce años, y a los trece ya tomé mi decisión, que por suerte tuvo el apoyo de mi papá y de mi mamá. Dirá mucho después. Aquel día su madre cumplía años y Amaranta se presentó en la fiesta con pendientes y un vestido floreado, tan de señorita. Algunos fingieron una sorpresa inverosímil. Su mamá la abrazó; su padre, profesor de escuela, le dijo que respetaba su decisión pero que lo único que le pedía era que no terminara borracha en las cantinas:

—Jorge, hijo, por favor piensa en tus hermanos, en la familia. Sólo te pido que respetes nuestros valores. Y el resto, vive como debes.

---

1 En la época del movimiento de la independencia de México (1810–1821).
2 El 5 de septiembre de 1866 los juchitecos defendieron al ejército francés estacionado en Tehuantepec durante la invasión francesa a México (1862–1867).

Amaranta se había convertido, por fin, abiertamente, en un "muxe". Pero seguía sin saber su nombre.

Muxe es una palabra zapoteca que quiere decir homosexual pero quiere decir mucho más que homosexual. Los muxes de Juchitán disfrutan desde siempre de una aceptación social que viene de la cultura indígena. Y se "visten" —de mujeres— y circulan por las calles como las demás señoras, sin que nadie los señale con el dedo. Pero, sobre todo: según la tradición, los muxes travestidos son chicas de su casa. Si los travestis occidentales suelen transformarse en hipermujeres hipersexuales, los muxes son hiperhogareñas:

—Los muxes de Juchitán nos caracterizamos por ser gente muy trabajadora, muy unidos a la familia, sobre todo a la mamá. Muy con la idea de trabajar para el bienestar de los padres.

Nosotros somos los últimos que nos quedamos en la casa con los papás cuando ya están viejitos, porque los hermanos y hermanas se casan, hacen su vida aparte pero nosotros, como no nos casamos, siempre nos quedamos. Por eso a las mamás no les disgusta tener un hijo muxe. Y siempre hemos hecho esos trabajos de coser, bordar, cocinar, limpiar, hacer adornos para fiestas: todos los trabajos de mujer.

Dice Felina, que alguna vez se llamó Ángel. Felina tiene 33 años y una tienda donde corta el pelo y vende ropa. Su historia es parecida a las demás: un descubrimiento temprano, un período ambiguo y, hacia los doce o trece, la asunción de que su cuerpo estaba equivocado. La tradición juchiteca insiste en que un muxe no se hace —nace— y que no hay forma de ir en contra del destino.

—Los muxes sólo nos juntamos con hombres, no con otra persona igual. En otros lugares ves que la pareja son dos homosexuales. Acá en cambio los muxes buscan hombres para ser su pareja.
—¿Se ven más como mujeres?
—Sí, nos sentimos más mujeres. Pero yo no quiero ocupar el lugar de la mujer ni el del hombre. Yo me siento bien como soy, diferente: en el medio, ni acá ni allá, y asumir la responsabilidad que me corresponde como ser diferente.

Cuando cumplió catorce, Amaranta se llamaba Nayeli —"te quiero" en zapoteca— y consiguió que sus padres la mandaran a estudiar inglés y teatro a Veracruz. Allí leyó su primer libro "de literatura": se llamaba *Cien años de soledad* y un personaje la impactó: era, por supuesto, Amaranta Buendía.

—A partir de ahí decidí que ése sería mi nombre, y empecé a pensar cómo construir su identidad, cómo podía ser su vida, mi vida. Tradicionalmente los muxes en Juchitán trabajamos en los quehaceres de la casa. Yo, sin menospreciar todo esto, me pregunté por qué tenía que cumplir esos roles. (...)
—Entonces pensé que quería estar en la boca de la gente, del público, y empecé a trabajar en un show travesti que se llamaba New Les Femmes. (...)

En Juchitán no se ven extranjeros: no hay turismo ni razones para que lo haya. Suele hacer un calor imposible, pero estos días sopla un viento sin mengua: aire corriendo entre los dos océanos. El viento refresca pero pega a los cuerpos los vestidos, levanta arena, provoca más chillidos de los pájaros. Los juchitecas se desasosiegan con el viento. (...)

Felina me había contado que una de las "funciones sociales" tradicionales de los muxes era la iniciación sexual de los jóvenes juchitecas. Aquí la virginidad de las novias era un valor fundamental y los jóvenes juchitecas siguen respetando más a las novias que no se acuestan con ellos, y entonces los servicios de un muxe son el mejor recurso disponible.

Las New Les Femmes habían quedado en encontrarse en un pueblo de Chiapas donde habían cerrado un buen contrato. Al otro día empezó a hacer llamadas: así se enteró de que dos de sus amigas habían muerto de sida y la tercera estaba postrada por la enfermedad. Hasta ese momento Amaranta no le había hecho mucho caso al VIH, y ni siquiera se cuidaba. (…)

Fue su camino de Damasco. Muerta de miedo, Amaranta se hizo los análisis. Cuando le dijeron que se había salvado, se contactó con un grupo que llevaba dos años trabajando sobre el sida en el Istmo: Gunaxhii Guendanabani —Ama la Vida— era una pequeña organización de mujeres juchitecas que la aceptaron como una más. Entonces Amaranta organizó a sus amigas para hacer campañas de prevención. Los muxes fueron muy importantes para convencer a los más jóvenes de la necesidad del sexo protegido.

—El tema del VIH viene a abrir la caja de Pandora y ahí aparece todo: las elecciones sexuales, la autoestima, el contexto cultural, la inserción social, la salud, la economía, los derechos humanos, la política incluso.

Amaranta se especializó en el tema, consiguió becas, trabajó en Juchitán, en el resto de México y en países centroamericanos, dio cursos, talleres, estudió, organizó charlas, marchas, obras de teatro. Después Amaranta se incorporó a un partido político nuevo, México Posible, que venía de la confluencia de grupos feministas, ecologistas, indigenistas y de derechos humanos. Era una verdadera militante. (…)

En septiembre del 2002, Amaranta había encontrado un hombre que por fin consiguió cautivarla: era un técnico en refrigeración que atendía grandes hoteles en Huatulco, un pueblo turístico sobre el Pacífico, a tres horas al norte de aquí.

—Era un chavo muy lindo y me pidió que me quedara con él, que estaba solo, que me necesitaba, y nos instalamos juntos. Era una relación de equidad, pagábamos todo a la par, estábamos haciendo algo juntos.

Amaranta se sentía enamorada y decidió que quería bajar su participación política para apostar a "crear una familia". Pero una noche de octubre se tomó un autobús hacia Oaxaca para asistir a un acto; el autobús volcó y el brazo izquierdo de Amaranta quedó demasiado roto como para poder reconstruirlo: se lo amputaron a la altura del hombro.

—Yo no sé si creer en el destino o no, pero sí creo en las circunstancias, que las cosas se dan cuando tienen que darse. Era un momento de definición y con el accidente tuve que preguntarme: Amaranta dónde estás parada, adónde va tu vida.

Su novio no estuvo a la altura, y Amaranta se dio cuenta de que lo que más le importaba era su familia, sus compañeros y compañeras, su partido. Entonces trató de no dejarse abatir por ese brazo ausente, retomó su militancia con más ganas y, cuando le ofrecieron una candidatura a diputada federal —el segundo puesto de la lista nacional—, la aceptó sin dudar. Empezó a recorrer el país buscando apoyos, hablando en público, agitando, organizando: su figura se estaba haciendo popular y tenía buenas chances de aprovechar el descrédito de los políticos tradicionales y su propia novedad para convertirse en la primera diputada travestida del país y —muy probablemente— del mundo.

El padre Paco lleva bigotes y no está de acuerdo. El cura quiere ser tolerante y a veces le sale: dice que la homosexualidad no es natural pero que en las sociedades indígenas, como son más maduras, cada quien es aceptado como es. Pero que ahora, en Juchitán, hay gente que deja de aceptar a algunos homosexuales porque se están "occidentalizando".

—¿Qué significa occidentalizarse en este caso?
—Pues, por ejemplo meterse en la vida política, como se ha metido ahora Amaranta. A mí me preocupa, veo otros intereses que están jugando con ella o con él no, con ella, pues.

Porque el homosexual de aquí es el que vive normalmente, no le interesa trascender, ser figura, sino que vive en la mentalidad indígena del mundo. Mientras no rompan el modo de vida local, siguen siendo aceptados

—¿Tú has roto con esa tradición de los muxes? Le preguntaré otro día a Amaranta. (…)

Amaranta Gómez Regalado es muy mujer. Más de una vez, charlando con ella, me olvido de que su documento dice Jorge. (…)

… Amaranta saluda, da aliento, contesta a unas mujeres que se interesan por su candidatura o por su brazo ausente. Lleva un colgante de obsidianas sobre la blusa de batik violeta y la pollera[3] larga muy floreada, la cara firme, la frente despejada y los ojos, sobre todo los ojos. Se la ve tan a gusto, tan llena de energía:

—¿Y cómo te resulta esto de haberte transformado en un personaje público?
—Pues mira, no he tenido tiempo de preguntármelo todavía. Por un lado era lo que yo quería, lo había soñado, imaginado.
—Pero si ganas te va a resultar mucho más difícil conseguir un novio. Amaranta se retira el pelo de la cara, coqueta, con mohínes:
—Sí, se vuelve más complicado, pero el problema es más de fondo: si a los hombres les cuesta mucho trabajo estar con una mujer más inteligente que ellos, ¡pues imagínate lo que les puede costar estar con un muxe mucho más inteligente que ellos! ¡Ay, mamacita, qué difícil va a ser!— dice, y nos da la carcajada.

Amaranta Gómez Regalado y su partido, México Posible, fueron derrotados. Amaranta se deprimió un poco, trató de disimularlo y ahora dice que va a seguir adelante pese a todo.

---

3 Pollera es falda.

Actividades para después de la lectura

Comprensión

I

Paso 1

Escoge la respuesta que más represente la idea central de la crónica.

1. La crónica fundamentalmente habla del rol de la mujer y del hombre en una comunidad indígena, y utiliza a los muxes como modelo.
2. La idea central es que existe mayor tolerancia hacia la diferenciación de género en ciertas comunidades indígenas que en las sociedades modernas, sean europeas o norteamericanas.
3. El texto es solo una descripción etnográfica que intenta darnos una idea del exotismo indígena, y utiliza a los muxes como ejemplo.

Paso 2

Explica tu respuesta con un ejemplo del texto. Elabora lo necesario.

II

Responde a las siguientes preguntas

1. ¿Por qué se dice que hay un matriarcado en Juchitán? ¿Cuál es el papel de los hombres en la comunidad? (Lns. 24–46)
2. ¿Cuándo se enteraron los padres de Jorge que Jorge quería ser Amaranta? ¿Cuál fue su reacción? (Lns. 70–77)
3. ¿Cómo se caracterizan los muxes de Juchitán? ¿Qué rol ocupa la madre de los muxes en esta caracterización? (Lns. 80–85)
4. ¿Cómo se ven los propios muxes a sí mismos; como hombres, como mujeres, como ambos? (Lns. 105–108)
5. ¿En qué sentido los muxes han tenido un papel importante en las cuestiones de prevención del SIDA? (Lns. 140–152)

Interpretación

1. En tu opinión, ¿por qué Caparrós escogió escribir sobre los muxes?
2. ¿Te parece que la vida de los muxes es armoniosa y feliz?
3. Reacciona ante esta cita: "Yo no quiero ocupar el lugar de la mujer ni el del hombre". ¿Qué quiere decir con "el lugar"?
4. Los indígenas muxes viven una diferenciación sexual que en su cultura se ve normalizada. ¿Por qué te parece que esto sea interesante? ¿Ocurre en tu país?
5. Género versus sexo: el género es una construcción, es la *idea* de lo que debemos ser según nuestro sexo (lo biológico). ¿Estás de acuerdo? ¿Cuál crees tú que es el problema principal con esta diferenciación de la sexualidad? ¿Cómo definirías el género de los muxes? ¿Y el sexo?

6. La crónica también revela que hay varias lecturas acerca del rol de la mujer y del hombre en la comunidad de los muxes. ¿Crees que la comunidad de los muxes tiene el mismo rol de la mujer que la comunidad occidental? ¿En qué se diferencian o asemejan?

Discusión o debate

1. El gobierno debería subsidiar las operaciones de cambio de sexo de los muxes, así podrán tener mayor aceptación dentro de la sociedad. También se les debería dejar casarse legalmente y adoptar niños.
2. Reacciona ante esta cita: "Los muxes sólo nos juntamos con hombres, no con otra persona igual. En otros lugares ves que la pareja son dos homosexuales. Acá en cambio los muxes buscan hombres para ser su pareja". ¿Por qué crees que los muxes no se juntan con otros muxes? ¿Y con mujeres?
3. ¿Por qué crees que el sacerdote y ciertas personas de la comunidad aceptan a los muxes siempre y cuando no se involucren en la política? ¿Qué significa para ti el que los muxes se estén occidentalizando?

Ejercicios de gramática

Algunos significados de to become

El verbo *to become* en inglés puede tener múltiples significados en español. Algunos de ellos aparecen en el texto que acabas de leer.

1. *Convertirse en*, cuando se usa con adjetivos, significa cambiar de un estado a otro. Los significados equivalentes en inglés son *to change into* o *to turn into*.

    Amaranta **se había convertido**, por fin, abiertamente, **en** un "muxe".

Transformarse en es sinónimo de **convertirse en** tal como puede verse en las siguientes oraciones:
Si los travestis occidentales suelen **transformarse en** (**convertirse en**) hipermujeres hipersexuales, los muxes son hiperhogareñas:

—¿Y cómo te resulta esto de **haberte transformado en** (**haberte convertido en**) un personaje público?

2. **Volverse** puede usarse en los casos anteriores, pero no requiere preposición:

    Amaranta **se había convertido en** un muxe.

    Amaranta **se había vuelto** un muxe.

Volverse también puede usarse con adjetivos para indicar cambio.

—Pero si ganas te va a resultar mucho más difícil conseguir un novio. Amaranta se retira el pelo de la cara, coqueta, con mohínes:
—Sí, **se vuelve** más **complicado** (…)

Tensión de género

Volverse se usa también en expresiones hechas como **volverse loco**.

3. **Hacerse** para indicar una transición de un estado a otro ya sea por las propias acciones de la persona o de forma natural o accidental:

   La tradición juchiteca insiste en que un muxe **no se hace** —nace— y que no hay forma de ir en contra del destino.

Otras expresiones que se traducen con *to become* en inglés son:

4. **Llegar a ser** es similar a hacerse, pero implica generalmente voluntad y el resultado de un proceso que implica un cambio gradual y en varias etapas:

   El matriarcado de Juchitán, Oaxaca **ha llegado a ser** conocido a nivel mundial.

5. **Ponerse** + adjetivo

Se usa generalmente para expresar una reacción involuntaria o accidental.

   La primera vez que Amaranta les dijo a sus padres que se había convertido en una muxe, ellos **se pusieron** muy **serios**.

Ejercicio

A. Traduce las siguientes frases. En varios de los casos habrá más de una opción:

1. Amaranta became a well-known activist in her community after getting involved in local politics.
2. When someone decides to become muxe, the Juchitán community respects their decision.
3. Some people think that a man can become gay.
4. Amaranta became sad when she was not elected.
5. Jorge decided to become Amaranta after she read García Marquez's famous novel *Cien años de soledad*.

B. Escribe tres oraciones con los verbos **convertirse, llegar a ser, hacerse** basándote en la lectura Muxes de Juchitán de Martín Caparrós:

1. _____
2. _____
3. _____

3 Tensión política

YOANI CONTRA YOHANDRY – CUBA

Publicado originalmente en la revista *Gatopardo* (2010)

Diego Enrique Osorno

La libertad de expresión sigue siendo uno de los temas de mayor controversia en América Latina, particularmente en países que poseen gobiernos autoritarios. El régimen cubano ha recibido fuertes críticas al respecto, en especial por su modo de controlar los medios de comunicación y a sus periodistas desde que tomó el poder en 1959. Esta crónica se enfoca en la figura de una bloguera que ha logrado sortear obstáculos que el gobierno normalmente impone a sus ciudadanos. El blog de Yoani, previsiblemente, se lee más en el extranjero que en Cuba, y permite volver a pensar si un cambio en el vehículo de transmisión de la información puede materializarse en un verdadero cambio social o político.

Acerca del autor

Diego Enrique Osorno (México, 1980) es un reportero y escritor mexicano denominado, según la Fundación de Periodismo García Márquez, uno de los Nuevos Cronistas de Indias. Ha recibido reconocimientos como el Premio Latinoamericano de Periodismo, el Premio Internacional de Periodismo de la revista *Proceso* y el Premio Nacional de México 2013, el cual dedicó al Ejército Zapatista de Liberación Nacional (EZLN). Algunos de sus libros son *La Guerra de los Zetas* (2012) y *Contra Estados Unidos* (2014). Su texto más recientes es *Slim. Biografía política del mexicano más rico del mundo*.

Actividades de pre-lectura

1

Ejercicios de vocabulario

Encuentra la definición que mejor corresponda a la palabra resaltada, utiliza el contexto.

1. Yoani Sánchez, la bloguera más famosa de habla hispana, tiene una voz dulce pero **resuelta**. Parece gitana: orgullosa y predestinada. (Lns. 1–2)

36 *Tensión política*

2. Yoani quiso estudiar periodismo pero reprobó el examen de ingreso y fue enviada al Instituto Pedagógico, en el que, tras sacar buenas calificaciones, consiguió el traslado de especialidad a la Facultad de **Filología**. (Lns. 51–53)
3. Yoani lo hacía en una computadora que ella misma se había construido con piezas del mercado negro, intercambiadas con amigos. Era un **armatoste** al que la bloguera cuenta que le puso el nombre de "Frankenstein". (Lns. 72–74)

II

Paso 1

Todos sabemos que el agua potable, la electricidad, el gas, etc., son servicios indispensables ¿También piensas que el Internet es un servicio indispensable? ¿Está en la misma categoría que los servicios básicos? ¿Por qué?

Paso 2

Escribe las tres primeras ideas que se te ocurran cuando piensas en Cuba. Utiliza oraciones completas.

_____

_____

_____

Paso 3

- Comparte tus ideas con un compañero. ¿Las ideas de tu compañero son similares?
- Ahora comparte tus ideas con toda la clase. ¿Tus ideas coinciden con la mayoría de tus compañeros?

III

Intenta definir la importancia que tienen las redes sociales para ti al marcar las oraciones con las que estás de acuerdo.

	Estoy de acuerdo
1. Las redes sociales como Facebook o Twitter solo sirven para pasar el tiempo y no tienen ningún valor adicional.	____
2. Las redes sociales son una buena herramienta de difusión; los activistas, por ejemplo, pueden movilizar a mucha gente por su causa.	____
3. Las redes sociales no tienen ninguna importancia en mi vida.	____
4. Cuando hay un tema controvertido en redes sociales, la gente por lo general solo da opiniones tontas y no sabe mucho, por eso la discusión es pobre.	____
5. Las redes sociales son solo una moda, pronto se extinguirán.	____

IV

Ahora lee el texto completo. Recuerda que no tienes que entender todo, sino solamente los puntos principales y la organización general del texto. No te detengas para buscar palabras en el diccionario.

Yoani contra Yohandry

(…)

III

Yoani Sánchez, la bloguera más famosa de habla hispana, tiene una voz dulce pero resuelta. Parece gitana: orgullosa y predestinada. Amarra y desamarra con una resistente liga su largo pelo negro mientras cuenta su historia en el rincón de su departamento, donde vive con su pareja, el escritor Reinaldo Escobar, quien alguna vez trabajó en *Juventud Rebelde*, uno de los dos principales periódicos oficiales. (…)

Su vivienda en este edificio llamado Modelo Revolución Socialista, cuenta la misma Yoani, no tiene nada que ver con el "solar" del barrio de Cayo Hueso, donde nació hace 34 años. (…)

Por aquellos años, William Sánchez, el padre de Yoani, trabajaba a pico y pala[1] en la ampliación de las líneas de ferrocarriles. Tiempo después acabaría conduciendo una locomotora. María Eumelia Cordero, la mamá de Yoani, desde que nació su hija y hasta la fecha trabaja organizando la papelería de una base de taxis. Ambos eran unos bebés cuando Fidel Castro, el *Che* Guevara y Camilo Cienfuegos,[2] el 1 de enero de 1959 llegaron a La Habana a tomar el poder. Hasta la crisis de los noventa, cuando se desplomó la Unión Soviética y a su vez el importante apoyo económico a Cuba, vivieron satisfechos con el comunismo. Desde entonces tienen una postura crítica, que sin embargo y, a diferencia de su hija, no va más allá de las salas de sus casas.

En los setenta, cuando Yoani nació, estaban de moda los nombres que comenzaban con la letra "i griega". La hermana mayor de Yoani se llama Yunia y algunos de sus amigos de la infancia eran Yordani, Yovani y Yuneiqui. Suele decirse que el desvarío de esta generación cubana por la penúltima letra del alfabeto se debe a la influencia rusa. (…)

"La época de las *Y* era un momento de mucho control social en todos los sentidos. Los cubanos nos vestíamos solamente con ropa del racionamiento, comíamos lo que venía por el mercado subvencionado, había mucho control en nuestras vidas y había sólo una porción de nuestras vidas que no estaba controlada: nombrar los hijos", interpreta Yoani. De esos años, la bloguera afirma que tiene muy presente —pese a que sólo tenía cinco años— la estampida de personas que asaltó la Embajada de Perú buscando abandonar la isla.

(…)

---

1 Trabajar mucho, hasta más no poder, generalmente de forma rudimentaria.
2 Revolucionario cubano icónico alineado con Fidel Castro.

Por esos años de la adolescencia de Yoani, aun mucho más que ahora, Fidel Castro era una presencia omnisciente. Estaba en la televisión, en los libros, en la radio y en la prensa. Era una presencia imposible de evitar.

—¿Recuerdas qué pensabas de él?
—Todo lo que yo pensaba hasta los 14 años de Fidel Castro no tiene ya ningún valor, porque sencillamente yo era una niña que no podía discernir ideológica ni políticamente nada.

Cuando Yoani cumplió 14 años, en Cuba la crisis llamada "periodo especial" estaba en su cresta más alta. Tanto William como María Eumelia vieron cómo se arruinaban sus empleos en el sector del transporte, el primero en ser afectado dramáticamente por la escasez de combustible. Yoani dice que vivió una pauperización moral y física. A diferencia de otras familias que tenían ahorros, parientes en el extranjero o familiares en el gobierno que aminoraron las penurias, la de Yoani conoció el vacío.

IV

(…)

Yoani quiso estudiar periodismo en la universidad pero reprobó el examen de ingreso y fue enviada al Instituto Pedagógico de La Habana, en el que, tras sacar buenas calificaciones, consiguió luego el traslado de especialidad a la Facultad de Filología. Durante esos días de ajetreo, entre escuela y escuela, nació su hijo Teo, quien hoy tiene 14 años. "Se ha dicho mucho que en Cuba todo mundo tiene oportunidad para estudiar la universidad, pero yo no creo que sea cierto. Estudian en la universidad aquellas personas que tienen una familia que los puede mantener durante cinco años de improductividad". (…)

Mientras Yoani trabajaba como guía de turistas, sobre todo de suizos y alemanes, aumentaba su conciencia crítica sobre la realidad del país. "Me iba abriendo los ojos a mi propia realidad, porque tener que explicar la realidad propia a extranjeros es la mejor manera de conocerla". De cosas tan visibles para un viajero recién llegado, como el deterioro físico de la ciudad, se dio cuenta gracias a las preguntas de los turistas, quienes a su vez le sembraron "el bichito[3] del deseo de libertad" con otros cuestionamientos como: ¿Tienes acceso a la prensa extranjera?, ¿lees?, ¿cómo funciona el internet y la telefonía móvil?

V

El primer contacto que tuvo Yoani con la computación fue en 1993, cuando estudiaba la universidad y empezó a hacer un periódico literario llamado *Letra a letra*, un boletín de corte literario. Yoani lo hacía en una computadora que ella misma se había construido con piezas del mercado negro, intercambiadas con amigos. Era un armatoste al que la bloguera cuenta que le puso el nombre de "Frankenstein". La máquina tenía instalado el MS-DOS y el Word Perfect 5.1, con el cual se diseñaba el periódico. Al paso de los

---

3 Unas ganas incontenibles.

meses, *Letra a letra* fue prohibido, ya que se vendía en 20 centavos, lo cual dio pie a que Yoani fuera acusada de enriquecimiento ilícito.

—¿Por qué querías hacer una computadora?
—Yo siempre he sido muy tecnológica. Le digo a todo mundo que fui la segunda hija hembra de un hombre que siempre quiso tener hijo varón y como ya sabía que no iba a poder, entonces me enseñó a mí todos los rudimentos de la electrónica. Desde chiquita reparo lavadoras, refrigeradores, televisores, planchas...

Yoani acabó la universidad en el año 2000 con la tesis *Palabras bajo presión. La literatura de la dictadura en Latinoamérica*. Aunque mencionaba poco del caso cubano, fue reprendida por sus maestros. Su trabajo incluye revisiones de *La fiesta del chivo* de Mario Vargas Llosa, de una novela llamada *La dama de cristal*, ganadora del premio Casa de Américas y cuya trama gira alrededor de una mujer dictadora; también incluía un libro cubano llamado *El caballero ilustrado*. El proceso de trabajo de esta tesis fue clave para convencerse de que su futuro era la informática.

(...).

"Yo creo poder vivir sin los frijoles negros y todo eso, pero la falta de información me asfixió".

VI

En abril de 2007, nació *Generación Y*, el blog de Yoani. El primer post que subió se titulaba: "Carteles sí, pero sólo sobre pelota", y decía: "Por estos días el país vive una fiebre beisbolera a partir de los últimos partidos correspondientes al *play off* de la serie nacional. Los industrialistas visten de azul, mientras que el rojo es el color de quienes le van a Santiago de Cuba. En numerosos balcones, puertas y muros se leen carteles como 'Industriales Campeón' o 'Santiago es mucho Santiago'. A los militantes del Partido les han orientado que durante los juegos en el gran estadio latinoamericano deben evitar que se grite despectivamente la palabra 'palestinos'[4] para referirse a los jugadores del equipo oriental. Mientras que el despliegue policial dentro y alrededor del propio estadio sólo es comparable con el ocurrido durante la Cumbre de Países No Alineados en septiembre último".

"Hasta yo, que no comparto la pasión beisbolera, veo los partidos transmitidos en la TV y salto cuando anotan los leones industriales. Sin embargo, no dejo de notar que durante estos días la pelota[5] nos sumerge en un sopor irreal y que hasta la aparición de los tolerados carteles es un paréntesis, un permiso temporal, del que no podremos hacer uso para otros temas. Me puedo imaginar qué pasará si una vez concluida la final cuelgo en mi balcón un mínimo papel que diga: 'Sí al etanol' o 'Internet para todos'".

(...)

—A la blogósfera alternativa cubana, no nos están leyendo por la inmediatez, la cual no podemos dar por el tema de la conexión Internet, no nos están leyendo porque

---

4 Término peyorativo con el que se denomina a los vagabundos en Cuba. Su posible origen se debe a que denomina a los migrantes de la comunidad rural del *oriente* de la isla.
5 La pelota es un nombre común que recibe el beisbol.

estemos acreditados a un evento donde solamente están los periodistas confiables y los corresponsales extranjeros. Nos están leyendo para saber qué pensamos sobre determinado asunto. En un país donde durante tantos años se ha utilizado más bien un periodismo de reporte, un periodismo editorialista, un periodismo que transmite la voz del Estado, y no se ha potenciado la voz y la opinión del ciudadano, hacen mucha falta a veces estos dislates de los *bloggers*, este atreverse a decir, aunque no estés muy seguro de lo que estás diciendo: La voz del yo por encima de la voz del nosotros.

VII

El portal de Internet más importante del gobierno cubano se llama *Cubadebate. Contra el Terrorismo Mediático* y es dirigido por Randy Alonso Falcón, periodista estrella del oficialismo y conductor de *Mesa Redonda*, el programa estelar de la barra televisiva nacional. Tras dejarle la presidencia a su hermano Raúl, no fue en el papel periódico de *Granma* ni en el de *Juventud rebelde*, sino en las páginas digitales de este portal, donde Fidel Castro decidió comenzar a publicar una columna llamada "Las reflexiones del compañero Fidel". El 4 de junio de 2008, apareció en el sitio web un prólogo que éste preparó para un libro sobre Bolivia y Cuba. En dicho texto se refirió por primera vez, sin llamarla por su nombre, a Yoani Sánchez, quien por esos días acababa de recibir el premio Ortega y Gasset, así como distintos reconocimientos internacionales por su blog *Generación Y*. Fidel asegura en el texto que tras leer las declaraciones que hizo "una joven cubana" a un enviado especial de Notimex,[6] había recordado "al mártir de Dos Ríos, nuestro Héroe Nacional José Martí",[7] así como al "*Che* Guevara". Luego, una serie de frases dichas por Yoani Sánchez son seleccionadas por el propio Fidel y presentadas en su prólogo, entre ellas éstas:

"… Si la idea de las autoridades cubanas de haberme negado el permiso para viajar a recibir el galardón fue una especie de castigo, no ha sido nada dramático".

"Compro una tarjeta de Internet, que oscila entre cinco y siete dólares, para enviar mis textos…"

"No soy opositora, no tengo un programa político, ni siquiera tengo un color político y ésa es una característica de mi generación y del mundo actual: ya la gente no se define ni de izquierdas ni de derechas, son conceptos cada vez más obsoletos".

"Mi blog tiene un récord de comentarios espeluznantes que a mí me asustan…"

El viejo comandante revolucionario se sorprendió de encontrar en estas opiniones de Yoani "la generalización como consigna" y el que "haya jóvenes cubanos que piensen así", y también que exista "prensa neocolonial de la antigua metrópoli española que los premie".

Enrique Ubieta, escribió la otra referencia notable que existe en la prensa oficial sobre la bloguera catalogada por la revista *Time* como una de las 100 personalidades más influyentes del mundo. Ubieta publicó en *Granma* un texto titulado: "Yoani Sánchez: La hija de PRISA", en el cual critica los intereses del poderoso grupo mediático accionista de *El País* de España y del *Nuevo Herald* de Miami. Dice Ubieta: "El caso Yoani —o si se prefiere, la operación Yoani— seguramente se

---

6 Agencia noticiosa del gobierno mexicano.
7 Escritor, político y héroe cubano del siglo diecinueve, conocido por su papel intelectual en la independencia de España y por su ensayo canónico "Nuestra América" (1891).

estudiará en el futuro como ejemplo de manipulación mediática y de injerencia en los asuntos internos de una nación soberana, a pesar del poco éxito que ha tenido su traje de cordero, en un mundo acostumbrado a distinguir a cada lobezno disfrazado por sus peludas orejas".

VIII

Platiqué sin grabadoras sobre la represión a Internet en Cuba con un funcionario del gobierno cubano. Cuando le comenté por teléfono cuál era el tema del que quería conversar, me dijo que me estaba fijando en cosas baladíes. "En Cuba hay problemas más importantes…" (…)

IX

El reclamo estudiantil más airado y famoso que ha habido hasta el momento en contra del gobierno cubano no sucedió en la escuela de Ciencias Políticas o en la de Filosofía, sino en la de Ciencias Informáticas de la Universidad de La Habana. En febrero de 2008, hasta las manos del corresponsal de la BBC en La Habana, Fernando Ravsberg, llegó la videograbación de una reunión entre Ricardo Alarcón, presidente de la Asamblea Nacional de Cuba, con jóvenes representantes de la Facultad de Informática. Uno de los estudiantes cuestionaba, a nombre de sus 10 mil compañeros de aulas, la prohibición que existe para que los cubanos viajen libremente al extranjero. "¿Y si yo quiero viajar al lugar donde cayó el *Che* en Bolivia? No puedo", dijo Eliécer Ávila, quien junto con otros universitarios se quejó ante el poderoso miembro del buró político del Partido Comunista Cubano del acceso limitado a internet. "Nos quitaron Gmail y Yahoo, dos de los servicios más usados en el mundo, porque están fuera del control de la seguridad del Estado. ¿Por qué?".

Pensar estratégicamente implica imaginarse en los zapatos del enemigo. Días después de los reclamos a Alarcón, con la aparición de un blog a nombre de Yohandry, inició la que para algunos es la guerra cibernética que se vive hoy en día en Cuba. El autor de este blog no revela su identidad real, pero sus textos están enfocados en responder directamente a los comentarios que hace Yoani Sánchez en el suyo y a presumir los logros del gobierno. Para no pocos conocedores del cibermundo cubano, Yohandry es un invento de la industria de las conciencias, el espejo oficial de Yoani. De acuerdo con esta creencia, el gobierno cubano formó un grupo de apoyo en Internet para tratar de lavar su imagen en los foros de comentarios de los principales medios de comunicación del mundo. El blog de Yohandry es parte clave de ello, según la creencia. En China, el gobierno contrata a miles de "usuarios" que se dedican a inundar de comentarios positivos del gobierno en portales tanto del país como occidentales.

Por medio de la periodista Laura Alvarado, el misterioso "Yohandry", explicó que no revelaría su identidad, ya que "poner un rostro sería demeritar el de los otros que también soy… Soy también la voz de lo institucional, pero en la misma medida en que puedo serlo del trovador, del reguetonero o del ex recluso". (…) "Toda sociedad es criticable, la mía también. De alguna forma reflejo esa realidad. Pero si sólo viera las manchas, me (nos) estaría (mos) perdiendo la mitad del paisaje", asegura.

(…)

XI

(…)

Para acceder a su cuenta de Twitter, Yoani utiliza un mecanismo algo rudimentario en otros países. Como el acceso a Internet es caro y complicado, envía desde su celular un mensaje de texto a un número de servicio de la empresa Twitter, la cual automáticamente lo publica en la página donde Yoani tiene su cuenta. Uno de los dos inconvenientes de esta modalidad es que la bloguera no puede interactuar al momento con quienes responden a lo que ha tuiteado, y el otro es lo caro del servicio. "A veces, cuando uno tiene algo en demasía no le da el verdadero valor, lo tiene ahí, es normal, es una costumbre, entonces lo subutiliza. Y a veces, por ejemplo, yo veo a los tuits que la gente envía en Twitter, con fatuidades y banalidades, digo: 'Si yo pudiera al menos, pero no, yo tengo que concentrar la información, mi tweet no me puedo permitir un tweet frívolo porque es costoso, el tiempo es oro en Internet para nosotros en Cuba'".

(…)

XII

—¿Qué crees que vendrá para la primavera de 2010? —pregunto a Yoani.
—Lo que puede seguir es tremebundo o fantástico, es la gloria o el castigo…

(…)

—¿Vendrá otra "primavera negra"?
—Eso o la represión a la blogósfera, lo cual es muy difícil porque ¿cómo tú vas a callar a una persona que se expresa en un mundo virtual? Eso es un poco difícil, pero lo pueden intentar. Yo le digo a la gente al respecto: bueno, en marzo de 2008 censuraron el acceso a mi blog pero dos semanas después yo ya había encontrado el camino para saltarme ese bloqueo informático. Dicto los textos a los amigos por teléfono, los mando por correo electrónico, y mis amigos fuera de Cuba los ponen, el blog sigue vivo.

Un año y medio después estaba descubriendo el poder de Twitter y estaba conectando mi móvil[8] cubano a través del SMS a la tuitósfera internacional. Mañana mismo me quitan mi móvil, me lo confiscan y puedo pedirles a amigos que por favor transcriban lo que les dicto por teléfono. Entonces ¿cómo se silencia a un *blogger*? Es un poco difícil. Mira, incluso, hay un blog que se hace desde las prisiones de Cuba, donde seis presos de conciencia de la "primavera negra" de 2003 dictan, vía telefónica, desde sus respectivas prisiones. Se llama *Voces tras las rejas*.

Estamos en un punto de inflexión, o viene la gran ola represiva o viene sencillamente el reconocimiento por parte del Estado, de que no pueden parar. Viene el reconocimiento público, que ellos digan: "Está bien, la discrepancia está despenalizada". Pero el problema es que ellos no pueden confesar eso ni decirlo, porque el día que lo digan, la propia discrepancia los va a devorar…

---

8 El teléfono móvil es el teléfono celular.

—¿Cómo te imaginas ese día?
—Ellos tienen el control sobre el país, porque no permiten a otros hablar ni pronunciarse. El día que lo permitan tienen sus días y sus horas contadísimas. Mientras tanto, somos nosotros los que estamos al borde del castigo.

Actividades para después de la lectura

Comprensión

I

Paso 1

Escoge la respuesta que más represente la idea central de la crónica.

a. La crónica fundamentalmente habla de la libertad de expresión en Cuba y las cosas que los cubanos tienen que hacer para comunicarse con el exterior.
b. La idea central es que Internet, en un país como Cuba, ha cambiado el modo de expresión de los disidentes, y puede tener mayor impacto que en otros países menos tecnológicos.
c. El texto es una pequeña biografía de Yoani Sánchez en la actualidad, la bloguera cubana más famosa, quien critica al gobierno utilizando Internet.

Paso 2

Explica tu respuesta con un ejemplo del texto. Elabora lo necesario.

Paso 3

- Comparte oralmente tu respuesta con un compañero.
- Después comparte tu respuesta con el resto de la clase. ¿Está, la mayoría, de acuerdo?

II

Responde a las siguientes preguntas.

1. ¿Cómo se ganaban la vida Yoani y su esposo mientras ella estudiaba filología? (Lns. 59–60)
2. Según Yoani, ¿por qué son famosos los blogs como el suyo u otros blogs que se escriben desde Cuba? (Lns. 120 y ss.)
3. Los blogs de Yoani y de Yohandry se ubican en oposición política diametral. ¿Quién es Yohandry? ¿Por qué existe esta combatividad entre las dos? (Lns. 185–203)
4. Yoani dice que es muy difícil callar a una persona que se expresa a través del mundo virtual. ¿Qué dificultades tuvo con el gobierno con relación a su blog? ¿Cómo pudo superarlas? (Lns. 225–239)

Interpretación

1. Yoani indica que cree poder vivir sin "frijoles negros" pero que la falta de información la asfixia. ¿Crees que tu generación pueda vivir sin Internet o redes sociales? ¿Sin teléfonos inteligentes? ¿Qué papel desempeña la tecnología en tu vida diaria?
2. La postura política de Yoani es obvia, pero ella manifiesta que verdaderamente no tiene una agenda política. ¿Cómo interpretas esta postura? ¿Te parece que está manipulando al entrevistador o que está diciendo la verdad?
3. El autor escribe: "El reclamo estudiantil más airado y famoso que ha habido hasta el momento en contra del gobierno cubano no sucedió en la escuela de Ciencias Políticas o en la de Filosofía, sino en la de Ciencias Informáticas de la Universidad de La Habana" (Lns. 172–174). En tu opinión, ¿por qué esta información es interesante? ¿Qué dice sobre los estudiantes cubanos? ¿Y sobre Internet y las nuevas vías de comunicación?
4. La crónica también revela que hay dos lecturas acerca de la realidad cubana. La lectura local, desde la isla, y la lectura global, desde el extranjero. ¿Piensas tú que estas dos lecturas se puedan intersectar? ¿Dónde? ¿Cómo?

Discusión o debate

1. Reacciona ante la siguiente cita que aparece en el blog de Yoani. Explica si estás de acuerdo o no y por qué: "No soy opositora, no tengo un programa político, ni siquiera tengo un color político y ésa es una característica de mi generación y del mundo actual: ya la gente no se define ni de izquierdas ni de derechas, son conceptos cada vez más obsoletos" (Lns. 146–148).
2. Según el autor de la crónica, Yoani está catalogada por la revista *Time* como una de las 100 personalidades más influyentes del mundo. El gobierno cubano piensa que esta es una manipulación mediática del periódico español *El País* para obtener publicidad y mayores ingresos. Si el diario *El País* está usando a Yoani al publicitar su blog, ¿quién es peor, el gobierno o el medio de prensa que se beneficia de la realidad cubana?
3. Un funcionario del gobierno le dijo al autor que en Cuba hay problemas más importantes y urgentes, como la economía, y que nadie sabe ni a nadie le importa Yoani Sánchez. ¿Crees que esto es verdad o que está restándole importancia al potencial discurso disidente?

Actividad adicional

Generación Y, el blog de Yoani, ha evolucionado mucho. Mira cómo se presenta ahora: http://www.14ymedio.com/blogs/generacion_y

Paso 1

Ahora que conoces más la historia de Yoani y el contexto, intenta leer por lo menos tres entradas del blog. Pueden ser entrevistas, reportajes, o entradas de opinión, lo que tú prefieras.

Paso 2

Después de leer, responde a las siguientes preguntas. Para todas ellas, explica o elabora lo más que puedas.

1. ¿Cómo interpretas el hecho de que haya una versión en inglés del blog?
2. ¿Te parece que cumple una función social?
3. En tu opinión, ¿es un blog interesante o aburrido? En ambos casos, ¿qué le falta? Piensa en por lo menos dos sugerencias que le darías a Yoani.
4. ¿Crees que ahora que hay tantos blogs y tanta información en Internet, este blog puede volverse invisible y pasar desapercibido?

Ejercicios de gramática

Verbos con preposición 1

La mayoría de verbos no requieren una preposición antes del infinitivo que les sigue. Observa:

Yoani **quiso estudiar** periodismo en la universidad

Sin embargo, hay muchos verbos que requieren una preposición antes del infinitivo que le sigue. Observa:

Fidel Castro decidió **comenzar a publicar** una columna llamada "Las reflexiones del compañero Fidel".

A. Llena el espacio con la preposición adecuada (*a*, *de*, *en*, *con*) en las siguientes frases tomadas del texto.

1. Sin embargo, no dejo _____ notar que durante estos días la pelota nos sumerge en un sopor irreal.
2. El gobierno cubano formó un grupo de apoyo en Internet para tratar _____ lavar su imagen en los foros de comentarios de los principales medios de comunicación del mundo.
3. En dicho texto se refirió por primera vez, sin llamarla por su nombre, a Yoani Sánchez, quien por esos días acababa _____ recibir el premio Ortega y Gasset.
4. El viejo comandante revolucionario se sorprendió _____ encontrar en estas opiniones de Yoani "la generalización como consigna" y el que "haya jóvenes cubanos que piensen así", y también que exista "prensa neocolonial de la antigua metrópoli española que los premie".

B. Los siguientes verbos requieren una preposición antes del infinitivo que les sigue. Rellena el espacio con la preposición adecuada de las siguientes ofrecidas. Si no sabes el significado, busca el significado primero.

46 *Tensión política*

| i) *a* | ii) *de* | iii) *en* | iv) *con* |

a) atreverse _____   c) soñar _____   e) pensar _____   g) arrepentirse _____   i) negarse _____
b) condenar _____   d) llegar _____   f) cuidarse _____   h) empeñarse _____   j) dedicarse _____

C. Escoge cinco de estos verbos y forma una oración según lo leído en el texto de Yoani contra Yohandry.

1. _____
2. _____
3. _____
4. _____
5. _____

SE ALZA EL MITO – VENEZUELA

Publicado originalmente en la revista *Marcapasos* (2013)

Liza López

La crónica que viene a continuación muestra cómo el populismo latinoamericano y el denominado socialismo del siglo XXI se han convertido en poderosos mitos de alto valor simbólico. Casi más importante que un proyecto político real, el chavismo ganaba fuerza a través de lo que representaba y por la constante exposición mediática a la que sometía a sus ciudadanos. La forma como los venezolanos despidieron a Hugo Chávez es síntoma de cierta ceguera política que se ve agrandada por el efecto dramático propio de la enfermedad que lo aquejaba. El texto también plantea otras preguntas, a saber, ¿cómo se vive la polarización política durante el chavismo? ¿De qué modo se crea a un mártir sabiendo de antemano que su forma de hacer política es extremadamente controversial? ¿Cómo separar la figura del político con las obras que pretende realizar?

Acerca de la autora

Lisa López (Venezuela) es una periodista egresada de la Universidad Central de Venezuela en 1994. Tiene 18 años de experiencia como reportera y redactora en medios impresos. Trabajó en los diarios venezolanos *El Universal y El Nacional*. Estudió dos postgrados en París (1999-2002). Es profesora de periodismo en la Universidad Central de Venezuela y Universidad Católica Andrés Bello, y dicta talleres de crónica regularmente. En 2007 fundó junto a sus colegas Sandra La Fuente y Victoria Araujo la revista *Marcapasos*. En 2010, la revista coeditó junto a Ediciones Punto Cero su primera antología de crónicas: *Se habla venezolano, Doce historias que laten con Marcapasos*.

Actividades de pre-lectura

I

Ejercicios de vocabulario

Relaciona el significado de las palabras en negritas con las definiciones que se te ofrecen abajo. Trata de determinar su significado mediante el contexto.

1. Hugo Chávez gobernó durante 14 años, efusivo y a **contrarreloj**, desoyendo los consejos médicos. (Ln. 1)
2. Nadie sabe de dónde salió, pero después de un largo **trecho**, un efectivo militar lo sube a su moto y lo ayuda a culminar el recorrido hasta el Cuartel de la Montaña,… (Lns. 8–10)
3. Desde hoy, este Cuartel de la Montaña se ha convertido en un lugar de **peregrinaje**. Custodiado por la imagen de Simón Bolívar y cuatro soldados, éste será su lugar de descanso provisional. (Lns. 33–35)
4. Las filas infinitas de personas que quieren visitar los restos del presidente son tan largas como las que comenzaron a formarse aquel miércoles 6 de marzo, cuando el **ataúd** fue llevado a la capilla ardiente en Los Próceres. (Lns. 37–39)

48 *Tensión política*

5. Desde que anunciaron que falleció Hugo Chávez, ayer 5 de marzo, a las cinco de la tarde, cientos, miles de seguidores **se agruparon** a las afueras del Hospital Militar, para acompañar a su presidente cuando saliera en la urna hacia la capilla ardiente de la Academia Militar,… (Lns. 43–46)
6. El **luto** en este lugar no viste de negro sino de escarlata. De rojo, como siempre han vestido las concentraciones chavistas. (Lns. 57–58)
7. De rojo rojito, como se le dice coloquialmente en Venezuela al **atuendo** oficialista. (Lns. 58–59)
8. Aunque postergaron por siete días más el **velatorio**, la gente se mantiene en las filas, bajo el sol picante. Pasan hasta treinta horas de cola para ver al presidente por segundos. (Lns. 65–66)
9. Iris Blanco no asistió a las **exequias** para despedir a Hugo Chávez. Ha visto los actos funerarios por televisión. (Lns. 115–116)

( ) Espacio, distancia de lugar o tiempo.
( ) Caja en la que se coloca una persona muerta para enterrarla o cremarla.
( ) Con mucha prisa o urgencia por disponer de un plazo de tiempo muy corto.
( ) Reunir a un grupo de personas.
( ) Evento solemne que se organiza para honrar a un difunto unos días después de que ha fallecido.
( ) Conjunto de ropa y accesorios que una persona lleva puestos.
( ) Lugar en el que se coloca a un cadáver para que sus familiares y amigos le rindan respeto antes de enterrarlo.
( ) Ir a visitar un lugar por devoción religiosa o por respeto.
( ) Signo exterior de pena y duelo en ropas, adornos y otros objetos, por la muerte de una persona.

II

Paso 1

Piensa en un presidente, o en un líder de tu comunidad, o incluso una persona famosa de la música o el cine, etc. ¿Crees que alrededor de esa persona se han creado mitos, o leyendas, que sean tal vez más importantes que el personaje mismo? ¿Por qué crees que esto ocurre?

Paso 2

Escribe los nombres de tres personas que tú creas que forjaron mitos o leyendas alrededor suyo. Después escribe el mito por el cual se les conocía.

Persona	Mito

Paso 3

- Comparte tus ideas con un compañero. ¿Las ideas de tu compañero son similares?
- Ahora comparte tus ideas con toda la clase. ¿Tus ideas coinciden con la mayoría de tus compañeros?

III

Intenta definir la importancia que tienen los mitos al momento de definir a los famosos.

	Estoy de acuerdo
1. El mito sobre alguien famoso es más importante que "la verdad" sobre esa persona.	___
2. El mito, al final, es solo un chisme disfrazado, no dice nada real de la persona.	___
3. La identidad real de una persona es indescifrable, no importa si se construyen leyendas o mitos alrededor de ella, nadie sabe realmente cómo es.	___
4. La gente poderosa, o famosa, es capaz de controlar lo que la gente dice de ella construyendo sus propios mitos, por eso no hay que creerlos.	___

IV

Ahora lee el texto completo. Recuerda que no tienes que entender todo, sino solamente los puntos principales y la organización general del texto. No te detengas para buscar palabras en el diccionario.

Se alza el mito

Hugo Chávez gobernó durante 14 años, efusivo y a contrarreloj, desoyendo los consejos médicos. Diez días de funeral necesitaron los venezolanos para despedirlo. Luego de descartar que su cuerpo fuera embalsamado, trasladaron sus restos al Museo Militar, donde ahora reposan. Millones de seguidores lo aclaman como el santo bolivariano.

Un perro corre delante de la caravana fúnebre. Encadenados a la televisión, viendo pasar el desfile militar que rinde honores póstumos a Hugo Chávez, los venezolanos fijan su atención en el animal. Nadie sabe de dónde salió, pero después de un largo trecho, un efectivo militar lo sube a su moto y lo ayuda a culminar el recorrido hasta el Cuartel de la Montaña, sitio donde descansarán los restos de Hugo Chávez, al menos, por ahora.

Después de la travesía, la Guardia Nacional adoptó como mascota al perro. Le puso el nombre de Nevado, como el perro que acompañó a Simón Bolívar[1] en su lucha por la independencia de Venezuela.

---

1 Simón Bolívar: militar que luchó por la independencia de algunos territorios españoles en Sudamérica. Ayudó en la independencia de los siguientes países actuales: Bolivia, Colombia, Ecuador, Panamá, Perú y Venezuela.

Es viernes y en Caracas nadie trabaja porque decretaron día no laborable. Tras nueve días expuesto en capilla ardiente en la Academia Militar, el féretro del Presidente Chávez recorrerá 18 kilómetros bajo el sol desde el sur de la ciudad hasta las entrañas del popular barrio 23 de Enero. Aún no se sabe si ésta será la última parada del largo recorrido de los restos del comandante. ¿Dónde descansará para siempre?

—Es el único presidente que se ha ocupado de los pobres, de los que vivimos en los cerros, —dice una señora con los ojos hinchados de tanto dolor ante las cámaras de la cadena televisiva.

Al llegar al Museo Militar cargan la urna hasta el sitio donde ahora reposan sus restos. Colocan el féretro dentro de un sarcófago de granito gris, soportado por el monumento con forma de orquídea—la flor nacional—: la flor de los cuatro elementos (agua, aire, tierra y fuego), rodeada por una fuente de agua cristalina. Sobre la lápida frontal se lee: Comandante supremo de la revolución bolivariana de Venezuela, Hugo Chávez Frías, 28-07-1954 +05-03-2013.

El mausoleo de granito rojo, verde y gris se construyó en tiempo récord en el mismo lugar donde Chávez se refugió cuando lideró el fallido golpe de Estado el 4 de febrero de 1992. Desde hoy, este Cuartel de la Montaña se ha convertido en un lugar de peregrinaje. Custodiado por la imagen de Simón Bolívar y cuatro soldados, éste será su lugar de descanso provisional.

Han pasado diez días desde que salió del Hospital Militar, donde fue declarada su muerte. Las filas infinitas de personas que quieren visitar los restos del presidente son tan largas como las que comenzaron a formarse aquel miércoles 6 de marzo, cuando el ataúd fue llevado a la capilla ardiente en Los Próceres.

***

Desde que anunciaron que falleció Hugo Chávez, ayer 5 de marzo, a las cinco de la tarde, cientos, miles de seguidores se agruparon a las afueras del Hospital Militar, para acompañar a su presidente cuando saliera en la urna hacia la capilla ardiente de la Academia Militar, a ocho horas a pie. Marchan lento. Algunos lloran.

—¡Allá viene! —grita una niña desde algún lugar.
—Ayyyyyyy. Ayyyy, no puede ser. Mi presidente. Chávez, te amo tanto. Te amoooooo.

Un hombre empieza a cantar. Solo. Como si supiera que no hace falta mucho para que el resto se sume.

—¡Chávez vive, la lucha sigue!

Banderas de Venezuela, de Cuba. Pancartas con el rostro del comandante. El luto en este lugar no viste de negro sino de escarlata. De rojo, como siempre han vestido las concentraciones chavistas. De rojo rojito, como se le dice coloquialmente en Venezuela al atuendo oficialista.

—¡¡¡Cháaaaaaaveeeeeez!!! ¡¡Chávez, aquí está tu pueblo que te ama!! —dice una señora al ver, a menos de tres metros la urna posada sobre el techo de un carro fúnebre.

El vicepresidente Nicolás Maduro encabeza el cortejo a pie. El féretro está cubierto con una gran bandera tricolor, flores, gorras rojas, franelas rojas.

***

Aunque postergaron por siete días más el velatorio, la gente se mantiene en las filas, bajo el sol picante. Pasan hasta treinta horas de cola para ver al presidente por segundos. Los mandatarios y delegaciones internacionales que asisten al funeral oficial tendrán chance de verlo por más tiempo.

Detrás del féretro, doña Elena de Chávez, su madre, encabeza el cuadro familiar. Junto a ella, las hijas de Chávez: Rosinés (15 años), Rosa Virginia y su esposo el ahora vicepresidente, Jorge Arreaza. Cerca permanece el hermano mayor del presidente y gobernador de Barinas, su estado natal, Adán Chávez.

Del otro lado, también en primera fila, están los presidentes de Cuba, Irán, Bielorrusia, Chile y Bolivia. Les toca el turno junto al Presidente de Irán, Mahmud Ahmadineyad, quien al finalizar besa la urna y empuña el brazo izquierdo en señal de lucha.

Nicolás Maduro y su esposa Cilia Flores también permanecen frente al ataúd. La Orquesta Sinfónica dirigida por Gustavo Dudamel[2] hace vibrar las notas de la canción patria y el ambiente se hace solemne a pesar del sopor de esta tarde caliente de marzo en el Caribe.

Sean Penn, el actor estadounidense amigo de Chávez se enjuga el sudor en un pañuelo. También ha venido su compatriota el pastor bautista Jesse Jackson.

Cuatro kilómetros más lejos, donde comienza la cola de gente, Maritza Rondón y sus tres hijos también han venido a decir adiós, pero les toca esperar pacientes. Ella viste una franela roja sin logo de alguna institución oficial, y sus hijos se pusieron para la ocasión unas franelas blancas que ellos mismos pintaron a mano con las frases "Chávez, defenderemos tu legado" (la de 14 años), "Soy un chavito, por siempre" (el de 7), "Chávez, te amo" (la de 6).

Tiene tanto que agradecerle, dice Maritza, porque Chávez le dio a cada uno de sus hijos una computadora, buena merienda en la escuela, a ella le dio una pensión de sobreviviente cuando su esposo murió hace dos años.

Al mismo tiempo pasa un hombre bordeando la fila y comienza a gritar otro verso muy distinto.

—Cotufaaaasss (palomitas de maíz) a diez. Lleve las cotuuuufaaaassss.

***

Sería inocente pensar que el sepelio de Chávez concluirá tras los siete días de duelo nacional decretados por el ahora Presidente encargado, Nicolás Maduro.

---

2 Director venezolano de orquesta de música clásica surgido del proyecto de música venezolano llamado El Sistema. Actualmente es el Director de la Orquesta Sinfónica de Los Ángeles, California y de la Orquesta Sinfónica Simón Bolívar en Venezuela.

52   *Tensión política*

Este no es un duelo normal. No sólo se trata de la muerte de un presidente en ejercicio que venía de ganar las últimas elecciones con el 55% de los votos. Helo aquí, figura omnipresente: hace más de una semana que no respira y en el país sigue sin hablarse de otra cosa.

Su único revés electoral ocurrió en 2007. Era el primer intento por enmendar la constitución con el planteamiento de la reelección. La opción del NO obtuvo 50.7%. Un Chávez visiblemente consternado aceptó los resultados, no sin antes referirse a ellos como "una victoria de mierda de la oposición".

Sus demostraciones públicas de afecto también eran desmedidas. Abrazaba, besaba, piropeaba, serenateaba, regañaba en cadena nacional a sus ministros.

***

Iris Blanco no asistió a las exequias para despedir a Hugo Chávez. Ha visto los actos funerarios por televisión. Quizás vaya después, dice, cuando lo trasladen al museo militar. Porque hasta que no lo vea en persona, no se lo cree.

Estudió, trabajó y se superó. Pero en su currículum sobresale una astilla: figura entre los 18 mil empleados despedidos por orden de Chávez de Petróleos de Venezuela en aquel recordado enero de 2003, cuando gran parte del país, incluyendo a la petrolera, se fue a paro nacional. A sus dos hermanos, también empleados de PDVSA, los despidieron. Y como ella, son opositores. Y como muchas familias, hacen un esfuerzo inmenso por evitar que el tema político los divida.

La mitad de su familia es chavista. Cuenta que hace mucho tiempo, les pidió que no hablaran de política "para no salir peleados".

—Rezo todos los días, soy devota de la Virgen de El valle, y pido que logremos convivir entre nosotros. No entiendo por qué tanto resentimiento social.

Fueron casos puntuales, pero hubo celebraciones por la muerte. A través de las redes sociales circularon fotografías desde Miami de las primeras manifestaciones de euforia de antichavistas, que festejaron con botellas de champagne. También se escucharon en explosiones dispersas de cohetones en algunos barrios del este de Caracas, principal bastión de la oposición. En las redes sociales ha circulado cualquier cantidad de insultos desde cada bando. No hay escapatoria en Internet: la polarización se ha manifestado en su lado más oscuro.

***

Es el cuarto día del velorio. Ya las colas no son de treinta horas, sino de cinco o seis.

Las distintas etapas del duelo que tanto han estudiado los psicólogos se han sucedido vertiginosamente. Se pasó de la negación, del dolor, de la aceptación, a la acción en menos de un día. En menos de unas horas, porque enseguida, apenas sus fieles seguidores comenzaron a enterarse, el llanto se fue transformando en motivación para defender la revolución. La consigna del momento así lo refleja: Chávez vive, la lucha sigue.

Apoyada en una de las rejas está Leila Zambrano, de 49 años y madre de seis hijos. Viste una batola[3] de su etnia indígena wayúu. Hace once años se mudó desde la Goajira hasta Caracas con sus hijos para buscar trabajo. Lo consiguió como conserje.

---

3 Prenda femenina de vestir holgada larga y sin botones.

—Antes de Chávez, no sabíamos quiénes eran nuestros presidentes. Ahora conocemos que existe una patria que se llama Venezuela. Estábamos aislados. Mis hijos ahora tienen una beca para estudiar. Poco a poco logramos salir adelante.

Reinaldo Gámez, un joven de 25 años en silla de ruedas, viajó desde lejos. Tiene su pensión por discapacidad y por eso, también, quiere agradecerle al presidente. Pero, sobre todo, dice que vino a pedirle a Chávez que le cure la pierna.

La idolatría de muchos chavistas en ocasiones termina de manera trágica. Una semana después de conocerse que falleció el presidente, apareció un joven, de 21 años, ahorcado, en un sector humilde. Vestía una franela roja con la frase "Yo soy Chávez". Lo encontró su esposa, quien dijo que estaba sumamente deprimido desde que supo sobre la muerte de su líder.

***

—¡Chávez pal panteón junto a Simón![4]

Ésta es la segunda consigna del momento. La gritan sin cesar. Y aunque ya Maduro anunció que este viernes trasladarán al presidente al Museo Militar, la gente continúa clamando para que lo lleven "pal panteón".

Hace dos años, el gobierno inició la construcción de un mausoleo en honor a Simón Bolívar en los 2,300 metros cuadrados aledaños al viejo Panteón Nacional, una ex iglesia neoclásica del siglo XVIII.

Todos los aspectos que rodean el proyecto parecen desmesurados, 17 pisos de altura, 140 millones de dólares aproximados en inversión y una escultura de 14 metros de altura[5] para homenajear a Manuela Sáenz[6] llamada la "Rosa Roja de Paita". En su momento no faltó quien afirmara que Hugo Chávez estaba edificando su propia tumba.

A los dos días del deceso, Nicolás Maduro anunció que Chávez sería embalsamado, como Lenin, Stalin, Mao, Evita o Kim Il Sun. Chávez se queda en casa, al menos hasta que resuelvan dónde va a reposar el cuerpo, si al lado de Simón Bolívar o debajo de un samán frondoso en su Barinas natal, como era su voluntad.

No hay necesidad de subirse a la ola de rumores que siguen rodeando las circunstancias de la muerte de Hugo Chávez. Los más recientes ponen en duda desde la fecha y el lugar de fallecimiento hasta sus últimas palabras. "No me quiero morir", le habría dicho al jefe de su guardia presidencial José Ornella. Lo cierto es que cuando el año pasado, el cáncer volvió a atacar con fuerza, el presidente, aferrado a un Cristo de plata exclamó en una liturgia de Semana Santa oficiada por su recuperación: "Dame tu corona, Cristo. Dámela que yo sangro, dame tu cruz, cien cruces, que yo las llevo, pero dame vida. No me lleves todavía, dame tus espinas, dame tu sangre, que yo estoy dispuesto a llevarla pero con vida, Cristo, mi señor. Amén".

Este hálito de sacrificio que lo rodeó toda su vida, aunado a su lucha contra un enemigo apolítico que lo habitaba atacándolo desde adentro y la presencia del elemento religioso extremado durante la enfermedad con la celebración de ritos católicos, evangélicos,

---

4 Simón Bolívar.
5 Casi 46 pies de altura.
6 Compañera sentimental de Simón Bolívar, libertador de varias naciones sudamericanas. Manuela Sáenz colaboró activamente en las guerras de independencia de esas naciones.

yorubas, chamánicos lo situó ante las puertas del mito. La muerte se las abrió de par en par.

—Tenemos más de veinte años entronizándolo en el imaginario colectivo. Su sobreexposición televisiva, su carisma, su cara en las camisas, en las gorras, el disfraz para carnaval, la figura de acción para los niños hasta llegar al cenit de la identificación con él a través de la consigna "Yo soy Chávez" —señala el psicólogo social, Leoncio Barrios.

Para el analista, la muerte y las ceremonias fúnebres de Chávez son una oportunidad extraordinaria para los venezolanos de comprender procesos inéditos y tratar de entenderse a sí mismos y las consecuencias de una tradición mítica muy poderosa heredada de su mestizaje: la cultura indígena tiene mitos para explicar casi todos los fenómenos del mundo, los esclavos africanos introdujeron la religión Yoruba al nuevo mundo y los españoles trajeron al catolicismo en barco.

El asunto con los mitos es que, a diferencia de los héroes, son intocables. Un héroe puede cometer errores y resquebrajar su imagen en medio de la travesía, pero no un personaje con un aura como en el que se ha convertido Chávez. No existe en términos físicos pero permanece en ese territorio difuso llamado "más allá", en ese lugar de la psique que trasciende a la razón.

Es tan poderoso ese apego a la figura de Chávez, que su fuerza crecía entre sus seguidores. Una semana antes de su muerte, tras dos meses de estar en territorio cubano y sin que los venezolanos pudieran verle o escuchar su voz, su popularidad se elevó hasta el 68% de aprobación.

Leoncio Barrios trata de resumir lo que vive el país en dos frases: lo peor que le ha pasado al gobierno fue que Chávez se muriera, y lo peor que le ha pasado a la oposición fue que Chávez se muriera. Ambos sectores políticos tendrán ahora que convivir con un Chávez revestido por la fuerza del mito, "despojado de todas sus determinaciones terrenales", resalta la antropóloga Michelle Ascencio.

Para aquellos que han asociado la pasión chavista con un fenómeno similar a la adoración de un Dios, la antropóloga aclara que no se trata de una religión sino de un culto religioso basado en el culto a la personalidad. Por eso no le extrañaría enterarse pronto de algún "milagro" atribuido a Hugo Chávez.

Como ha ocurrido con el Che,[7] el fenómeno de Chávez se ha convertido en una estrategia de mercadeo político. No hace falta que estampen el rostro del presidente venezolano. Basta con sus ojos. El primer día del velorio, ya los vendedores ambulantes estaban ofertando franelas con los rostros del trío de moda en estos días en Venezuela: Cristo, Bolívar y Chávez.

A un costado de la Academia Militar una fila corta avanza rápidamente. Son las personas que ya vienen de salida. Acaban de ver a Chávez acostado en su urna.

—Lo vi. Estaba vestido con un uniforme militar, una boina roja —comenta una chica nerviosa— No era como en la tele. Se lo veía hinchado. Ahora tengo esa imagen incrustada en la cabeza. Habría preferido no verlo.

---

7 Ernesto "Che" Guevara, guerrillero, político y médico de ascendencia argentina que luchó a favor de la Revolución cubana.

Actividades para después de la lectura

Comprensión

1. ¿Quiénes son los familiares de Chávez que asisten al entierro? (Lns. 71 y ss.)
2. ¿Por qué está agradecida Maritza Rondón con el presidente Hugo Chávez y qué dicen las franelas que sus hijos pintaron? (Lns. 84 y ss.)
3. ¿Por qué Iris Blanco no asistió a las exequias de Hugo Chávez? (Lns. 115 y ss.)
4. ¿Cuáles son las etapas de un duelo y qué tan rápido se sucedieron en el caso de la muerte de Hugo Chávez? (Lns. 141 y ss.)
5. ¿Cuál fue la actitud de Leila Zambrano hacia la muerte de Hugo Chávez y por qué actuó de esta manera? (Lns. 146 y ss.)
6. ¿Cómo puede ayudar la muerte de Hugo Chávez a que los venezolanos se entiendan a sí mismos? (Lns. 200 y ss.)
7. ¿Cuáles son las similitudes entre el Che Guevara y Hugo Chávez? (Lns. 224 y ss.)

Interpretación

1. ¿Por qué, en tu opinión, es importante el perro que aparece al comienzo de la narración o que aparezca el vendedor de cotufas (palomitas de maíz)? (Lns. 6 y ss. y Lns. 96 y ss.)
2. ¿Cuál es el propósito del escritor al mencionar las palabras que pronunció Hugo Chávez en la liturgia de semana santa en honor a él mismo? (Lns. 181 y ss.)
3. ¿Qué opinión tienen las personas que vieron la urna de Hugo Chávez? (Lns. 232 y ss.) ¿Cómo se compara esto con el entusiasmo que mostraban las personas que hacían fila y no habían visto el cuerpo de Hugo Chávez? ¿Qué dice esto acerca del choque entre la realidad y la ilusión?

Discusión o debate

1. Según lo que leíste, ¿cuál es tu opinión acerca de Hugo Chávez? ¿Está justificado este culto a la personalidad hacia un presidente?
2. Según el texto, elabora un esquema en el que hables sobre los puntos buenos y malos que llevó a cabo el presidente Hugo Chávez. Después, da tu punto de vista acerca de su mandato como presidente.
3. Busca la definición de "populista o populismo". ¿Crees que Hugo Chávez es un político populista? ¿Qué personaje político en tu país crees que podría compararse con la figura de Hugo Chávez? ¿Hay políticos populistas en tu país?

Ejercicios de gramática

Verbos con preposición 2

La mayoría de los verbos no requieren una preposición antes del sustantivo que les sigue. Observa:

> La cultura indígena **tiene mitos** para explicar casi todos los fenómenos del mundo.
> Los esclavos africanos **introdujeron la religión Yoruba** al nuevo mundo.

56 *Tensión política*

Sin embargo, hay muchos verbos que requieren una preposición antes del sustantivo que le sigue. Observa:

Es el único presidente que se **ha ocupado de los pobres**.

Se dice: ocuparse *de*.

A. Llena el espacio con la preposición adecuada (*a*, *de*, *en*, *con*) en las siguientes frases tomadas del texto y haz las contracciones cuando sea necesario.

Recuerda que las únicas contracciones posibles en español entre preposición y artículo son *a + el* que resulta en *al* y *de + el* que resulta en *del*.

1. Un efectivo militar lo sube _____ su moto y lo ayuda a culminar el recorrido hasta el Cuartel de la Montaña. (lo = el perro callejero)
2. Al llegar _____ (+ el) Museo Militar cargan la urna hasta el sitio donde ahora reposan sus restos.
3. Los mandatarios y delegaciones internacionales que asisten _____ (+ el) funeral oficial tendrán chance de verlo por más tiempo.
4. Iris Blanco no asistió _____ las exequias para despedir a Hugo Chávez.
5. No sólo se trata _____ la muerte de un presidente en ejercicio que venía de ganar las últimas elecciones con el 55% de los votos.
6. Han pasado diez días desde que salió _____ (+ el) Hospital Militar, donde fue declarada su muerte.
7. No hay necesidad de subirse _____ la ola de rumores que siguen rodeando las circunstancias de la muerte de Hugo Chávez.

B. Los siguientes verbos requieren una preposición antes del infinitivo que les sigue. Rellena el espacio con la preposición adecuada de las siguientes ofrecidas. Si no sabes el significado de los verbos, búscalo primero.

i) *a*	ii) *de*	iii) *en*	iv) *con*

a) compadecerse ____ c) soñar ____ e) dudar ____ g) fijarse ____ i) parecerse ____
b) preocuparse ____ d) contar ____ f) cuidar ____ h) dar ____ j) despedirse ____

C. Escoge cinco de estos verbos y forma una oración según lo leído en el texto de "Se alza el mito".

1. _____
2. _____
3. _____
4. _____
5. _____

D. Recuerda que los siguientes verbos no necesitan una preposición antes del sustantivo que les sigue en español, pero el idioma inglés la requiere.

| agradecer (*thank for*) | buscar (*look for*) | esperar (*wait for*) |
| mirar (*look at*) | pedir (*ask for*) | solicitar (*to apply for*) |

Ejemplo: El gobierno venezolano agradece la visita de los presidentes y personalidades.
Traduce al español las siguientes oraciones que usan los verbos de las secciones B y D. Ten cuidado de usar la preposición adecuada si la necesita, pero no lo hagas si no la necesita.

1. The Venezuelan people waited patiently for the funeral to begin.
2. Venezuelans never dreamt of this moment.
3. Reinaldo Gámez sympathizes with the suffering of Chávez's family.
4. Nicolás Maduro, the new President of Venezuela, asks for permission to bury Chávez near to Bolívar.
5. The people of Venezuela say goodbye to the controversial President.

4 La dictadura y los desplazados

EL RASTRO EN LOS HUESOS I – ARGENTINA

Publicado originalmente en la revista *Gatopardo* (2008)

Leila Guerriero

Esta crónica es extensa porque habla de un tema demasiado profundo y difícil. Además de recuperar la memoria argentina de la sangrienta dictadura que torturó y mató a miles de personas entre 1976 y 1983, el texto muestra cómo el proceso de investigación de los desaparecidos políticos en realidad fue muy amateur. La crónica retrata algo increíble de América Latina: la dificultad de los países del continente—ya sea por falta de preparación o recursos— para lidiar con temas importantísimos de orden político o, en este caso, de los derechos humanos. Por otro lado, este texto humaniza un proceso horrible de búsqueda de los célebres desaparecidos: personas que salieron de sus casas o trabajos y nunca volvieron, porque la máquina estatal de la dictadura, en esa época, los metía presos y luego los asesinaba.

Acerca de la autora

Leila Guerriero (Argentina, 1967) es una escritora y periodista argentina que publica en diversos medios de su país y del mundo hispánico en general. En la actualidad se desempeña como editora de la revista Gatopardo. Es considerada como una de las mejores cronistas del mundo hispano y es autora de los libros *Los suicidas del fin del mundo* (Tusquets, 2005), *Frutos extraños* (Aguilar 2009, Alfaguara España 2012), *Una historia sencilla* (Anagrama España 2013) y *Zona de obras* (Anagrama España 2015). Esta crónica obtuvo el premio "Nuevo periodismo Cemex" y de "La Fundación Nuevo Periodismo Iberoamericano" (que presidía Gabriel García Márquez) en 2010.

Actividades de pre-lectura

I

Ejercicios de vocabulario Parte I

Encuentra la definición que mejor corresponda a la palabra, o grupo de palabras, resaltadas. Utiliza el contexto como ayuda.

1. Entre ellos, un antropólogo **forense** —un especialista en la identificación de restos. (Lns. 21–22)

La dictadura y los desplazados 59

2. Les dije que el trabajo iba a ser sucio, deprimente y peligroso. Y que además no había **plata**. (Lns. 68–69)
3. En 1987 se inscribieron como asociación civil **sin fines de lucro** bajo el nombre de Equipo Argentino de Antropología Forense. (Lns. 113–117)
4. En 1988, cuando fueron convocados como **peritos** para excavar en el sector 134 del cementerio. (Lns. 151–152)
5. Tengo dos maletas. Pero cuando **se junta el hueso con la historia**, todo cobra sentido.
6. En una de las oficinas del laboratorio habrá, durante días, un **ataúd** pequeño. Lo llaman urna. (Lns. 280–281)
7. A mí lo que me sigue pareciendo tremendo es la ropa. Abrir una fosa y ver que está con vestimenta. Y las **restituciones** de los restos a los familiares. (Lns. 334–335)

II

Paso 1

Imagina que te encuentras en la siguiente situación:

Tienes un hermano que está involucrado en la justicia social, los derechos civiles y la política. El gobierno está en contra de las personas que luchan por estos derechos porque quiere tener control sobre la sociedad. Un día tu hermano recibe una amenaza anónima. Otro día recibe una llamada amenazando a su familia. Finalmente, después de un mes, tu hermano desaparece y decides ir a la policía para averiguar dónde está.

Paso 2

Escribe tus tres primeras reacciones de cara a esta situación.
_____
_____
_____

Paso 3

- Piensa en por lo menos tres preguntas que la harías a la policía. Compártelas con un compañero. ¿Las ideas de tu compañero son similares?
- Ahora comparte tus ideas con toda la clase. ¿Tus ideas coinciden con la mayoría de tus compañeros?

III

Intenta definir tu postura frente a las siguientes frases.

	Estoy de acuerdo
1. El fin justifica los medios: para acabar con posturas ideológicas y políticas radicales hay que hacer lo que sea necesario.	___
2. Hacer que alguien desaparezca equivale a matar a esa persona.	___

	Estoy de acuerdo
3. No me interesa la política y no entiendo por qué alguien desaparecería a una persona solo por su compromiso político.	___
4. Si alguien desapareciera a un miembro de mi familia yo haría lo que fuera para saber la verdad, incluso si fuera ilegal.	___
5. No me sorprende que en América Latina y el mundo todavía se hable de desaparecidos.	___

IV

Responde a las siguientes preguntas en parejas o grupos.

1. ¿Sabes qué es un desaparecido político? ¿Conoces algún país de Latinoamérica o el mundo en el que haya habido desaparecidos políticos?
2. ¿Cuáles son algunas de las razones por las que desaparecen algunas personas? ¿De quién es la responsabilidad de encontrarlos, la familia, la policía, el gobierno?

V

Ahora lee el texto completo. Recuerda que no tienes que entender todo, sino solamente los puntos principales y la organización general del texto. No te detengas para buscar palabras en el diccionario.

El rastro en los huesos (Parte I)

No es grande. Cuatro por cuatro[1] apenas, y una ventana por la que entra una luz grumosa, celeste. El techo es alto. Las paredes blancas, sin mucho esmero. El cuarto —un departamento antiguo en pleno Once, un barrio popular y comercial de la ciudad de Buenos Aires— es discreto: nadie llega aquí por equivocación. El piso de madera está cubierto por diarios y, sobre los diarios, hay un suéter a rayas —roto—, un zapato retorcido como una lengua negra —rígida—, algunas medias.[2] Todo lo demás son huesos. Tibias y fémures, vértebras y cráneos, pelvis, mandíbulas, los dientes, costillas en pedazos. Son las cuatro de la tarde de un jueves de noviembre. Patricia Bernardi está parada en el vano[3] de la puerta. Tiene los ojos grandes, el pelo corto. Toma un fémur lacio[4] y lo apoya sobre su muslo.

- Los huesos de mujer son gráciles. Y es verdad: los huesos de mujer son gráciles.

***

Entre 1976 y diciembre de 1983 la dictadura militar en la Argentina secuestró y ejecutó a miles de personas que fueron enterradas como NN[5] en cementerios y tumbas clandestinas. En mayo de 1984, ya en democracia, convocados por Abuelas de Plaza de Mayo (una agrupación de mujeres que busca a sus nietos, hijos de sus hijos desaparecidos durante la dictadura) siete miembros de la Asociación Americana por el Avance de la Ciencia llegaron al país. Entre ellos, un antropólogo forense —un especialista en la identificación de restos óseos:[6] alguien que puede leer allí los rastros de la vida y de la muerte— llamado Clyde Snow. Nacido en 1928 en Texas, Snow tenía su prestigio: había identificado los restos de Josef Mengele en Brasil. Por lo demás, bebía como un cosaco, fumaba habanos, usaba sombrero texano, botas ídem y estaba habituado a vivir en un país donde los criminales eran individuos que mataban a otros: no una máquina estatal que tragaba personas y escupía sus huesos. En ese viaje —el primero de muchos— dio una conferencia sobre ciencias forenses y desaparecidos en la ciudad de La Plata, capital de la provincia de Buenos Aires, y la traductora, abrumada por la cantidad de términos técnicos, renunció en la mitad. Entonces un hombre rubio, todo carisma, dijo «yo puedo: yo sé inglés». Y así fue como Morris Tidball Binz, 26 años, estudiante de medicina y dueño de un inglés perfecto, se cruzó en la vida de Clyde Snow.

Durante las semanas que siguieron Clyde Snow participó de algunas exhumaciones[7] a pedido de jueces y familiares de desaparecidos, siempre en compañía de su nuevo traductor. En el mes de junio, cuando tuvo que exhumar siete cuerpos de un cementerio del suburbio, decidió que iba a necesitar ayuda y envió una carta al Colegio de

---

1 Se refiere al tamaño del cuarto, muy pequeño, en metros.
2 Calcetines.
3 Marco de la puerta, la distancia entre los dos soportes.
4 Marchito.
5 *Nomen nescio* en latín. Significa nombre desconocido.
6 De los huesos.
7 Del verbo exhumar, es decir desenterrar un cadáver o restos humanos.

Graduados en Antropología solicitando colaboración. Pero no tuvo respuesta. Y fue entonces cuando Morris Tidball Binz dijo: «Yo tengo unos amigos».

Los amigos de Morris eran uno: se llamaba Douglas Cairns, estudiaba antropología en la Universidad de Buenos Aires, y esparció el mensaje —"Hay un gringo[8] que busca gente para exhumar restos de desaparecidos"— entre sus compañeros de estudio.

—Yo estoy habituada a desenterrar guanacos,[9] no personas— dijo Patricia Bernardi, 27 años, estudiante de antropología, huérfana de padres, empleada en la empresa de transporte de su tío.

—A mí los cementerios no me gustan— puede haber dicho Luis Fondebrider, estudiante de primer año de antropología, empleado de una empresa de fumigación de edificios.

—Yo nunca hice una exhumación— dijo Mercedes Doretti, estudiante avanzada de antropología, fotógrafa y empleada de una biblioteca circulante.

Pero después pensaron que no perdían nada si iban a escuchar, y así fue como a las siete de la tarde del 14 de junio de 1984, Patricia Bernardi, Mercedes Doretti, Luis Fondebrider—y Douglas Cairns—se encontraron con Clyde Snow—y Morris Tidball Binz—en un hotel del centro de Buenos Aires llamado Hotel Continental.

—Clyde nos pareció un tipo raro, pensábamos "Cómo toma este viejo, cómo fuma" —dice Patricia Bernardi—. Nos invitó un trago,[10] y cuando nos explicó lo que quería hacer creí que se nos iba a ir el apetito. Pero después nos llevó a comer, y nosotros éramos estudiantes, nunca habíamos ido a un restaurante elegante. Comimos como bestias. Pero teníamos miedo. El país estaba muy inestable, y pensábamos "Si acá vuelve a pasar algo, este gringo se va a su país, pero nosotros nos tenemos que quedar".

Esa noche se despidieron de Clyde Snow con la promesa de pensar y darle una respuesta. "Me sentí conmovido, pero no tenían experiencia —contaba Clyde Snow años después al diario *Página/12*—. Les dije que el trabajo iba a ser sucio, deprimente y peligroso. Y que además no había plata. Me dijeron que lo iban a discutir y que al día siguiente me iban a dar una respuesta. Pensé que era una manera amable de decirme 'chau,[11] gringo'. Pero al día siguiente estaban ahí".

Al día siguiente estaban ahí.

—Decidimos que íbamos a probar con esa exhumación, y que después veíamos si seguíamos con otras —dice Patricia Bernardi—. Nos encontramos temprano, en la puerta del hotel, y nos llevaron al cementerio en los autos de la policía. Fue raro subirnos a esa cosa. Y después nos íbamos a subir a esos autos tantas veces. Yo nunca había estado en un enterratorio, pero con Clyde lo difícil pareció ser un poco más fácil. Él se tiraba con nosotros en la fosa,[12] se ensuciaba con nosotros, fumaba, comía dentro de la

---

8 Es un adjetivo coloquial para designar al extranjero, especialmente de habla inglesa.
9 Mamífero camélido parecido a la llama.
10 Porción de agua u otro líquido, que se puede beber de una vez.
11 Chao o chau son formas coloquiales de decir adiós o hasta luego.
12 Hoyo donde se entierran los cadáveres.

fosa. Fue un buen maestro en momentos difíciles, porque una cosa es levantar huesos de guanaco o de lobos marinos y otra el cráneo[13] de una persona. Cuando empezaron a aparecer los restos, la ropa se me enganchaba en el pincel,[14] y yo preguntaba "¿Qué hago con la ropa?". Y Clyde me miraba y me decía "Seguí, seguí". Ese día levantamos los restos, nos fuimos a la morgue, y resultó que no eran los que buscábamos. Clyde se puso a discutir algo sobre la trayectoria de un proyectil con el personal de la morgue. Nosotros no entendíamos nada. Estaban los familiares ahí, y yo le dije al juez "Digalé que no son los restos, esta gente ya pasó por mucho". Cuando les dijo, el llanto de los familiares fue algo que... Salimos de ahí a las tres de la mañana. Fue la exhumación más larga de mi vida.

Pero siguieron tantas. Entre 1984 y 1989 Clyde Snow pasó más de veinte meses en la Argentina, y en cada uno de sus viajes los estudiantes lo acompañaron a hacer exhumaciones, internándose de a poco en las aguas de esa profesión que no tenía —en el país— antecedentes ni prestigio.

—Nadie entendía lo que hacíamos. ¿Sepultureros especializados, médicos forenses? —dirá Mercedes Doretti desde Nueva York—. La academia nos miraba de reojo[15] porque decían que no era un trabajo científico.

Con poco más de veinte años, empleados mal pagos de empleos absurdos, estudiantes de una carrera que no los preparaba para un destino que de todos modos no podían sospechar, pasaban los fines de semana en cementerios de suburbio, cavando en la boca todavía fresca de las tumbas jóvenes bajo la mirada de los familiares.

—La relación con los familiares de los desaparecidos la tuvimos desde el principio —dirá Luis Fondebrider—. Teníamos la edad que tenían sus hijos en el momento de desaparecer y nos tenían un cariño muy especial. Y estaba el hecho de que nosotros tocábamos a sus muertos. Tocar los muertos crea una relación especial con la gente.

Como tenían miedo, iban siempre juntos. Y, como iban siempre juntos, empezaron a llamarlos "el cardumen".[16] No hablaban con nadie acerca de lo que hacían y, para hablar de lo que hacían, se reunían en casa de Patricia, de Mercedes.

—Todos soñábamos con huesos, esqueletos —dirá Luis Fondebrider—. Nada demasiado elaborado. Pero nos contábamos esas cosas entre nosotros.
—Todos teníamos pesadillas —dirá Mercedes Doretti—. Un día me desperté a los gritos, soñando con una bala que salía de una pistola, y me desperté cuando la bala estaba por impactarme en la cabeza. La sensación que tuve fue que me estaba muriendo y pensaba "¿Cómo no me di cuenta de que esto venía, cómo no me di cuenta de que me estoy muriendo inútilmente, cómo no me di cuenta de que no tenía que meterme acá?".

---

13 Estructura de los huesos que componen la cabeza.
14 Utensilio que se usa para pintar pero en este contexto para cepillar la tierra.
15 Mirar con disimulo, de forma poco evidente.
16 Conjunto de peces.

En 1985 viajaron a la ciudad de Mar del Plata, a exhumar los restos de una desaparecida, seguros como estaban de estar del lado de los buenos. Las Madres de Plaza de Mayo, la agrupación de mujeres que busca a sus hijos desaparecidos, los estaban esperando.

—Querían frenar la exhumación —dirá Mercedes Doretti—. Decían que Snow era un agente de la CIA y que el gobierno estaba tratando de tapar las cosas entregando bolsas con huesos. Hubo insultos, fue duro. Ver que ellas, que eran nuestras heroínas, estaban en contra fue muy fuerte. Finalmente exhumamos, y después nos fuimos a la playa. Nos sentamos ahí, mirando el mar, compungidos.[17]

Ese mismo año, Clyde Snow declaró en el Juicio a las Juntas —donde se juzgaba a los militares que habían estado en el poder durante la dictadura—, y proyectó una diapositiva de esa exhumación en Mar del Plata: una mujer joven llamada Liliana Pereyra, el cráneo pleno[18] de balas.

"Lo que estamos haciendo —decía Snow en *Página/12*— va a impedir a futuros revisionistas negar lo que realmente pasó. Cada vez que recuperamos un esqueleto de una persona joven con un orificio de bala en la nuca, se hace más difícil venir con argumentos".

El tiempo pasó, consiguieron financiación, alguna beca, y cuando quedó claro que quizás podrían vivir de eso, algunos abandonaron sus empleos. En 1987 se inscribieron como asociación civil sin fines de lucro bajo el nombre de Equipo Argentino de Antropología Forense, con el objetivo de practicar "la antropología forense aplicada a los casos de violencia de Estado, violación de derechos humanos, delitos de lesa humanidad". Después se unieron al grupo Darío Olmo, estudiante de arqueología, empleado municipal; Alejandro Incháurregui, estudiante de antropología y vendedor de boletos en el hipódromo; Carlos Somigliana (Maco), estudiante de antropología y derecho, ayudante de los fiscales Moreno Ocampo y Strassera durante el Juicio a las Juntas; Silvana Turner, estudiante de antropología social, y Anahí Ginarte, estudiante de antropología.

En 1988, cuando fueron convocados como peritos para excavar en el sector 134 del cementerio de Avellaneda, un suburbio de Buenos Aires donde los militares habían enterrado a cientos, pocos de ellos tenían más de 22.

La fosa de Avellaneda permaneció abierta dos años y sacaron de allí trescientos treinta y seis cuerpos, casi todos con heridas de bala en el cráneo, muchos todavía sin identificar.

***

El Equipo Argentino de Antropología Forense tiene sus oficinas en dos departamentos idénticos, primer y segundo piso de un edificio antiguo de estilo francés en el barrio de Once. Alrededor, vendedores ambulantes, autos, buses, los peatones: la banda de sonido de una ciudad en uno de sus puntos álgidos.[19] El segundo piso no tiene nombre. El primer piso sí, y se llama Laboratorio. Por lo demás, ambos tienen la misma cantidad de cuartos, los mismos baños, cocina al fondo, y casi ninguna evidencia de vida privada.

17 Doloridos.
18 Lleno.
19 Lugar o momento crítico.

La dictadura y los desplazados 65

Los muebles son nuevos y viejos, chicos y grandes, de maderas nobles y de fórmica. Hay un cuadro, un póster del *Metropolitan Museum*, pero son cosas que llevan demasiado tiempo allí: cosas que ya nadie ve. Hay pizarras, paneles de corcho con tarjetas de *delivery* y postales de esqueletos bailando: las fiestas latinoamericanas de la muerte. En un alféizar[20] hay dos cactus pequeños y, en todas las paredes, una profusión de planos y de mapas. Algunos, no todos, tienen marcas. Algunas de esas marcas, no todas, señalan los centros clandestinos de detención: sitios de los que proviene el objeto que aquí se estudia.

La oficina donde trabaja Luis Fondebrider está en el segundo piso. Él, Mercedes Doretti y Patricia Bernardi son los únicos que quedan del grupo original: Douglas Cairns sólo ayudó, al principio, en un par de exhumaciones; Morris Tidball Binz marchó en 1990 a trabajar en la Cruz Roja y vive en Ginebra desde entonces. A fines de los noventa se unieron otras personas —Miguel Nievas, Sofía Egaña, Mercedes Salado— y, durante mucho tiempo, no fueron más de doce. Pero a principios del nuevo siglo la posibilidad de aplicar la técnica de ADN a los huesos obligó a muchas incorporaciones, y ahora son treinta y siete. En todos estos años, el equipo intervino en más de treinta países, contratado por el Tribunal Criminal Internacional para la ex Yugoslavia; la Oficina del Alto Comisionado para los Derechos Humanos de las Naciones Unidas; las Comisiones de la Verdad de Filipinas, Perú, El Salvador y Sudáfrica; las fiscalías de Etiopía, México, Colombia, Sudáfrica y Rumania; el Comité Internacional de la Cruz Roja; la comisión presidencial para la búsqueda de los restos del Che Guevara y la Comisión Bicomunal para los desaparecidos de Chipre.

—Todos los salarios que recibimos por esas misiones internacionales van a un fondo común —dice Luis Fondebrider—. No les cobramos a los familiares por lo que hacemos. Nos sostenemos con la financiación de unos veinte donantes privados europeos y norteamericanos y de algunos gobiernos europeos. No tenemos apoyo de donantes privados ni asociaciones civiles argentinas. Las asociaciones civiles apoyan eventos de Julio Bocca,[21] pero no proyectos como este.

Ocultos, discretos, cada tanto la identificación de alguien —en 1989 la de Marcelo Gelman, el hijo de Juan Gelman,[22] el poeta argentino radicado en México; en 1997 la del Che Guevara, en Bolivia; en 2005 la de Azucena Villaflor, la fundadora de Madres de Plaza de mayo, desaparecida en 1977— los empuja a la primera plana de los diarios.

—Pero para nosotros —dice Luis Fondebrider— todos son personas. El Che o Juan Pérez.[23] Cuando fue lo del hijo de Gelman, fuimos Morris, Alejandro y yo a Nueva York, a recibir un premio de una fundación, y lo fuimos a ver a Gelman que vivía allá para contarle que habíamos identificado a su hijo. A mí me resultó una figura muy intimidante, serio, parco. Nos quedamos a dormir en su casa. Él se quedó toda la noche

---

20 Espacio que está en la parte baja de la ventana.
21 Julio Adrián Lojo Bocca, más conocido como Julio Bocca es un bailarín, director, coreógrafo y maestro de ballet argentino.
22 Juan Gelman (1930–2014) fue un renombrado poeta argentino que ganó el premio Cervantes en 2007, el reconocimiento literario más importante de los países hispanos.
23 En los países hispanohablantes se usa el nombre Juan Pérez para dar a entender se trata de cualquier persona o una persona común.

despierto, leyendo el expediente, y al otro día nos hizo millones de preguntas. Fue raro. Yo nunca me había quedado a dormir en la casa de una persona a la que hubiera ido a darle una noticia así.

—¿Podrías imaginarte sin hacer este trabajo? —Sí. No sé qué haría. Pero sí.

Todos dicen —dirán— lo mismo. Como si marcharan orgullosos hacia el único futuro posible: la extinción.

***

En el piso inferior hay varios cuartos con mesas largas y angostas cubiertas por papel verde. En la oficina donde suele trabajar Sofía Egaña cuando está en Buenos Aires —36 años, llegada al equipo en 1999 cuando le propusieron una misión en Timor Oriental y ella dijo sí y se marchó dos años a una isla sin luz ni agua donde el ejército indonesio, en 1991, había matado a doscientos mil— hay un escritorio, una computadora.

Click y una foto se abre: un cráneo. Otro click: el cráneo y su orificio.

—Entró directo: una ejecución así, tuc, de atrás. ¿Tenemos dientes? ¿Cómo lucen los dientes?

En dos días más, Sofía Egaña estará en Ciudad Juárez, donde el equipo trabaja en la identificación de cuerpos de mujeres no identificadas o de identificación dudosa y, hasta entonces, debe resolver algunas cuestiones urgentes: tratar de vender la casa donde vive, quizás pedir un préstamo bancario, quizás mudarse. En un panel de corcho,[24] a sus espaldas, hay una mariposa dibujada y una frase que dice *Sofi te quiero* con caligrafía de sobrina infantil. Hay, también, una foto tomada durante su estadía en Timor.

—Esos son mis caseros. Ellos me alquilaban la casa donde vivíamos. Cada tanto me llaman, para saber cómo estoy. Como yo no tengo teléfono estable, tienen que llamar a casa de mis padres. Hace más de once años que estoy viajando. No tengo placard.[25] Tengo dos maletas. Pero cuando se junta el hueso con la historia, todo cobra sentido. Delante de los familiares soy la médica, el doctor. A llorar, me voy atrás de los árboles. No te podés poner a llorar.
—¿Y con el tiempo uno no se acostumbra?
—No. Con el tiempo es peor.

Al final de un pasillo hay un cuarto oscuro, fresco, las paredes cubiertas por estantes que trepan hasta el techo y, en los estantes, cajas de cartón de tamaño discreto con la leyenda Frutas y Hortalizas.

—Cada caja es una persona. Ahí guardamos los huesos. Todas están etiquetadas con el nombre del cementerio, el número de lote.

---

24 Derivado de la madera suave que sirve para pinchar papeles o cosas ligeras.
25 Armario o clóset.

Al frente, en dos o tres habitaciones luminosas, cinco mujeres jóvenes se inclinan sobre las mesas cubiertas con papel. Sobre las mesas hay —claro— esqueletos.

***

El escritorio de Silvana Turner, en el piso superior, está rodeado de cajas que dicen Kosovo, Togo, Sudáfrica, Timor, Paraguay: la ruta de las mejores masacres del siglo que pasó. Silvana Turner lleva el pelo corto, el rostro limpio. Llegó al equipo en 1989.

—Si el familiar no tiene deseos de recuperar los restos, no intervenimos. Nunca hacemos algo que un familiar no quiera. Pero aún cuando es doloroso recibir la noticia de una identificación, también es reparador. En otros ámbitos esto suele hacerse como un trabajo más técnico. Es impensable que la persona que estudia los restos haya hecho la entrevista con el familiar, haya ido al campo a recuperar los restos, y se encargue de hacer la devolución. Nosotros hemos hecho eso siempre.

En todos estos años lograron trescientas identificaciones con restitución de restos y —cruzando datos, rastreando documentación— pudieron conocer y notificar el destino de trescientas personas más cuyos restos nunca fueron encontrados.

—Si yo tuviera que definir un sentimiento con respecto al trabajo es frustración. Uno quisiera dar respuestas más rápido.

A metros de aquí hay otro cuarto donde las cajas llevan el nombre de cementerios argentinos: La Plata, San Martín, Ezpeleta, Lomas de Zamora, Ezeiza. La tarea fue amplia. La obra puede ser interminable.

***

Llueve, pero adentro es seco, tibio. Es martes, pero es igual.
    En una de las oficinas del laboratorio habrá, durante días, un ataúd pequeño. Lo llaman urna. En urnas como esa devuelven los huesos a sus dueños.

—¿Ves? —dice una mujer con rostro de camafeo,[26] una belleza oval—. Esto, la parte interna, se llama hueso esponjoso. Y hueso cortical es la externa.

Bajo sus dedos, el esqueleto parece una extraña criatura de mar, al aire sus zonas esponjosas.

—Esto es un pedacito de cráneo. En el cráneo, el hueso esponjoso se llama diploe.

Cuando termine de reconstruir —de numerar sus partes, sus lesiones, de extender lo que queda de él sobre la mesa— el esqueleto volverá a su caja, y esa pequeña paciencia de mujer oval terminará, años después —si hay suerte— con un nombre, un ataúd del tamaño de un fémur y una familia llorando por segunda vez: quizás por última.

---

26 Piedra preciosa, generalmente ónice o ágata.

En el vidrio de una de las ventanas que da a la calle hay un papel pegado: la cuadrícula de una fosa y el dibujo de 16 esqueletos. Al pie de cada uno hay anotaciones: cinco postas más tapón de Itaka, desdentado en maxilar superior, cinco proyectiles. Ninguno tiene nombre, pero sí edad —30 en promedio— y sexo: casi todos hombres. Desde la calle, cualquiera que mire hacia arriba puede ver ese papel pegado a la ventana. Pero lo que se vería desde allí es una hoja en blanco. Y, de todos modos, nadie mira.

***

Una puerta se abre como un suspiro, se cierra como una pluma. Mercedes Salado deja una caja liviana —que reza Frutas y Hortalizas— sobre un escritorio. Después dice buendía y enciende el primero de la hora. Es española, bióloga, trabajó en Guatemala desde 1995, forma parte del equipo desde 1997 y durante mucho tiempo sus padres, dos jubilados que viven en Madrid, creyeron que el oficio de la hija no era un oficio honesto.

—Un día me llaman y me preguntan: "Oye, Mercedes, lo que tú haces… ¿es legal?". Claro, cuando yo empecé con esto no se sabía muy bien qué cosa era Latinoamérica, y meterse en las montañas a sacar restos de guatemaltecos… Mis padres tendrían miedo de que los llamaran diciendo «Su hija está presa porque se ha robado a uno». Ahora en Madrid los vecinos me saludan, como "uau, es legal". Lo que me sorprende del equipo es la coherencia. Se mantiene con proyectos, pero también hay un fondo común. Cada uno que sale de misión internacional pone ese salario en el fondo común. Y es un sistema comunista que funciona. Se hace porque se cree en lo que se hace. Nadie hubiera estado veinte años cobrando lo que se cobra si esto no le gusta. Pero este trabajo tiene una cosa que parece como muy romántica, como muy manida. Y es que esto no es un trabajo, sino una forma de vida. Está por encima de tu familia, de tu pareja, por encima de tu perspectiva de tener hijos. Nos hemos olvidado de cumpleaños, de aniversarios de boda, pero no nos hemos olvidado de una cita con un familiar. Y en el fondo es tan pequeño. ¿Qué haces? Encuentras la identidad de una persona. Es la respuesta que la familia necesitaba desde hace tanto tiempo… y ya. Y eso es todo. Pero cuando le ves el rostro a la gente, vale la pena. Es una dignificación del muerto, pero también del vivo.

Después, con una sonrisa suave, dirá que tiene un trauma: que no puede meter cráneos dentro de bolsas de plástico, y cerrarlas.

—Me da angustia. Es estúpido, pero siento que se ahogan.

***

Es viernes. Pero es igual. Mujeres jóvenes, vestidas con diversas formas de la informalidad urbana —piercings, pantalones enormes, camisetas superpuestas— se afanan[27] sobre las mesas del laboratorio. Semana a semana, como si una marea caprichosa interminable los llevara hasta ahí —más y menos enteros, más y menos lustrosos[28]— los esqueletos cambian.

---

27 Trabajar con rigor y ganas.
28 Brillosos.

—Están mezclados. Ya tengo cinco mandíbulas, cinco individuos por lo menos —dice Gabriela, mientras pega dos fragmentos de hueso.

Son horas de eso: mirar y pegar, y después todavía rastrear lesiones compatibles con golpes o balas, y después aplicar la burocracia: tomar nota de todo en fichas infinitas. Mariana Selva —los ojos claros, las uñas cortas, rojas— prepara unos restos para llevar a rayos: un cráneo, la mandíbula.

—A veces ves los huesos de un chico de veinte años con nueve balazos en la cabeza y decís ay, dios, pobre chico, qué saña. Pero no podés estar llorando, ni pensando en cómo fueron todas esas muertes, porque no podrías trabajar.

Analía González Simonett lleva un aro en la nariz, casi siempre vincha. Es, con Mariana, una de las últimas en llegar al equipo.

—A mí lo que me sigue pareciendo tremendo es la ropa. Abrir una fosa y ver que está con vestimenta. Y las restituciones de los restos a los familiares. Acá una vez hubo una restitución a una madre. Ella tenía dos hijos desaparecidos, y los dos fueron identificados por el equipo. La llevamos donde estaban los restos. Antes de ponerlos en una urna los extendemos, en una mesa como esas. "Josecito", decía, y tocaba los huesos. "Ay, Josecito, a él le gusta…". La forma de tocar el hueso era tan empática. Y de repente dice "¿Le puedo dar un beso en la frente?".

El 6 de enero de 1990 los restos de Marcelo Gelman fueron velados en público. Pero antes su madre, Berta Schubaroff, quiso despedirse a solas. A puertas cerradas, en las oficinas del equipo, trece años después de haberlo visto por última vez, al fruto de su vientre lo besó en los huesos.

Actividades para después de la lectura – Parte I

Comprensión

I

Paso 1

Escoge la respuesta que más represente la idea central de la crónica.

1. El texto intenta contar los efectos de la dictadura argentina mediante los huesos para hacer a la historia más impactante.
2. La autora quiere relatar algo sobre la dictadura argentina que no sea necesariamente político, sino humano y espeluznante.
3. La crónica no solo muestra cómo fue evidente que la policía mató a muchos disidentes, sino también la necesidad de un proceso de sanación a través de los huesos de los desaparecidos.

Paso 2

Explica tu respuesta con un ejemplo del texto. Elabora lo necesario.

70 *La dictadura y los desplazados*

Paso 3
- Comparte oralmente tu respuesta con un compañero.
- Después comparte tu respuesta con el resto de la clase. ¿Está, la mayoría, de acuerdo?

II

Responde a las siguientes preguntas.

1. ¿Quién es Clyde Snow y por qué es importante para esta historia? (Lns. 21–27)
2. Dado que no tienen experiencia y no se les paga casi nada, ¿por qué crees que los chicos decidieron "probar" con una exhumación antes de aceptar? (Ln. 75)
3. Mercedes Doretti dice que nadie entendía lo que hacían los forenses. ¿Te parece que es una profesión, o una labor, difícil de entender? ¿Por qué? ¿A qué se refiere ella? (Lns. 96 y ss.)
4. ¿Quiénes querían frenar la exhumación y por qué? ¿Qué te dice esto de la política? (Lns. 126 y ss.)
5. ¿Qué piensas del hecho de que los "forenses", en su mayoría, no tuvieran más de 22 años y nada de experiencia? (Lns. 140–150)
6. Lee esta cita: "Pero aún cuando es doloroso recibir la noticia de una identificación, también es reparador. En otros ámbitos esto suele hacerse como un trabajo más técnico. Es impensable que la persona que estudia los restos haya hecho la entrevista con el familiar, haya ido al campo a recuperar los restos, y se encargue de hacer la devolución. Nosotros hemos hecho eso siempre". (Lns. 262–264) ¿Por qué el entrevistado dice que es "impensable" que la persona que hizo la investigación también se entreviste con el familiar? ¿Estás de acuerdo?

Interpretación

1. La autora de la crónica describe a la dictadura argentina que gobernó de 1976 a 1983 como "una máquina estatal que tragaba personas y escupía sus huesos". ¿Qué tipo de gobierno es este?
2. Clyde Snow, según la autora de la crónica, vivía en un país "donde los criminales eran individuos que mataban a otros" los dos países hay asesinatos, sin embargo cuál crees que sea la diferencia entre esos dos tipos de países. ¿Qué tipos de gobiernos crees que existan en uno y en otro?

La dictadura y los desplazados 71

EL RASTRO EN LOS HUESOS II – ARGENTINA

Actividades de pre-lectura

Ejercicios de vocabulario Parte II

Encuentra la definición que mejor corresponda a la palabra, o grupo de palabras, resaltadas. Utiliza el contexto como ayuda. *Nota: estas preguntas corresponden a la Parte II únicamente.*

1. Patricia Bernardi dice que tiene **deformaciones profesionales**. La más notoria: le mira los dientes a las personas. (Lns. 24–25)
2. En la puerta de la morgue había un cartel que decía "**No cague adentro**". (Lns. 46–47)
3. Cuando Darío Olmo llegó al equipo, invitado por Patricia Bernardi en 1985, era un estudiante de antropología de 28 años, **agonizando en manos de un empleo que lo frustraba**: recibir expedientes en la mesa de entrada de una dependencia de gobierno. (Lns. 64–66)
4. Desde que entró en el equipo, en 1987, se dedicó a **atar cabos** y a enseñar a los demás a hacer lo mismo: entrevistar familiares, buscar testimonios, cruzar información. (Lns. 144–146)
5. De golpe viene alguien y te dice no, mire, eso no fue como usted pensaba, y además encontramos los restos de su hijo, su hija. Es una buena noticia. Pero **te hace mierda**. Es como una operación, es para algo bueno. Pero te lastima. (Lns. 164–166)
6. El dolor de tener un familiar desaparecido es como una **espinita** que te toca el corazón, pero te acostumbrás. (Lns. 140–143)
7. Pero no estoy acá buscando a **mis viejos**. Pienso en los familiares de las víctimas, pienso que está bueno que la sociedad sepa lo que pasó. (Lns. 274–275)

El rastro de los huesos (Parte II)

En el escritorio de Miguel Nievas hay un cráneo de plástico que es cenicero, un dactilograma,[1] un esquema de ADN nuclear, una biblioteca, libros, mapas. Es un cuarto interno, con una sola ventana y poca luz. Miguel Nievas tiene apenas más de treinta. Vivía en Rosario, una ciudad del interior, y entró al equipo a fines de los años noventa.

—Yo trabajaba en la morgue de Rosario, estaba estudiando unos restos óseos y necesitaba ayuda. Llamé por teléfono. Me atendió Patricia, me preguntó si podía viajar con los huesos a Buenos Aires. Y vine. Seguí colaborando en algunas cosas desde allá y después, en el 2000, me preguntaron si podía ir a Kosovo. Yo dije que sí, pero la verdad es que no sabía dónde iba. Cuando el avión aterrizó en Macedonia, y vi tanques, soldados, pensé "Dónde carajo me metí". No hablaba una palabra de inglés y en la morgue hacíamos treinta o cuarenta autopsias todos los días. Nos habían dado un

---

1 Huella digital impresa.

curso obligatorio de explosivos, pero yo no hablaba inglés y lo único que entendí fue *don't touch*. Cuando volví me quedé trabajando acá. Me enganché con el trabajo en la Argentina. Cuando empezás a investigar un caso terminás conociendo a la persona como si fuera un amigo tuyo. Necesitás poner distancia, porque todo el día relacionado con esto, te termina brotando.[2] Cada uno tiene su forma de brotarse.

—¿Y la tuya es…?

—La soriasis.[3] Y hace años que no recuerdo un sueño.

***

Patricia Bernardi dice que tiene deformaciones profesionales. La más notoria: le mira los dientes a las personas.

—No me doy cuenta. Hablo y les miro la dentadura. Porque nosotros siempre andamos buscando cosas en los dientes. Y el otro día vino el contador con una radiografía, y le dije "Che, por qué no dejás alguna acá, por las dudas".

Se ríe. Pero siempre se ríe.

—Yo nunca pude aguantar a los muertos. Les tengo pánico. A mí me hacés cortar un cadáver fresco y me muero. Pero con los huesos no me pasa nada. Los huesos están secos. Son hermosos. Me siento cómoda tocándolos. Me siento afín a los huesos.

Pasa las páginas de un álbum de fotos. —Este es el sector 134, en Avellaneda.
    Un terreno repleto de maleza. Después, la tierra cruda. Después abierta. Después los huesos. Y un edificio viscoso con paredes cubiertas de azulejos.

—Esa es la morgue donde trabajaban ellos.

Ellos.

—Habían hecho un portón que daba a la calle, para poder entrar los cuerpos directamente desde ahí. En la puerta de la morgue había un cartel que decía "No cague adentro". Cuando empezamos a trabajar no lo hicimos público. Nos daba miedo. Teníamos un policía de seguridad de la misma comisaría que antes tenía la llave para meter cuerpos en esa fosa. En un rato tocarán el timbre y Patricia bajará las escaleras con una urna pequeña. Allí, en esa urna, llevará los restos de María Teresa Cerviño, que en mayo de 1976 apareció colgada de un puente con un cartel, una inscripción —*Yo fui montonera*[4]—, la cabeza cubierta por una bolsa, los ojos y la boca tapados con cinta adhesiva. Todas las pistas indicaban que había terminado en la fosa común de Avellaneda. Su madre nombró al equipo como perito en la causa judicial que inició en 1988 buscando los restos de su hija. Durante todos estos años, Patricia supo que María Teresa Cerviño estaba ahí, era alguno de todos esos huesos.

2 Brotar, en este caso, se refiere a algo que se manifiesta como consecuencia de otra cosa.
3 Enfermedad crónica de la piel.
4 *Montoneros* fue una organización guerrillera argentina cuyo fin era resistir la dictadura. Se la conoció como *La Organización* y también como *La M*.

—Yo decía "Sé que está, pero dónde, cuál será". Y el año pasado, diecinueve años después, apareció.

Hay sitios así. Sitios donde todas las cosechas son tardías.

***

Cuando Darío Olmo llegó al equipo, invitado por Patricia Bernardi en 1985, era un estudiante de antropología de 28 años, agonizando en manos de un empleo que lo frustraba: recibir expedientes en la mesa de entrada de una dependencia de gobierno.

—Me cayó muy bien el viejo, Snow. Yo no entendía una palabra de inglés, pero nos entendíamos en el idioma universal de los vasos.[5] Este trabajo me salvó. Yo tomaba bastante, trabajaba caratulando[6] expedientes, no era un buen alumno en la facultad. Esto era lo opuesto a la rutina. Un trabajo entre amigos, y enseguida creamos una relación rara, inusual. Cuando la compañera de uno de nosotros estuvo enferma, Patricia tenía el dinero de un departamento que había vendido y le llevó toda la plata. «Hacé lo que necesites», le dijo. Esta gente es la que yo más conozco y la que más me conoce. Para bien y para mal. A mí el trabajo este no me daña. Al contrario. Esto es lo más interesante que me pasó en la vida. ¿Qué posibilidades tiene un estudiante de arqueología como yo de conocer el Congo más que con un trabajo demencial como este? La gente se horroriza. Vos le decís que viajás a ver fosas comunes y morgues y cementerios, y a la gente la parece horroroso. Pero a mí me resultaría difícil sentarme en un kiosco de dos metros cuadrados y esperar que me vengan a comprar caramelos. La verdad es que la única parte mala del laburo son los periodistas. Un periodista es una persona que llega al tema y tiene que hacer una especie de curso intensivo, hacer su nota, y es difícil que capte esta complejidad. Me gustaría que, simplemente, no les interese.

***

Son las siete de la tarde de un viernes y en un aula de la Facultad de Medicina de la Universidad de Buenos Aires, Sofía Egaña y Mariana Selva dan una clase sobre huesos en general, lesiones en particular, a un grupo pequeño de estudiantes.

—El hueso fresco tiene contenido de humedad y reacciona distinto a la fractura que el hueso seco. El hueso se mantiene fresco aún después de la muerte. Entonces el diagnóstico se hace según la forma de la fractura, la coloración –dice Mariana Selva mientras proyecta imágenes de huesos rotos y secos, rotos y húmedos, rotos y blancos.— Los rastros de la vida se ven en los huesos —dirá después, sobre un esqueleto extendido, Sofía Egaña—. ¿Ven los picos de artrosis?[7] ¿Cómo verían a esta mandíbula? Tóquenla, agárrenla. ¿Qué les puede decir esta dentición?

---

5 Se refiere a la bebida de alcohol.
6 En Argentina, designar en un expediente el asunto sobre el que trata.
7 Alteración de las articulaciones. Suele producir deformaciones visibles.

Cuando el equipo se formó, la antropología forense no existía como disciplina en el país. Ellos aprendieron en los cementerios, desenterrando personas de su edad —vomitando al descubrir que tenían sus mismas zapatillas—, leyendo el rastro verde de la pólvora en la cara interna de los cráneos. Y después, todavía, se enseñaron entre ellos. Ahora son generosos: aquí comparten el conocimiento. Esparcen lo que les sembraron.

***

El día es gris. Patricia Bernardi toma el teléfono, marca un número, alguien atiende. —Sí, buenas tardes, estoy buscando a la señora X.

— …
—Ah, buenas tardes, señora, habla Patricia Bernardi, del Equipo Argentino de Antropología Forense. No sé si sabe a qué se dedica esta institución.
— …
—Bueno, muchas gracias, adiós.

El tono de Patricia es dulce y no hay fastidio cuando cuelga: cuando no la quieren atender. En 2007, cuando se cumplieron años de la muerte del Che, los medios sacaron sus máquinas de hacer efemérides[8] y todas apuntaron a los miembros del equipo que, convocados por el gobierno cubano, habían estado allí.

—A veces me siento obligada a decir que fue un orgullo haber participado en esa exhumación, pero era todo muy tenso. Nosotros estuvimos cinco meses, nos retiramos, y volvimos cuando los cubanos encontraron la fosa del Che, en julio de 1997. Me llamaron a mí, era un sábado. No me acuerdo si llamó el cónsul o el embajador de Cuba, y me dijo "Encontraron unos huesos". Cuando llegamos ya había dos o tres peleándose por ver quién sacaba la foto. A mí lo que sí me marcó un antes y un después fue El Petén, en Guatemala. Ahí en 1982 un pelotón del ejército ejecutó a cientos de pobladores. Nosotros sacamos ciento sesenta y dos cuerpos. En su mayoría chicos menores de doce años. Y no tenían heridas de bala porque para ahorrar proyectiles les daban la cabeza contra el borde del pozo y los arrojaban. Llega un momento que te acostumbrás a los huesitos chiquitos, porque son muy lindos, hermosos, perfectos. Pero lo que te traía a la realidad era lo asociado.

Lo asociado.

—Los juguetes.

En el edificio contiguo hay un instituto de peluquería y depilación. Desde las ventanas se pueden ver, todos los días, señoras cubiertas por mantelitos de plástico y pelos envueltos en cáscaras de nylon como merengues[9] flojos. Pero da igual: aquí nadie las mira.

***

---

8 Acontecimiento notable que se recuerda en cualquier aniversario.
9 Dulce de color blanco, hecho con claras de huevo y azúcar y cocido al horno.

En la oficina de Carlos Somigliana —Maco— hay profusión de papeles, dibujos de niños, pilas de cosas que buscan su lugar como en un camarote[10] chico. Desde que entró en el equipo, en 1987, se dedicó a atar cabos y a enseñar a los demás a hacer lo mismo: entrevistar familiares, buscar testimonios, cruzar información.

—Mientras el Estado llevaba adelante una campaña de represión clandestina, seguía registrando cosas con su aparato burocrático. Es como una rueda grande y una rueda pequeña. Vos podés conocer lo que pasa en la primera por lo que pasa en la segunda. Ahora hay una urgencia con respecto al trabajo que no aparecía tan fuerte cuando éramos más jóvenes, y que tiene que ver con la sobrevida de la gente a la que le vamos a contar la noticia de la identificación. Llegás a una familia para contar que identificaste al familiar y te dicen "Ah, mi padre se murió hace un año". Y cuando te empieza a pasar seguido decís "me tengo que apurar".
—¿Podrías dejar de hacer este trabajo?
—Sí. Yo quiero terminar este trabajo. Para mí es importante creer que puedo prescindir. Este trabajo ha sido muy injusto en términos de otras vidas posibles para muchos de nosotros.
—¿Y afectó tu vida privada? —Sí. —¿De qué forma? —Ninguna que se pueda publicar. —Entonces tiene partes malas.
—Por supuesto que tiene partes malas. Cuando vos sos el familiar de un desaparecido, tuviste que aceptar la desaparición, la aceptaste, estuviste treinta años con eso. Te acostumbraste. De golpe viene alguien y te dice no, mire, eso no fue como usted pensaba, y además encontramos los restos de su hijo, su hija. Es una buena noticia. Pero te hace mierda. Es como una operación, es para algo bueno. Pero te lastima. Cuando vos te das cuenta que la lastimadura es muy fuerte, hasta qué punto no estás haciendo cagada[11] al remover esas cosas. Pero no hay nada bueno sin malo. Lo cual te lleva a la otra posibilidad mucho más perturbadora: no hay nada malo sin bueno.

En alguna parte una mujer dice «Mi hermano desapareció el cinco del diez del setenta y ocho» y entonces alguien, discretamente, cierra una puerta.

***

—Mi nombre es Margarita Pinto y soy hermana de María Angélica y de Reinaldo Miguel Pinto Rubio, los dos son chilenos, militantes de Montoneros. Desaparecieron en 1977. Mi hermana tenía 21 años. Mi hermano, 23.

Margarita Pinto dice eso en el espacio para fumadores de la confitería La Perla, del Once, a cuatro cuadras de las oficinas del equipo. Después dice que los restos de su hermana fueron identificados por los antropólogos en 2006.

—El dolor de tener un familiar desaparecido es como una espinita que te toca el corazón, pero te acostumbrás. Y cuando me dijeron que habían encontrado los restos, yo estuve con una depresión grande. No quise ir a verlos. Fui nada más al homenaje que le hicimos en el cementerio. Esto es como una segunda pérdida, pero después es

---

10 Compartimento de dimensiones reducidas que hay en los barcos.
11 Forma coloquial de decir que estás arruinando algo.

un alivio. Los antropólogos hablan de mi hermana como si la hubiesen conocido. Y yo la busqué tanto. Cuando desapareció yo era chica, y empecé a visitar a los padres de algunos compañeros de ella. Una vez fui a ver a un matrimonio grande. En un momento, la señora se levantó y se fue y el hombre me dijo que disculpara, que la señora estaba muy mal. Que todos los días se levantaba muy temprano para desarmar la cama de su hijo. Y yo ahí, preguntando por mi hermana. Uno a veces hace daño sin darse cuenta.

El cielo gris. Brilla en sus ojos.

***

El 26 de septiembre de 2007, Mercedes Doretti recibió una beca de la fundación MacArthur dotada de quinientos mil dólares y, como hacen e hicieron siempre con las becas, los premios y los sueldos de las misiones internacionales, donó el dinero al fondo común con que el equipo se financia.

—La beca es personal —dice Mercedes Doretti— pero yo no trabajo sola.

Ella fue la primera mujer miembro del equipo en ser madre, un año atrás. La segunda fue Anahí Ginarte, que vive en la ciudad de Córdoba desde 2003, cuando viajó allí para trabajar en la fosa común del cementerio de San Vicente, un círculo de infierno con cientos de cadáveres, y conoció al hombre que les alquilaba la pala mecánica para remover la tierra, se enamoró, tuvo una hija.

—Es mucha adrenalina, muy romántico, pero también es ver la vida de los otros y no tener una vida propia —dice Anahí Ginarte—. Yo estuve un año sin pasar un mes entero en Buenos Aires. Tenía un departamento donde no había nada, ni una planta, cerraba con llave y me iba. Pero decidí parar.

Salvo ellas dos —Mercedes, Anahí— ninguna de las mujeres que llevan años en el equipo tiene hijos.

***

A mediados de 2007, el equipo, la Secretaría de Derechos Humanos de la Nación y el Ministerio de Salud firmaron un convenio para crear un banco de datos genéticos de familiares de desaparecidos a través de una campaña que solicita una muestra de sangre para cotejar el ADN con el de seiscientos restos que todavía no han podido ser identificados. El proyecto se llama Iniciativa Latinoamericana para la Identificación de Personas Desaparecidas, y hace días que aquí no se habla de otra cosa: de la iniciativa que se iniciará.

Esta mañana, Mercedes Salado y Sofía Egaña revolotean alrededor de un hombre encargado de instalar la impresora de códigos de barras de la que saldrán miles de etiquetas que identificarán la sangre de los familiares.

—A ver, vamos a probar —dice el hombre.

Aprieta un comando y la pequeña impresora se estremece, tiembla como un hámster y escupe uno, dos, diez, veinte códigos de barras.

—Es muy emocionante —dice Mercedes—. Llevamos años esperando esto.

En las semanas que siguen todos se dedican a una tarea cándida: ensobran[12] formularios para enviar a los cuatro rincones del país. Un día, ya de noche, Mercedes Salado, descalza, sentada en el piso junto a una caja repleta de sobres que dicen *Tu sangre puede ayudar a identificarlo*, fuma y conversa con Patricia Bernardi.

—Si logran identificar a todos, se van a quedar sin trabajo. —Ojalá.

Una radio vieja esparce la canción "I will survive".[13]

***

Miércoles. Nueve y media de la mañana. Desde una de las oficinas del primer piso llegan ráfagas[14] de conversación:

—El hermano de ella está desaparecido.
—No puede haber un estudiante de medicina de 60 años. ¿Por qué no volvemos a mirar la información?
—Ese Citroën rojo... alguien dijo algo de ese Citroën rojo.

Inés Sánchez, Maia Prync y Pablo Gallo trabajan haciendo investigación preliminar: a través de fuentes escritas, orales, diarios, generan hipótesis de identidad para los huesos. Inés Sánchez, apenas más de veinte, es hija de desaparecidos.

—Yo llegué al equipo hace dos años, más o menos. Nuestra tarea es hacer hipótesis de identidad sobre un conjunto de personas en base a exhumaciones que ya se hicieron. Para eso vemos qué centro clandestino utilizaba un determinado cementerio, en qué fechas hubo traslados.

Selva Varela tiene porte de bailarina, pelo largo, ojos claros, gafas. Está inclinada sobre una de las mesas. En el hueco de la mano, apretado contra el pecho, abraza un cráneo como quien acuna.[15] Tiene treinta años y está en el equipo desde 2003. Sus padres fueron secuestrados por los militares y ella adoptada por compañeros de militancia que, a su vez, fueron secuestrados en 1980. Se crio con vecinos, abuela, una tía, y en 1997 llegó al equipo buscando a sus padres.

---

12 Poner en sobres.
13 "I will survive" ('Sobreviviré') canción muy popular producida en 1978 interpretada por la cantante estadounidense Gloria Gaynor.
14 Viento fuerte, repentino y de corta duración. También se usa para describir al fuego de las ametralladoras.
15 Mecer al niño en la cuna o en los brazos para que se duerma.

78   *La dictadura y los desplazados*

—Después estudié medicina, antropología, y cuando me dijeron que acá faltaba gente, vine y quedé. Pero no estoy acá buscando a mis viejos. Pienso en los familiares de las víctimas, pienso que está bueno que la sociedad sepa lo que pasó.

En un rato habrá clima de euforia y desconcierto: un cráneo al que creían un error no resultó lo que pensaban: un intruso. La buena noticia —la mala noticia— es que es el cráneo de un desaparecido. Lo levantan, lo miran como a una fruta mágica, magnífica.

—¿Y si es el padre de...? Es una buena tarde. Por tanto. Por tan poco.

***

Diez de la mañana: el cielo sin una nube.

El cementerio de La Plata se prodiga en bóvedas,[16] después en lápidas, después en cruces. Y allí, entre esas cruces, hay dos tumbas abiertas y el rayo negro del pelo de Inés Sánchez. El sol chorrea sobre su espalda que se dobla. Alrededor, pilas de tierra, baldes,[17] palas: cosas con las que juegan los niños.

—Vamos bien. Encontramos los restos de las tres mujeres que veníamos a buscar —dice Inés.

Limpia con un pincel el fondo, los pies abiertos para no pisar los huesos: un cráneo, las costillas.

Al otro lado de un muro de bóvedas, en una zona de sombras frescas, Patricia Bernardi, tres sepultureros, un hombre y dos mujeres rodean a Maco que —bermudas, sandalias— saca tierra a paladas de una fosa. Los sepultureros se mofan:[18] dicen que no debe cavarse con sandalias, que va a perder un dedo. Él sonríe, suda. Cuando bajo la pala aparece un trapo gris —la ropa— Maco se retira y Patricia se sumerge. Cerca, entre los árboles, una mujer de rasgos afilados camina, fuma. Está aquí por los restos de Stella Maris, 23 años, estudiante de medicina, desaparecida en los años setenta: su hermana. Patricia saca tierra con un balde y los huesos aparecen, enredados en las raíces de los árboles.

—Está boca arriba y tiene una media. Las medias son valiosas: bolsas perfectas para los carpos[19] desarmados.

—El cráneo está muy estallado. Acá hay un proyectil. En el hemitórax izquierdo, parte inferior. Tiene las manos así, sobre la pelvis.

Después, levantan el esqueleto de su tumba: hueso por hueso, en bolsas rotuladas que dicen pie, que dicen dientes, que dicen manos. La mujer de rasgos afilados se asoma.

—No sé si es mi hermana —dice—. Tiene los huesos muy largos. —No te guíes por eso —le dice Maco.

---

16 En Argentina es el panteón familiar donde se entierra a varias personas.
17 Recipiente parecido al cubo que se puede usar para llevar agua o tierra.
18 Se ríen.
19 Conjunto de huesos que en la especie humana constituye el esqueleto de la muñeca.

En otra de las fosas alguien encuentra un suéter a rayas, un cráneo con tres balazos, redondos como tres bocas de pez: los huesos de mujer son gráciles.

Mañana, en un cuarto discreto del barrio de Once, sobre los diarios con noticias de ayer y bajo la luz grumosa de la tarde, se secarán los huesos, el suéter roto, el zapato como una lengua rígida.

Pero ahora, en el cementerio, la tarde es un velo celeste apenas roto por la brisa fina.

Actividades para después de la lectura — Parte II

Interpretación

1. ¿Por qué crees que la autora decidió incluir el detalle de las cajas de cartón, donde están los restos, que dice "Frutas y Hortalizas"? (Parte I, Lns. 304–305)
2. Reacciona ante esta cita: "Yo nunca pude aguantar a los muertos. Les tengo pánico. A mí me hacés cortar un cadáver fresco y me muero. Pero con los huesos no me pasa nada. Los huesos están secos. Son hermosos. Me siento cómoda tocándolos. Me siento afín a los huesos". (Parte II, Lns. 33 y ss.) ¿Hay algo "hermoso" en los huesos, en tu opinión? ¿Es una hermosura real o metafórica tomando en cuenta el contexto?
3. ¿Por qué crees que la forense Patricia Bernardi relaciona la existencia de los huesos pequeños de niños con los juguetes de los niños? ¿Qué crees que diga esto acerca de la manera de trabajar del grupo argentino forense? (Parte II, Lns. 128–136)
4. ¿Qué te parece el método de trabajo de los forenses en el cual todo el dinero que ganan va a un fondo común? ¿Qué piensas del hecho de que no tengan ningún donante argentino? (Parte I, Lns. 189–194)
5. ¿Por qué la autora del texto considera importante mencionar que solo dos mujeres – Mercedes y Anahí– participantes del grupo forense han tenido hijos? (Parte II, Lns. 218–219)
6. Las pruebas de la represión de la dictadura son evidentes, sin embargo, esta crónica intenta mostrar que encontrarlas y presentarlas fue más bien un proceso increíble y poco profesional. ¿Cómo es posible que las pruebas de un asesinato colectivo se manejen de una forma tan simple y poco profesional?
7. En la línea 160 de la Parte I se habla de Marcelo Gelman, hijo de Juan, un poeta laureado muy famoso en el mundo hispano, así como de Ernesto "Che" Guevara. ¿Por qué crees que la autora incluye estos datos a sabiendas de que ninguna vida vale más que otra, por más que sea la de una persona famosa?

Discusión o debate

1. Muchos de los desaparecidos durante la dictadura eran potenciales terroristas, fue "necesario" que la Junta Militar acabara con ellos por el bien mayor de toda la sociedad.
2. Reconocer los huesos y a las personas víctimas de los asesinatos solo abre la herida, no es realmente necesario, y crea mucho conflicto social que es mejor olvidar.
3. Es muy necesario saber quién fue, exactamente, la persona que desapareció. Esto les da la oportunidad a familiares y amigos de estar en paz y cerrar el capítulo.
4. Dice la autora en el texto: "Pero no hay nada bueno sin malo. Lo cual te lleva a la otra posibilidad mucho más perturbadora: no hay nada malo sin bueno". Discutan sobre cuál es la diferencia entre estas dos opciones y si la segunda es peor que la primera.

La dictadura y los desplazados

Ejercicios de gramática

Perífrasis verbales

La perífrasis verbal es la combinación de dos verbos: un verbo auxiliar y un verbo auxiliar en una sola frase verbal.
   Observa los tres ejemplos de la lectura:

1. En dos días más, Sofía Egaña estará en Ciudad Juárez, donde el equipo trabaja en la identificación de cuerpos de mujeres no identificadas o de identificación dudosa y, hasta entonces, **debe resolver** algunas cuestiones urgentes: **tratar de vender** la casa donde vive, quizás pedir un préstamo bancario, quizás mudarse.
2. Yo nunca **pude aguantar** a los muertos. Les tengo pánico.
3. En el piso inferior hay varios cuartos con mesas largas y angostas cubiertas por papel verde. En la oficina donde **suele trabajar** Sofía Egaña cuando está en Buenos Aires (…) hay un escritorio, una computadora.

Como se puede ver en los ejemplos, el verbo auxiliar está conjugado, mientras que el verbo principal puede estar en el infinitivo (cantar), el gerundio (cantando) o el participio (cantado).
   En el caso de las perífrasis verbales el significado de la frase depende de la combinación de los dos verbos, pero el verbo principal es el que lleva el significado principal. En varias ocasiones el verbo auxiliar y el verbo principal están unidos por una preposición o una conjunción.
   Observa los siguientes ejemplos de la lectura:

1. Si acá vuelve a pasar algo, este gringo se va a su país, pero nosotros **nos tenemos que quedar.**
2. Delante de los familiares soy la médica, el doctor. A llorar, me voy atrás de los árboles. **No te podés poner a llorar.**
3. Un periodista es una persona que llega al tema y **tiene que hacer** una especie de curso intensivo.

Los verbos modales son un tipo de verbos auxiliares. Se llaman modales porque expresan el modo o la actitud del hablante hacia la acción del verbo principal. Estos significados pueden ser obligación o necesidad, intención, probabilidad o repetición.
   En la siguiente tabla puedes encontrar ejemplos del texto.

Verbo	Actitud	Ejemplo
deber	obligación	… **debe resolver** algunas cuestiones urgentes …
poder	posibilidad, sugerencia, poder hacer algo	No te **podés poner** a llorar. (podés: forma de vos en los países latinoamericanos que usan esta forma)

La dictadura y los desplazados 81

Verbo	Actitud	Ejemplo
tener que	obligación	Un periodista es una persona que llega al tema y **tiene que hacer** una especie de curso intensivo.
querer	necesidad, deseo	—¿Podrías dejar de hacer este trabajo? —Sí. Yo **quiero terminar** este trabajo.
soler	estar en el hábito de hacer algo / repetición	En la oficina donde **suele trabajar** Sofía (…)

Otras perífrasis verbales en español con infinitivo son las siguientes:

Verbo	Actitud	Ejemplo
ponerse a	empezar a hacer algo	… **poner a llorar** …
poder	posibilidad, sugerencia, poder hacer algo,	No te **podés poner** a llorar. (podés: la forma de vos en los países latinoamericanos que usan este pronombre personal)
dejar de	no hacer algo nunca más	¿Podrías **dejar de hacer** este trabajo?
ir a	animar a alguien a hacer algo	—A ver, **vamos a probar** —dice el hombre.

Ejercicio 1:

Completa el siguiente párrafo con una construcción con verbo modal o perífrasis verbal según se te indique. Observa el ejemplo:

1. Necesidad + ayudar = querer + ayudar

El Equipo Argentino de Antropología Forense (EAAF) (1) _____ mediante su labor de recuperación e identificación de desaparecidos ayuda a proteger los derechos humanos.
El Equipo Argentino de Antropología Forense (EAAF) (1) **quiere ayudar** mediante su labor de recuperación e identificación de desaparecidos a proteger los derechos humanos.

1. Obligación + conocer	2. Obligación + evitar	3. Posibilidad + desaparecer	4. Necesidad + encontrar
5. No hacer algo más + ser	6. Empezar a hacer algo + trabajar	7. Animar a alguien + hacer	8. Hábito de hacer algo + ser

La dictadura y los desplazados

(1) (Nosotros) _____ la labor realizada por el Equipo Argentino de Antropología Forense (EAAF) porque mediante su participación las sociedades democráticas (2) _____ que gobierno alguno considere a sus propios ciudadanos como enemigos que (3) _____.

El grupo está compuesto por unos jóvenes idealistas argentinos que (4) _____ a los desparecidos políticos como un acto humanitario con el que se busca sanar el dolor de las víctimas y al mismo tiempo dar un nombre a los cuerpos para que (5) (ellos) _____ anónimos. (6) _____ bajo la dirección de un norteamericano, Clyde Snow, quien los había animado a ser parte de su equipo a pesar de su inexperiencia. "Sea parte de mi equipo y (7) (nosotros) _____ a hacer algo para que esto no se repita", les dijo probablemente este especialista. Desde entonces hacen una labor por todo el mundo que (8) _____ reconocida por todo el mundo.

Ejercicio 2:

Haz cuatro oraciones, dos con verbos del primer grupo y dos con verbos del segundo grupo, sobre algo basado en la lectura.

Por ejemplo,

Soler: Las sociedades **suelen olvidar** su pasado, pero debemos recordar el dicho que dice: "Quien no conoce su historia está condenado a repetirla".

1. _____
2. _____
3. _____
4. _____

ARGENTINOS AL GRITO DE GUERRA – ARGENTINA / MÉXICO

Publicado originalmente en la revista *Gatopardo* (2011)

Sandra Lorenzano

Las dictaduras de derecha surgidas en Centro y Sudamérica a partir de los años cincuenta del siglo pasado durante la llamada Guerra Fría—periodo comprendido entre 1945 y 1989 que enfrentó al mundo en dos bloques, el bloque Occidental y el bloque del Este—ocasionaron un éxodo masivo de personas de izquierda perseguidas principalmente por sus ideas políticas. Algunas de ellas se refugiaron en países europeos, pero varias de ellas se refugiaron en otros países latinoamericanos. Los refugiados, muchos de ellos profesionistas e intelectuales de clase media, encontraron en esos países un lugar en el cual continuar su vida. A su vez, los países de acogida se beneficiaron de los importantes aportes culturales y económicos que realizaron esos inmigrantes.

Si bien una buena parte de los exiliados pensaba regresar a su país de origen una vez restablecida la democracia, en realidad muchos de ellos se quedaron a vivir permanentemente en los países que los acogieron.

Esta crónica escrita por Sandra Lorenzano narra la experiencia de una joven mujer cuya experiencia de exiliada en México la lleva a cuestionar su identidad nacional argentina.

Acerca de la autora

Sandra Lorenzano (Argentina, 1960) es escritora y crítica literaria. Doctora en Letras por la UNAM es especialista en arte y literatura latinoamericana contemporáneos. Ha sido profesora de la UNAM, Universidad de Buenos Aires, Middlebury, Stanford, New York University entre otras. Dentro de su obra literaria en prosa y poesía se pueden mencionar *Saudades* (2007), *Fuga en mi menor* (2012), *La estirpe del silencio* (2015) y *Herencia* (2019).

Actividades de pre-lectura

I

Ejercicios de vocabulario

Relaciona el significado con las palabras.

1. ( ) Pancarta	a. Situación en la cual los militares toman el control de un país al desplazar a los civiles.
2. ( ) Asumir	b. Agradecer a Dios por algo.
3. ( ) Estado de sitio	
4. ( ) Bendecir	c. Señal que deja el pie del ser humano o del animal en el suelo. Señal que deja algo o alguien.
5. ( ) Estrábico/estrabismo	d. En manifestaciones, cartel en el que se escriben demandas.
6. ( ) Huella	e. Tomar el control de algo.
	f. Disposición anómala de los ojos por la cual ambos ojos no se dirigen al mismo objeto, mientras uno se dirige a un lado el otro se dirige a otro.

II

Paso 1

Al final de cuentas, tal parece que todos venimos de algún lugar, ¿sabes si tu familia emigró de algún lugar o país a uno diferente al que viven en la actualidad? ¿Cuáles fueron las razones por las que emigraron? ¿Conservas algunas de las tradiciones de esos países o lugares?

Paso 2

Investiga brevemente acerca de la emigración en tu país. ¿Ha recibido inmigrantes? ¿De qué lugares? ¿Cuál es la actitud de las personas hacia la inmigración? ¿Estas actitudes han cambiado con el tiempo? ¿Las ideas de las generaciones jóvenes sobre la inmigración es similar a la de las generaciones mayores?

Paso 3

¿Cuáles son las razones por las que emigra la gente? ¿Has pensado inmigrar a otro país o región de tu propio país? ¿Por qué?

III

Ahora lee la crónica. Recuerda que no tienes que entender todo, sino solamente los puntos principales y la organización general del texto. No te detengas para buscar palabras en el diccionario.

Argentinos al grito de guerra

1

Año 2011. 24 de marzo. Anochecer tibio de primavera chilanga.[1] Las "islas"[2] de Ciudad Universitaria están cubiertas de jacarandas y de estudiantes que salen de las últimas clases del día. En la explanada de Rectoría,[3] un grupo de chavos[4] despliega una pancarta: "Todos somos hijos de una misma historia". Sonríen ante la cámara. Ellos saben hacer de la militancia por la memoria y la justicia un ejercicio de alegría compartida. Así es siempre. Cada vez que se juntan para denunciar, para exigir, para "escrachar",[5] para volver a reflexionar juntos, para apapacharse:[6] lo que gana es la

---

1 Chilanga: De la ciudad de México. Se les conoce como chilangos a los habitantes de la Ciudad de México.
2 Islas: Zona de la Universidad Nacional Autónoma de México (UNAM) en donde hay una plaza y los estudiantes se reúnen.
3 Edificio que alberga las oficinas del rector de la UNAM.
4 Jóvenes, chicos.
5 Es un término inventando por el grupo argentino HIJOS que consiste en hacer una demostración pública para denunciar a aquellas personas que están encima de la ley. Se usó sobre todo a partir de 1995 contra los militares que fueron perdonados por el entonces presidente Carlos Menen.
6 Apapacharse: Darse ánimos, abrazarse, apoyarse.

alegría. Son los hijos de desaparecidos. Mejor dicho los H.I.J.O.S. (Hijos por la Identidad y la Justicia contra el Olvido y el Silencio). Y ahí están todos (todos los que andan por aquí): los de México, los de Argentina, los de Uruguay, los de Guatemala, los de Perú. Porque finalmente ellos saben que somos hijos de una misma historia. La historia de violencia que ha marcado a nuestro continente.

Hoy, 24 de marzo, anochecer de primavera chilanga, recordamos el golpe de Estado cívico-militar que instauró en la Argentina la más terrible dictadura de la historia de aquel país. Una de las hijas grita: "Treinta mil compañeros desaparecidos". "Presente", le responden los demás al unísono. Y yo y otros más que recordamos muchos rostros queridos dentro de esos treinta mil, lloramos.

(…)

5

Año 1976. Tres militares con cara de triunfo, y una vez más las marchas y los comunicados por la radio. El 24 de marzo, un golpe de Estado derrocó al gobierno de Isabel Perón y estableció la dictadura más sangrienta en un país "acostumbrado" al autoritarismo y a la violencia; la dictadura de los treinta mil desaparecidos, la de las Madres de Plaza de Mayo,[7] la del Mundial de Fútbol[8] y los campos de concentración, la de las inimaginables torturas y la Guerra de las Malvinas.[9]

Mis padres eran de la gente de izquierda que se oponía a la lucha armada. Cuando los militares asumieron el poder, los consideraron "ideólogos" y los convirtieron en "enemigos de las instituciones". Y, por lo tanto, en personas non gratas en el país. Pensar era peligroso con o sin armas en las manos. Pensar era tan peligroso que entre lo que prohibieron los militares estaba la "matemática moderna" (sí, aunque no lo crean: la de la teoría de conjuntos), la enciclopedia Barsa[10] (por "roja", habrían dicho los españoles), y una larguísima serie de libros, obras de teatro, canciones, películas (ya a comienzos de los setenta, si se quería ver buen cine—Fellini, Bergman, Antonioni[11] y los que se les ocurran—, lo mejor era viajar al Uruguay. Del lado porteño del Río de la Plata, la censura era brutal contra cualquier propuesta "pensante". Todos nos habíamos vuelto "subversivos").

Mi tía más joven—apenas ocho años mayor que yo—había decidido que sí, que valía la pena la lucha armada, y se sumó a la guerrilla. Desapareció hace ya treinta y cinco años. Sus tres hijos heredaron su sonrisa, y son mucho mayores de lo que ella llegó a ser nunca.

El miedo y la incertidumbre se convirtieron en presencias cotidianas; comenzaba nuestro verdadero bautizo político. Cualquiera es valiente en las buenas, pero ahora… Volvimos a bajar la voz cuando hablábamos de algunos temas, a viajar asustados en el colectivo porque en cualquier momento los soldados o la policía nos hacían bajar, nos pedían documentos, nos palpaban de armas. Aprendí a desconfiar para siempre de cualquier optimismo histórico. Somos del bando de los perdedores y difícilmente eso cambiará alguna vez. "Con los pobres de la tierra / quiero yo mi suerte echar"—había

---

7 Madres de la Plaza de Mayo: Organización en Argentina que buscaba encontrar a los hijos de los desaparecidos políticos de la dictadura ocurrida entre los años de 1976–1983.
8 El Mundial de fútbol que aconteció en Argentina en 1978.
9 Guerra acontecida entre la Argentina y el Reino Unido en 1982 sobre la ocupación de las Islas de las Malvinas (Falkland Islands, en inglés).
10 Famosa enciclopedia conocida en toda Latinoamérica.
11 Federico Fellini, Ingmar Bergman y Michelangelo Antonioni. Directores europeos de cine de arte.

escrito José Martí—, el arroyo de la sierra me complace más que el mar". A los quince años, yo no sabía nada de América Latina—a pesar de los noticieros y las canciones– ni de la pobreza, pero compartía ya con muchos la marca de la derrota.

"Nos vamos a México", nos dijeron mis padres una mañana de junio, diez años después de que yo hubiera aprendido qué quería decir Estado de sitio. Y llegó entonces el vértigo: desarmar la casa, hacer trámites, despedirse de los amigos pero sin dar demasiados datos (México era un país sospechoso de recibir "subversivos", llorar con los más cercanos, planear futuros encuentros, imaginar aterrados otra vida, abrazar al perro que no podíamos traer, salir en bicicleta a mirar las calles del barrio (¡qué poco las había mirado en todos esos años!), disimular en la escuela. En esas pocas semanas me olvidé por completo de las fotos. Ésas que quedaron en el cajón.

Y entonces, en el momento más terrible de la historia del país, yo descubrí a la vez el dolor y la libertad. Llegamos a México la madrugada del 9 de julio, después de una noche pasada en el avión. No pude dormir, estaba asustada, lloraba, y pensaba que en cuanto pudiera regresaría allá, a mi casa, al lugar donde había vivido durante toda la vida.

(…)

6

Hoy, muchos seguimos acá y nos consideramos orgullosamente argenmex, porque sabemos que nuestra vida no sería la misma sin los tantos años pasados en este país. Y no sólo por cuestiones de desarrollo profesional, o de oportunidades de trabajo o de las posibilidades de todo tipo que aquí se nos presentaron y se nos presentan cada día. No. Es algo mucho más profundo. Algo fundacional. Algo que hace al núcleo del ser de cada uno. Al "caracú" (tuétano),[12] hubiera dicho el entrañable crítico y narrador David Viñas, que murió a principios de marzo y que también pasó en México parte de su exilio.

Porque ¿dónde está la patria? ¿Cuál es ese lugar en el mundo en el que –más allá de nacionalismos ramplones—se puede decir "estoy en casa"?, ¿existe tal lugar? "La patria está donde están los afectos". "La patria es el sitio en el que están enterrados nuestros muertos". "La patria es donde puedo darle de comer a mis hijos". Hay muy diversas respuestas. Pero todas ellas tienen en común el peso de lo simbólico y lo afectivo por sobre lo geográfico y lo político. La patria es, quizá, como lo decía Benedict Anderson para las naciones, una "comunidad imaginada". Por eso cuando hablo de patria pienso siempre en ese maravilloso poema de José Emilio Pacheco que se llama "Alta traición":

No amo mi Patria.
Su fulgor abstracto
es inasible.
Pero (aunque suene mal)
daría la vida por diez lugares suyos,
ciertas gentes,
puertos, bosques de pinos,
fortalezas,
una ciudad deshecha,

---

12 Caracú: palabra usada en Argentina para nombrar a la parte interior de los huesos. De forma figurada se refiere a la parte más interna de algo.

gris, monstruosa,
varias figuras de su historia,
Montañas
(y tres o cuatro ríos)

Y uno descubre, con Pacheco, que puede reapropiarse de la palabra "patria", tan cargada, tan vapuleada[13] por izquierdas, derechas y centros. Y pienso que yo estaría dispuesta a dar la vida no por una sino por dos patrias que se me juntan en una sola bocanada y que me llevan de la "esquizofrenia" a la plenitud, de las complicidades al desasosiego. En una de mis patrias crece mi hija, en la otra envejecen mis padres; en una, las urgencias de lo cotidiano me acunan, me sostienen, en la otra la inquietud me hiere y me fascina; en una todo es fuerza y proyectos, en la otra me espera un cajón con fotos…
(…)

9

Hay un genial cuento de Max Aub[14] llamado "La verdadera historia de la muerte de Francisco Franco".[15] En él retrata los desencuentros entre mexicanos y españoles: uno de los meseros de un tradicional café del centro de la ciudad de México ve cómo se pierde intempestivamente la tranquilidad que caracteriza a su trabajo cuando irrumpen en el café y en su vida los grupos de refugiados españoles que llegaron a vivir a este país después de la Guerra Civil. El mesero empieza a entender en esas alteradas discusiones en que todos vociferan y en las que nadie está de acuerdo con nadie que hay un punto de unión entre todos (comunistas, republicanos, anarquistas…): dicen que regresarán a España el día que muera Franco. Así que Ignacio Jurado Martínez[16] decide invertir sus ahorros en recuperar la tranquilidad perdida, y viaja a España a asesinar al caudillo para que los refugiados puedan regresar sin problemas a su país y dejen que su querido café recupere la paz.

No conozco ningún relato similar escrito por argentinos, tal vez porque nos cuesta más reírnos de nosotros mismos con la maestría con que lo hacía Max Aub. Pero sí puedo asegurar que a lo largo de los años de exilio debe haber habido más de un mexicano dispuesto a ir a asesinar a Videla[17] o a Gatieri[18] con tal de dejar de ver a los argentinos del exilio. Con voces varios decibeles por encima de las voces mexicanas y modos generalmente mucho más bruscos, muchos exiliados han ido aprendiendo con el tiempo a "domar" esa natural forma de ser un tanto grosera y prepotente (ni modo: no sería éste un artículo objetivo si no lo reconociera). Uno de los "piropos" que nos hacían al comienzo del exilio, y que nos provocaba una sensación terriblemente ambigua, era: "¿Eres argentino? No pareces". Hoy quiero creer que hemos aprendido a ser argentinos más amables, más considerados, más respetuosos. Como lo escribió el periodista y crítico Carlos Ulanovsky:[19] "Yo le estoy agradecido a México porque me

---

13 Golpeada, maltratada.
14 Escritor español que vivió exiliado en México entre 1942 y su muerte en 1972 a causa de la Dictadura de Franco.
15 General y dictador español que gobernó España entre 1936 hasta su muerte en 1975.
16 Personaje del cuento de Max Aub.
17 General y dictador argentino que gobernó entre 1976 y 1981.
18 General y dictador argentino que gobernó entre 1981 y 1982 cuando terminó la junta militar que gobernó la Argentina durante los años ochenta.
19 Periodista argentino opositor a las dictaduras militares que gobernaron la Argentina.

ofreció tranquilidad para aprender otras realidades, distancia para valorar lo propio y tiempo seguro para solucionar las elecciones más definitivas. Ahora, después de tantos años, y de haber vivido como distinto entre otros más distintos a mí, soy otra persona". (2)
(…)

13

El poeta Juan Gelman tituló "Bajo la lluvia ajena" el largo texto en que los versos y la prosa poética se dan la mano y que incluyó en el libro Exilio, del que es coautor junto con Osvaldo Bayer. "Bajo la lluvia ajena". ¿Cuáles son las lluvias que me mojan a mí?, me pregunté después de leerlo. ¿Dónde están aquéllas que eran cómplices de los días de escuela en el invierno? Mamá nos servía el café con leche, y veíamos caer la tormenta con la alegría del que sabe que le espera no el guardapolvo blanco de todas las mañanas sino largas horas de juego, sin salir de casa, oyendo el repicar de las gotas en el techo. Bendecíamos la lluvia como si fuéramos campesinos. Y ahora, ¿cuáles son las lluvias que me mojan? Somos todos dolidos exiliados del tiempo; ésa es la marca que determina nuestra vida. No hay "permanencia voluntaria" ni segunda función. Ulises nunca volverá realmente a Ítaca.

De pronto pensé que me convertí en argenmex no el día de 1983 en que me llamaron de la Secretaría de Relaciones Exteriores para decirme que yo era "oficialmente" mexicana; tampoco cuando al poco tiempo me llamaron, ahora de la Embajada Argentina en México, para decirme que la nacionalidad argentina es irrenunciable, con lo cual ambas instituciones fomentaron y alimentaron lo que yo ya sentía como una esquizofrenia galopante. Decía que no me convertí en argenmex entonces, sino el día en que la lluvia que caía en la ciudad dejó de ser ajena y se volvió tan mía como aquéllas que nos regalaban una mañana completa de juegos y libros en el invierno porteño.

Ser argenmex es para mí perderme en un laberinto de voces, de palabras propias y ajenas; es mirar con mirada "oblicua", dicen algunos, estrábica, quizás; una mirada que se mira mirar; mirada de adentro y de afuera. No es un asunto de lenguaje ni de pasaporte, es un asunto de que la lluvia que nos moja deja de ser ajena, allá y acá, acá y allá.

Ser argenmex es estar siempre buscando huellas, inventando recuerdos para sentir que una también tiene historia, que una también pertenece y estuvo. Y que si no, si no estuvo, si no pertenece, si no tiene tanta historia acá, no es por falta de voluntá, seño, se lo juro, ni por falta de deseo, Dr. Freud,[20] sino por un puro azar, por aquellos barcos que llegaron al Río de la Plata, y no a Veracruz, como el de los padres de Margo Glantz,[21] que venían del mismo lugar que algunos de mis abuelos. Y entonces hay que inventarse testigos, y a lo mejor simplemente por eso es que una escribe, para inventar los testigos de una vida que aquí no tuvimos y para seguir teniendo con nosotros a los de allá que empiezan a irse.

Ser argenmex es vivir cada día con el desasosiego y la incertidumbre que México nos depara, y a la vez sentir el compromiso de hablar de aquella historia que nos expulsó del territorio de nuestra adolescencia. Es tratar de entender los claroscuros de un periodo de muerte y violencia que se instaló allá, al sur de todos los sures, cambiándonos a

---

20 Neurólogo austriaco fundador del psicoanálisis.
21 Escritora mexicana.

todos la vida para siempre; es buscar que cada una de nuestras páginas sea también una caricia para los treinta mil.

Es saber que la distancia será siempre dolorosa.

Y agradecer cada día a los mexicanos que nos hayan ayudado a juntar nuestros pedazos.

Para que me entiendan, para poder explicarles qué es esto de ser argenmex, les cuento la historia del chiquito, aquel hijo de argentinos, que había crecido en México, y que cuando se instaló con su familia en Buenos Aires y le preguntaron si conocía el himno contestó: "¡Claro! Argentinos al grito de guerra!".[22]

Actividades para después de la lectura

Comprensión

1. ¿Qué le pasó a la tía de la autora del texto? (Lns. 39–42)
2. ¿Qué es lo que les pasaba a los jóvenes en Argentina durante la dictadura militar según la autora? (Lns. 43–48)
3. ¿Cómo se comportaron los padres de la autora y ella cuando decidieron partir hacia México? (Lns. 53–60)
4. ¿Qué es la patria según el poema y lo que la autora del texto comenta en las líneas 85 a la 97? ¿Estás de acuerdo en esto?
5. ¿Por qué la autora menciona el cuento de Max Aub acerca de la inmigración española en México durante el periodo de la Guerra Civil Española? ¿Cuál es el paralelismo entre los dos grupos de inmigrantes? (Lns. 110–121)
6. Según la autora, ¿cuándo ella se convirtió en argenmex? (Lns. 152–157)

Interpretación

1. La autora señala en las líneas 31 a la 38: "Pensar era peligroso con o sin armas en las manos". Menciona, además que el gobierno militar prohibió obras de teatro, libros, películas, etc. ¿Por qué los gobiernos totalitarios quieren controlar lo que las personas creen o piensan? ¿Por qué buscan ejercer la censura?
2. La autora dice: "Cualquiera es valiente en las buenas, pero ahora... Volvimos a bajar la voz cuando hablábamos de algunos temas, a viajar asustados en el colectivo porque en cualquier momento los soldados o la policía nos hacían bajar, nos pedían documentos, nos palpaban de armas. Aprendí a desconfiar para siempre de cualquier optimismo histórico". (Lns. 44–48) ¿A qué se refiere? ¿Qué harían los jóvenes en tu país?
3. ¿Qué es lo que la autora quiere decir con la frase: "Aprendí a desconfiar de cualquier optimismo histórico" (Lns. 47–48)?
4. El niño argentino que vivió un tiempo en México y regresa a vivir a la Argentina cambia la letra del himno mexicano que comienza así: "Mexicanos al grito de guerra" por el de "Argentinos al grito de guerra". ¿Qué te dice esto de la identidad de este niño? (Lns. 183–186).

---

22 Comienzo del himno mexicano cuya versión original es: "Mexicanos al grito de Guerra".

La dictadura y los desplazados

Discusión o debate

1. ¿Estás de acuerdo con la definición de patria de la autora? (Lns. 77–84). José Emilio Pacheco, por su lado, identifica a la patria con lugares y personas (Lns. 85–97). ¿Estás de acuerdo con estos autores? ¿Con qué identificas tú a la patria? ¿Qué es la patria para ti?
2. ¿Qué es la patria para tus compañeros?
3. ¿Crees que el nacionalismo puede ser negativo o el nacionalismo siempre es un sentimiento positivo que se debe fomentar en los países? ¿Crees que el nacionalismo puede ser usado por los políticos para sus propios intereses? ¿Cuándo ha sucedido esto?

Ejercicios de gramática

Los participios

Los participios regulares en español terminan en –*ado* para los verbos terminados en –*ar* y en –*ido* para los verbos terminados en –*er* e –*ir*.
   Ejemplos: protestar – protestado; crecer – crecido; vivir – vivido
   Los participios irregulares terminan en –*to*, –*so* y –*cho*.
   Ejemplos: poner – puesto; imprimir – impreso; decir – dicho
   Una de las funciones principales del participio es servir como auxiliar en los tiempos compuestos. Observa las siguientes oraciones tomadas del texto en las que se usa el tiempo presente en las oraciones 1 y 2 y el pluscuamperfecto para las oraciones 3 y 4:

1. Porque finalmente ellos saben que somos hijos de una misma historia. La historia de violencia que **ha marcado** a nuestro continente.
2. Hoy quiero creer que **hemos aprendido** a ser argentinos más amables, más considerados, más respetuosos.
3. Mi tía más joven –apenas ocho años mayor que yo— **había decidido** que sí, que valía la pena la lucha armada, y se sumó a la guerrilla.
4. No pude dormir, estaba asustada, lloraba, y pensaba que en cuanto pudiera regresaría allá, a mi casa, al lugar donde **había vivido** durante toda la vida.

I. ¿Cuál es la diferencia de significado según se usa el verbo en el tiempo presente perfecto como en las oraciones 1 y 2 o el pluscuamperfecto según las oraciones 3 y 4?

_____
_____

Cuando se quiere expresar una acción que ocurrió en el pasado y puede repetirse en el presente, se usa el presente perfecto. Como en el caso de la oración 1.
   Si se quiere expresar algo que sucedió en el pasado inmediato, se usa también el presente perfecto, como en el siguiente ejemplo:

La dictadura y los desplazados 91

a. Mis padres **han salido** hace una hora.

El pretérito pluscuamperfecto, por el contrario, se usa para expresar una acción pasada anterior a otra acción pasada como en las oraciones 3 y 4.
   Aquí está otro ejemplo:

b. Cuando la autora del texto "Argentinos al grito de guerra" nació, su tía ya se **había unido** a la guerrilla.

II. Menciona las cosas que Pedro, un niño de 10 años que vivía en México, **había hecho** antes de llegar a Buenos Aires.
   Modelo: Cuando llegó a Buenos Aires, Pedro ya había aprendido a leer.

1. _____
2. _____
3. _____
4. _____

III. Menciona las cosas que Pedro y sus padres **han logrado** en estos treinta años durante su vida en México antes de volver a Argentina.
   Modelo: Pedro **ha aprendido** a leer.

1. _____
2. _____
3. _____
4. _____

IV. Completa el siguiente ejercicio con la forma correcta del presente perfecto o el pluscuamperfecto:

   Pedro, un niño que _____ (nacer) en la ciudad de México de padres argentinos en 2010, llegó finalmente a la ciudad de Buenos Aires en 2018. En 2017 sus padres _____ (decidir) mudarse de regreso al país del que salieron hace treinta años. Si bien sus padres se _____ (adaptar) al país que los recibió cuando eran unos niños, siempre tuvieron claro que querían regresar a su primera patria.
   El tamaño de la moderna ciudad de Buenos Aires de 2018 era mayor que la que _____ (ver) sus padres cuando eran niños. Muchas cosas son diferentes. No hay duda de que esta ciudad _____ (cambiar) mucho en todos estos años. Finalmente Pedro tenía frente a sus ojos la ciudad que solo _____ (existir) a partir de las historias de sus abuelos y padres.

5 Representaciones latinoamericanas en los Estados Unidos

NO SOY TU CHOLO – PERÚ

Publicado originalmente en el libro *No soy tu cholo* (2017)

Marco Avilés

Según Benedict Anderson una de las comunidades imaginadas que mayor influencia tiene en el comportamiento social es aquella denominada "raza". Para este intelectual, las razas, así como las naciones, por ejemplo, no existen realmente sino solo en nuestras mentes. La crónica que vas a leer a continuación plantea, por un lado, la misma idea utilizando un ejemplo concreto; y, por otro, intenta mostrar el poder del lenguaje para discriminar. En este caso "lo cholo" opera, tanto en México como en Perú, como un marcador de identidad cuyas cualidades morales no son bien vistas.

América Latina y el mestizaje

Con matices propios en cada país, América Latina comparte un mito fundacional: el mestizaje. De acuerdo a este mito, el cual es más fuerte en países con población indígena o afrodescendiente más numerosa, tales como Bolivia, Cuba, Ecuador, Guatemala, México o Perú, este subcontinente es el resultado de una mezcla de razas.

Sin embargo, durante la época colonial este mestizaje surgido a raíz de la conquista española del nuevo continente creó un sistema jerárquico en la que la cúspide estaba ocupada por una aristocracia colonial conformada por los españoles o peninsulares a la que la seguía los criollos –los hijos de los españoles nacidos en el Nuevo Continente. Debajo de ellos se encontraba un organizado sistema de castas que denominaba de forma muy exacta las posibles combinaciones de los súbditos, entre ellas, *mestizo*, la cual describía la unión de un español con un una indígena; *castizo*, la unión de un mestizo con una española; *mulato*, la unión de un español con africana; entre otras. En parte, debido a esta complejidad, en lugar de linajes étnicos o raciales que favorecen un ideal de "pureza", las características físicas y las prácticas culturales han jugado un papel primordial para determinar las identidades en la época contemporánea.

Este discurso que promulga a América Latina como una tierra de mestizaje fue muy útil para amalgamar un sentido de identidad nacional, sobre todo después de los procesos de independencia del siglo XIX. Sin embargo, también ha servido para encubrir las desigualdades étnicas o raciales existentes en América Latina sufridas principalmente por las poblaciones indígenas, afrodescendientes y los mestizos mismos. Al negarse a aceptar la discriminación o el racismo existente en las sociedades latinoamericanas, al asumirse como "mestizos", poco se ha hecho a nivel institucional para asegurar una mayor equidad entre la diversa población de América Latina.

Acerca del autor

Marco Avilés (Perú, 1978) es un escritor y periodista peruano que actualmente vive en el estado de Maine, en los Estados Unidos. En ese país ha trabajado como cocinero e intérprete. Ha escrito tres libros de no ficción: *Día de visita* (2012), *No soy tu cholo* (2017) y *De dónde venimos los cholos* (2016), el cual se consideró uno de los mejores libros de 2016 según el periódico *New York Times en español*. Mantiene el sitio de Internet: http://marcoaviles.com.

Actividades de pre-lectura

I

Ejercicios de vocabulario

Relaciona el significado con las palabras.

1. ( ) Intrigar	a.	Palabras que ofenden.
2. ( ) Barrer	b.	Crear mucha curiosidad.
3. ( ) Mestizo/a	c.	Arrastrar la basura usando una escoba para limpiar un lugar.
4. ( ) Insulto	d.	Fuerza que tiene una persona cuando se encuentra en una situación difícil.
5. ( ) Momia	e.	Recibir bienes o dinero que, por lo general después de morir, te deja una persona.
6. ( ) Fortaleza	f.	Cadáver que se ha disecado de forma natural o mediante embalsamiento.
7. ( ) Heredar	g.	El resultado de la mezcla de dos razas distintas. En el caso de América Latina suele referirse a la persona que es hija de europeo e indígena.

II

Paso 1

¿Cuál es el significado de racismo para ti? ¿Qué es raza?

Paso 2

¿Existe racismo en tu país? ¿Cuáles son las razas que lo conforman? ¿Se discrimina a alguna raza en tu país? ¿Qué nombre reciben estas razas? ¿Hay términos que son ofensivos? ¿Por qué se usan?

Paso 3

¿Sabes algo acerca de las razas que forman parte de América Latina? Investiga acerca de las razas existentes en América Latina, principalmente acerca de las poblaciones indígenas originarias de este continente, la población de origen africano y la población de origen europeo.

Paso 4

Investiga acerca del proceso de mestizaje en América Latina. Discute los resultados de tu investigación con tus compañeros de clase.

III

Ahora lee la crónica. Recuerda que no tienes que entender todo, sino solamente los puntos principales y la organización general del texto. No te detengas para buscar palabras en el diccionario.

No soy tu cholo

1 Un amigo mexicano me preguntó de qué trata este libro. Le intrigaba el título. Íbamos en mi automóvil por la carretera 4, camino a una clínica, en Maine. Roberto es uno de los tantos granjeros inmigrantes en este sector del imperio que necesitan intérpretes para comunicarse con sus doctores. Tiene sesenta años, canas bien peinadas hacia
5 atrás, mocasines de caballero antiguo y lleva la camisa adentro del pantalón. Parece un profesional jubilado y no alguien que pasa seis días a la semana barriendo caca de gallinas en una fábrica de huevos. El séptimo día, cuando debería descansar, va de médico en médico tratándose las secuelas físicas de ese trabajo.

El libro contiene historias sobre cómo nos tratan a los cholos en el Perú—le conté—;
10 también sobre cómo los cholos nos tratamos entre nosotros. Roberto volvió la cabeza y me miró como si le hubiera dicho una mentira.

—Usted no es un cholo —dijo con rotundidad. Él nació y vivió en Ciudad Juárez, ese mundo de frontera tomado por narcos y sicarios, de donde había escapado hacia una
15 década, amenazado de muerte. Jamás ha subido a un avión. Nunca ha viajado al sur. ¿Qué sabía un mexicano como él sobre los cholos peruanos como yo? Enseguida me lo explicó. En su tierra, se llama *cholos* a cierto tipo de gánsteres jóvenes mal vestidos con pantalones anchos y collares llamativos.

—No soy ese tipo de cholo —le dije
20 —Ah, pues, ya decía yo.

—Allá, en mi país, nos llaman *cholos* a los mestizos, a los que tenemos de blanco e indígena, a los que bajamos desde las montañas a la ciudad.

La carretera 4 es un pasadizo de asfalto entre gasolineras, *malls* y *fast foods*. Un peruano y un mexicano hablando de gánsteres e indígenas, en aquel paisaje, parecía el inicio de una película de Robert Rodríguez.[1] Solo faltaba que un gringo asomase con una metralleta por la ventana de su camioneta 4x4 para acribillarnos. La realidad es más amable que la imaginación.

—Me va a disculpar —dijo Roberto cambiando de tema con la elegancia de un hombre sencillo—. Prefiero hablar de gallinas.

Pasé muchos días pensando en esa breve charla lingüística. Cholo tiene significados distintos en México y en el Perú, pero un espíritu común los hermana. Cholo es un insulto. Una herramienta para segregar. ¿Dónde nació esa palabra? ¿En qué región del continente se choleó primero? Los eruditos dicen que cholo viene del náhuatl, la antigua lengua de los aztecas.[2] Significaba «perro, sirviente, esclavo». Los conquistadores españoles la llevaron consigo al Perú, donde les sirvió como un arma contra los vencidos. La historiadora María Rostworowski, que se consideraba una chola polaca, afirmaba que *cholo* vino de *chola*, un término de la lengua moche[3] que quería decir *joven, muchachito*. Los españoles lo recogieron al recorrer las costas del Imperio incaico[4] y la emplearon contra sus conquistados. La siguiente teoría es un sacrilegio personal. Si la palabra existía desde mucho antes, ¿es posible que los incas hubieran choleado primero?

Cholo es un término tan antiguo como las momias y las fortalezas prehispánicas. Pero, a diferencia de las naciones extintas y sus ruinas, las palabras son seres más duraderos. Se heredan. Pasan de generación en generación y le dan forma a lo que somos. Medio milenio después de la Conquista, los peruanos de hoy hemos construido nuestro país alrededor de esa palabra. El Perú es el amor-odio entre blancos y cholos. Las palabras fruto de esta relación las decimos o nos las dicen a diario: cholo de mierda, serrano,[5] indio, mezclado, marrón, chuncho,[6] alpaca,[7] sucio, color puerta. El verbo *cholear* es un aporte peruano al diccionario, y nos ayuda a entender quiénes somos y qué papel jugamos dentro de nuestra sociedad racista y virreinal. Si puedes cholear, tienes poder. Si te cholean, estás jodido.

---

1 Director mexicoamericano de películas de acción.
2 Imperio azteca: Era la cultura indígena más importante en la zona de Centroamérica y Norteamérica al momento de la llegada de los españoles. Sobrevivió desde el siglo XIV hasta el XVI. La cultura azteca, cuya lengua era el náhuatl, cubría los territorios de la parte central de lo que ahora es México y partes de Guatemala.
3 La lengua moche: Es el nombre de la lengua que hablaba la cultura moche, la cual se desarrolló entre los siglos II y V entre la costa de lo que ahora es el Perú y el valle del río Moche.
4 El Imperio Inca, que sobrevivió desde el siglo XIII hasta el XVI, era la principal cultura indígena existente en América del Sur al momento de la llegada de los españoles al continente americano. El imperio inca, cuya lengua era el quechua, cubría los territorios de lo que ahora son los países de Ecuador, Perú, Bolivia y Chile.
5 Serrano: Persona que proviene de la sierra o las montañas. En el Perú se refiere a las personas que no provienen de las ciudades.
6 Chuncho: En el Perú y Bolivia se refiere a una persona proveniente de la región selvática. Suele usarse como un término ofensivo para referirse a una persona que no es civilizada.
7 Alpaca: Es un animal propio de Sudamérica de la misma familia que la llama.

96 *Representaciones latinoamericanas en EE. UU.*

¿Qué debemos hacer con esa palabra? ¿Enterrarla? ¿Ignorarla? ¿Domesticarla? ¿Quitarle el diablo que lleva dentro? Estoy harto de cholear, de que me choleen, de los que cholean, de los que nos dejamos cholear, y de los que, teniendo poder, no hacen nada para detener esta tragicomedia. Estoy harto de los padres que cholean delante de sus hijos, de los niños que fusilan a los cholos en la escuela, de los maestros que lo permiten, de los chicos blancos que se creen más que los cholos porque los criaron diciéndoles que las cosas, en el Perú, son y seguirán siendo así. Se equivocan. Estoy harto de ver el noticiero para comprobar una vez más que los que narran y opinan y analizan el Perú son blancos, mientras que los que matan o roban o invaden o lo pierden todo son los pobres cholos de siempre. Estoy harto de las revistas de sociales y de su manera tan vulgar de cholear eliminando a los cholos de las fotografías. Estoy harto de la publicidad y de sus modelos rubios como ángeles medievales, y de que un indígena no pueda entrar a un centro comercial sin convertirse en noticia, ya sea porque le impidieron la entrada o porque se la permitieron. Estoy harto de pensar que Quispe Mamani[8] o Lloque Chafloque[9] jamás serán directores de aquel diario ni ministros de Economía ni esposas o esposos de Bentín García-Miró o de Aljovín Olaechea.[10] ¿Te imaginas a un niño apellidado Graña Chuquillaqta o Chichipe Hochschild o, sin ir tan lejos, Avilés Huamanripa?[11] Estoy harto de saber que este tabú (ese asco o miedo o sospecha o vergüenza) está en nuestros corazones. Y más harto todavía de que saberlo no solucione nada. Tomará tiempo y mucha inteligencia vencer a este demonio del pasado. ¿Deberíamos tener una política de Estado para exorcizarnos, para encarar nuestro racismo, para enfrentar este tabú? ¿Podemos aspirar a ser un gran país cuando las mayorías somos tratadas como sirvientes por el gran delito de nuestra piel y nuestro origen? ¿Con qué estrategias esperamos encarar los dilemas del siglo XXI si seguimos siendo la misma sociedad virreinal obsesionada en separar a los blancos de los cholos? Que se ocupen de esto los políticos durante los próximos quinientos años.

Este texto tiene otra urgencia, contiene otro mensaje. Es una invitación a mirarnos en el espejo. No pierdas el tiempo ocultándote o recriminándote. Soy cholo, mestizo, mezclado. Las palabras no te hieren si aprendes a ponerlas de tu lado. Úsalas tu antes que los otros. Soy indio, quechua, serrano. Vengo de las montañas y voy de regreso a ellas. Decirlo me ha dado energía. Ahora tengo los puños en alto.

No soy tu cholo.

Actividades para después de la lectura

Comprensión

1. ¿Cuál es la relación entre el autor y el señor Roberto? ¿Por qué viajan juntos? (Lns. 1–8)
2. ¿Qué significa la palabra *cholo* para el señor Roberto? (Lns. 17–18)

---

8 Nombres indígenas de origen quechua o aimara.
9 Nombres indígenas.
10 Nombres de origen europeo.
11 Son nombres combinados de apellidos de origen indígena sudamericano con apellidos de origen europeo.

3. ¿Qué significa la palabra *cholo* para el autor de la crónica? (Lns. 21–22)
4. ¿Cuáles son las semejanzas en el significado de la palabra *cholo* según el autor? (Lns. 31–33)
5. ¿Cuáles son los dos orígenes del significado de la palabra *cholo* mencionados en la lectura? (Lns. 33–41)
6. ¿Cuál es el significado de la palabra *cholo* según el autor de la crónica? (Lns. 42–46)

Interpretación

1. ¿Cuál es el significado de la palabra *cholo* según el autor?
2. El término *cholo* es un sustantivo; sin embargo, el autor lo convierte en un verbo, *cholear*. ¿Cuál es el significado de este verbo según el autor?
3. El autor está harto de que las revistas de sociales o la publicidad en el Perú no presenten a los *cholos*. ¿Es esto particular al Perú, o crees que sucede algo similar en tu país?
4. Lee nuevamente el último párrafo del texto (Lns. 79–84). ¿Qué quiere decir el autor del texto con "No soy tu cholo"?
5. Después de leer el texto, ¿qué crees que propone el autor para resolver el problema de discriminación que sufren los *cholos*?

Discusión o debate

Reacciona o conversa acerca de las siguientes aseveraciones:

1. El autor del texto menciona: "¿Deberíamos tener una política de Estado para exorcizarnos, para encarar nuestro racismo, para enfrentar este tabú? ¿Podemos aspirar a ser un gran país cuando las mayorías somos tratadas como sirvientes por el gran delito de nuestra piel y nuestro origen? ¿Con qué estrategias esperamos encarar los dilemas del siglo XXI si seguimos siendo la misma sociedad virreinal obsesionada en separar a los blancos de los cholos?" (Lns. 72–77)
¿Crees que el Estado debe hacer algo para afrontar el racismo de las sociedades o la sociedad misma debe tratar de resolver este problema sin la intervención del Estado?
2. No comprendo por qué ciertas personas no entienden la existencia del racismo. No hablar de ello ocasiona que se perpetúe este problema social. El Estado y la sociedad debe establecer políticas para afrontar este problema social.
3. Las sociedades modernas están constituidas por individuos y no por grupos. Todas las personas son iguales bajo las leyes de cada país y deben ser tratadas de esa forma. El gobierno debe asegurarse de que las personas pueden contar con las mismas oportunidades independiente de su raza, grupo étnico o color de piel.
4. si todos los seres humanos tenemos el mismo ADN, queda comprobado que la raza no existe y que solo es un constructo social. Si la raza existiera, toda las personas de una misma raza se comportarían del mismo modo, pero no es así.

Ejercicios de gramática

Pronombres Relativos I

Que y *quien*

Los pronombres relativos sirven para unir dos oraciones simples y formar una oración compuesta. El pronombre relativo se refiere a una palabra llamada *antecedente*.

Los pronombres relativos introducen dos tipos de cláusulas subordinadas: una cláusula restrictiva y una cláusula no restrictiva.

a) Cláusula restrictiva

Este tipo de cláusula completa la información del antecedente por lo que no puede cambiarse sin cambiar el significado de la oración. Ejemplo tomado del texto:

"Roberto es uno de los tantos granjeros inmigrantes … **que** necesitan intérpretes para comunicarse con sus doctores".

b) Cláusula no restrictiva

Este tipo de cláusula está separada de la oración principal por medio de comas y sirve para brindar información adicional. Por ello, está información puede eliminarse sin alterar el significado de la oración. Ejemplo tomado del texto:

"La historiadora María Rostworowski, **que** se consideraba una chola polaca, afirmaba que *cholo* vino de *chola*, un término de la lengua moche que quería decir *joven, muchachito*".

c) El uso de *que*

1. El pronombre relativo **que** es invariable y reemplaza a personas y cosas. Es el pronombre relativo más usado en español.

El pronombre relativo **que** se traduce al inglés por los pronombres en inglés de 'who', 'whom' y 'that'.

d) El uso de *quien(es)*

1. El pronombre relativo **quien(es)** reemplaza solamente a personas y concuerda con el antecedente.
2. En el caso de una cláusula no restrictiva separada por comas puede usarse **quien(es)** o *que* en el caso de persona indistintamente.

Ejemplo del texto:
"La historiadora María Rostworowski, **que** se consideraba una chola polaca, afirmaba que *cholo* vino de *chola*, un término de la lengua moche que quería decir *joven, muchachito*".
Otra opción posible
"La historiadora María Rostworowski, **quien** se consideraba una chola polaca, afirmaba que *cholo* vino de *chola*, un término de la lengua moche que quería decir *joven, muchachito*".

3. Preposiciones después de los pronombres relativos *que* y *quien*

   3.1 *Quien(es)* se usa después de todas las preposiciones si reemplaza a una persona.

Ejemplo tomado del texto:

–Allá, en mi país, nos llaman *cholos* a los mestizos, **a los que** tenemos de blanco e indígena, **a los que** bajamos desde las montañas a la ciudad.
Otras opciones:
–Allá, en mi país, nos llaman *cholos* a los mestizos, **a quienes** tenemos de blanco e indígena, **a quienes** bajamos desde las montañas a la ciudad.
Pero no es posible que:
–Allá, en mi país, nos llaman *cholos* a los mestizos, **a que** tenemos de blanco e indígena, **a que** bajamos desde las montañas a la ciudad.

   3.2 El pronombre relativo **que** sólo se usa con las preposiciones *de, con, en* (en la mayoría de los casos) y a veces con *a*.

Ejemplo que no está en el texto:
El país en **que** vivió Marco Avilés está influenciado por la cultura quechua.
   el que
   lo cual

Ejercicio 1

Coloca el pronombre relativo adecuado (*que*, *quien*, *quienes*) al siguiente párrafo tomado del texto. En algunas ocasiones hay dos opciones posibles:

   Estoy harto de cholear, de que me choleen, de _____ cholean, de _____ nos dejamos cholear, y de _____, teniendo poder, no hacen nada para detener esta tragicomedia. Estoy harto de los padres _____ cholean delante de sus hijos, de los niños _____ fusilan a los cholos en la escuela, de los maestros _____ lo permiten, de los chicos blancos _____ se creen más que los cholos porque los criaron diciéndoles que las cosas, en el Perú, son y seguirán siendo así.

Ejercicio 2

Coloca los pronombres relativos *que*, *quien*, *quienes* en las siguientes oraciones no tomadas del texto. En ocasiones hay más de una posibilidad.

1. El autor del texto habla con el Sr. Roberto, _____ no conoce el significado de la palabra cholo en el Perú.
2. El Sr. Roberto, con _____ viaja el autor del texto, trabaja en una granja.
3. El autor del texto está cansado de las personas _____ discriminan por razones de color de piel, raza o clase social.
4. Los latinoamericanos, _____ quieren resolver el problema del racismo, deben propugnar por reconocer que el problema existe.
5. El racismo _____ se vive en Latinoamérica debe combatirse.

Ejercicio 3

Forma tus propias oraciones con los pronombres relativos *que*, *quien* y *quienes*.

1. _____
2. _____
3. _____
4. _____
5. _____

POR AMOR AL DÓLAR – EE. UU. / MÉXICO

Publicado originalmente en el libro *Por amor al dólar* (2012)

J.M. Servín

La inmigración de México hacia los Estados Unidos creció exponencialmente a partir de la década de los años ochenta y se mantuvo hasta aproximadamente la primera década del año 2000. Aunque esta inmigración ha existido desde la formación de ambos países, nunca fue tan numerosa como la experimentada durante esos treinta años en los cuales, según datos del Pew Hispanic Center, la población mexicana creció 12 millones de personas. En la actualidad la oleada de la inmigración mexicana hacia los Estados Unidos se ha revertido y, en el caso de los países latinoamericanos, ha sido sustituida por la inmigración centroamericana, principalmente por la proveniente de El Salvador, Guatemala y Honduras.

El crecimiento de la población latina en los Estados Unidos ha sido, en gran medida, el impulso de la inmigración mexicana puesto que esta población ha representado al 60% de la población inmigrante latina en los Estados Unidos desde los años ochenta. Según datos de la misma organización, la población latina pasó del 6.5% en 1980—con un total de 14.8 millones—a un 17.6% en 2015 –con un total de 56.5 millones. Se estima que para 2050 los latinos pasarán a ser el 29% de la población total de los Estados Unidos.

A pesar de que la migración mexicana ha disminuido de manera considerable, es un hecho que esos treinta años de inmigración han ejercido una influencia significativa en los ámbitos políticos, económicos, sociales y culturales de ambos países. Esta crónica narra de primera mano la experiencia de un escritor mexicano que decide cruzar la frontera para trabajar de manera irregular en los Estados Unidos.

Acerca del autor

J.M. Servín (México, 1962) es narrador, periodista y editor. Publica principalmente ficción, crónica y ensayo en periódicos y editoriales de México y del extranjero. Su obra escrita en español ha sido traducida al inglés y al francés. Durante algún tiempo decidió cruzar la frontera de Estados Unidos y trabajar de manera irregular en aquel país. El libro titulado *Por amor al dólar* cuenta su experiencia como trabajador indocumentado en distintos estados de la Unión Americana durante ese tiempo.

Actividades de pre-lectura

I

Ejercicios de vocabulario

Relaciona el significado con las palabras.

1. ( ) Soliloquio	a. Enojar, enfurecer a alguien.
2. ( ) Exasperar	b. Confundido, sin saber qué hacer.
3. ( ) Aturdido/a	c. Reclamar a una persona algo.
4. ( ) Recriminar	d. Reflexión en voz alta. Discurso
5. ( ) Efusivo/a	f. Que manifiesta emoción y alegría.

II

Paso 1

¿Existe la inmigración en tu país? ¿Conoces algún inmigrante ya sea con permiso de estadía o no?

Paso 2

¿Qué tipo de trabajos suelen hacer los trabajadores indocumentados en los países a los que inmigran? ¿Cuáles son los factores de esto?

Paso 3

¿Qué sabes acerca de las diversas formas de hablar de los nativo hablantes del español? ¿Sabes cuáles son las características del habla de los centroamericanos, mexicanos, caribeños, o argentinos, entre otros hispanohablantes?

¿Crees que tu forma de hablar español pertenece a una variedad del español? ¿O crees que tienes una mezcla de muchas variedades? ¿Tu forma de hablar español está influida por los lugares que has visitado o vivido o por tus maestros o amigos con quienes aprendiste o practicas español?

II

Predicción

Según el título de la crónica, ¿de qué crees que se tratará el texto? ¿Por qué crees que el autor escogió ese título?

III

Ahora lee la crónica. Recuerda que no tienes que entender todo, sino solamente los puntos principales y la organización general del texto. No te detengas para buscar palabras en el diccionario.

Por amor al dólar

...me sobraba mucho antes de mi cita en la calle 53[1] con Perico, un salvadoreño con ojos de ahorcado. Con él iba a traficar una *green card*[2] falsa que me permitiría seguir en la nómina de un restaurante italiano en esa misma calle y la 6ª avenida. Perico era uno entre miles de indocumentados que nunca pensaba a qué hora lo iban a despertar del *american dream* sino cuándo conseguiría su estancia definitiva en la pesadilla. Por vía de mientras transaba[3] y trabajaba de noche limpiando pisos y parrillas la cocina donde nos conocimos. Entendía muy bien dónde empezaba el filo entre lo legal y lo prohibido y actuaba con la experiencia adquirida tras años de jugársela tanto en su país como en este. De momento vendía en lugar de comprar, salvoconductos existenciales. Me gustaban su optimismo y su fe, su orgullosa pertenencia a la república mundial de jornaleros sin papeles.

(...)

Por alguna razón mi soliloquio se había vuelto efusivo. Todo se debía a mis actividades de los días pasados luego de conseguir empleo en un restaurante italiano. Era lunes como a las once de la mañana en la fila con por lo menos veinte tipos formados delante de mí en un corredor de la cocina. Al final había una pequeña oficina. Llenábamos solicitudes en lo que nos tocaba interrogatorio. Todos éramos latinos. Todos urgidos, todos listos a mentir acerca de nuestra experiencia, aptitudes y estatus migratorio. Estábamos atentos a pescar en el de adelante alguna chapuza[4] que pasara por buena. Se me ocurrió poner en mi solicitud que tenía experiencia cocinando y luego no pude convencer al jefe de cocina, puertorriqueño, que yo había ido por el puesto de repartidor a domicilio, pero me respondió que el puesto había sido cubierto "uminuto ante".[5]

—Necesitamo gente en la cocina, tú dices —continuó. —Ayé tuvimo que despedí a too el pejsonal ¿Te intejresa o no?

Sin darme tiempo a pensarlo me preguntó si tenía mis papeles en regla. Mi respuesta me llevó directamente a los vestidores para comenzar a trabajar de inmediato. Ahí mismo el puertorriqueño me llevó una tarjeta de control con mi nombre y me pidió que de una vez checara mi entrada. Eran ya las doce treinta de la tarde. A mi lado había otros dos jornaleros, felices de haber encontrado amo. Luego, de filipina,[6] pantalón y mandil[7] blancos empecé a aprender de Arnulfo, un poblano,[8] la preparación de

---

1 En la ciudad de Nueva York, NY.
2 La tarjeta de residencia permanente o "green card" es un documento que le permite a una persona extranjera que vive en los Estados Unidos residir, trabajar o estudiar de manera legal. Muchos empleadores solicitan este documento antes de otorgar un empleo por lo que existe un mercado ilegal que falsifica estos documentos.
3 Estafar, abusar de otras personas, hacer negocios de forma ilegal.
4 Una estafa o mentira.
5 El autor trata de representar el habla de los puertorriqueños, la cual pertenece al habla caribeña.
6 Una camisa usada comúnmente por las personas que trabajan en la cocina.
7 Pedazo de tela que se coloca encima de la ropa para cubrirla y protegerla cuando se trabaja en la cocina.
8 Persona originaria del estado de Puebla, México.

ensaladas y postres en una pequeña estación con apenas espacio para dos personas. A las dos horas llegó a mi lugar el chef y me llamó a la oficina. Era un italiano socarrón y amanerado[9] que hablaba perfecto español. Además de ser uno de los socios del lugar se sentía magnánimo eligiendo a sus siervos.

—Quiero que me digas la verdad, ¿tienes papeles o no? No me hagas perder el tiempo, antier se llevaron a casi todos los empleados de cocina. Los agentes de migración van a regresar pronto y no queremos más problemas ni multas.

Me sostuve en mi mentira. El tipo me miró a los ojos en lo que me ordenaba acordar con el puertorriqueño cuándo debería entregarle mis papeles.
Regresé a trabajar recriminándome luego por haber perdido una oportunidad de oro para que me corrieran. Lavé varios kilos de lechuga y durante tres horas estuve cargando cajas con frutas y verduras del refrigerador de abastecimiento a los pretiles y de ahí, las mismas cajas pero ahora llenas de desperdicios a vaciar en unos tambos al fondo de la cocina. Después me puse a las órdenes de Arnulfo. Me confundía su pobre español y su recelo para revelarme los puntos finos en la preparación de las comandas. Tenía nueve años ahí y se había convertido en uno de los dos o tres de confianza en la cocina. Su turno iniciaba a las doce del día. Comencé a hacerle preguntas sobre lo que había pasado con la migra y no me dijo nada nuevo. Prefirió hablarme de las películas mexicanas que rentaba para ver en las madrugadas, antes de dormir. Con la barbilla pegada al pecho me instruía a monosílabos y masticando siempre un pedazo de los tacos que se preparaba durante el turno. Traía comida típica de México que guardaba en un anaquel[10] con candado bajo el pretil. La vendía entre los demás. A media jornada nos invitaba tacos a todos a manera de degustación de sus productos bien recibidos hasta por el capataz puertorriqueño. Para ese entonces yo ya tenía los nervios destrozados por los gritos, mi torpeza, el calorón y el peligro de resbalar en el piso grasiento o quemarme al momento de transportar entre dos de una estufa a otra pesadas ollas hirvientes. Decidí que me haría correr en ese mismo momento y me abrí de capa confesándole a Arnulfo mi verdadera situación laboral. Yo confiaba en que iría de inmediato con el chisme.

—Tss, déjame hablar con el Papi, a ver qué dice.

Se refería al puertorriqueño. Barriéndome con la mirada me dejó en ascuas. Seguimos trabajando hasta que en un breve descanso general se acercó al "Papi", que arreglaba algo con uno de los cocineros principales. El puertorriqueño se hacía entender a mentadas de madre[11] y "¡PAPIS!" para todo. Volteó a ver a Arnulfo y le pasó una mano por el hombro para hablar de espaldas al otro cocinero. Al regresar a la estación, Arnulfo me dijo:

---

9 Afeminado, o con modales que aparentan ser femeninos.
10 Mueble que contiene maderas de forma horizontal en el que se colocan los objetos.
11 Groserías, palabras altisonantes.

—No hay pedo, puedes seguir jalando,[12] ay ellos verán cómo se las arreglan en lo que consigues papeles, lo que no quieren es que les vayas a botar la chamba.[13] ¿Cuánto te van a pagar?
—Seis la hora menos impuestos. No me pagarán las horas extras la primer semana.
—Ah chingá, no está mal, hasta suerte tienes. Yo empecé aquí por tres cincuenta.

Chasqueó la boca, encorvado sobre sus comandas para leerlas como si fueran letanías y luego se hizo cargo de cuatro platos de ensaladas y cuatro de postres. Ya estás aquí, ora[14] chíngate, pensé. Me había quedado sin pretextos para justificar mi deserción.

Me exasperaba, el tal Arnulfo. Se comía sílabas, salivaba y tarareaba canciones acumulándome los platos. Uno tras otro según las órdenes del puertorriqueño, quien no me perdía de vista y gritaba "¡Apúrate Papi!". Me sentía aturdido y temeroso de cometer errores por más que intentaba convencerme de que no tenía nada que perder. Me las arreglé como pude, sobre todo echando a perder postres que el poblano rehacía. Poco después de la una de la madrugada se suspendió el servicio en las mesas. Ahora había que limpiar y ordenar todo menos los pisos y las parrillas.

Los cocineros me echaban miradas aunque no se atrevían a preguntarme de dónde venía. Éramos veinte en ese galerón subterráneo donde aun con las estufas apagadas el calor nos hacía sudar a chorros. El puertorriqueño era el primero en irse luego del chef. Para cuando llegué a cambiarme a los casilleros mugrientos y apestosos a pies y sudor, se habían ido casi todos. Quedaban cuatro igual de desconfiados. Platicaban entre ellos, ignorándome. Me enteré que tampoco tenían papeles. Amablemente empecé a preguntar cómo iniciar unos trámites que al parecer ellos entendían muy bien. Al fin, otro poblano me informó que estaban esperando al Perico, que trabajaba durante las madrugadas limpiando y fumigando las parrillas y los pisos. Conseguía "los chuecos"[15] por una lana. ¿Cuánto? No pus[16] no sé, es cosa de que hables con él.

Perico llegó chiflando y haciendo chistes vulgares a todos. En lo que se cambiaba los otros formaron un grupito cerrado en torno a él. Comenzó el parloteo con olor a culo y zapatos húmedos.

—Qué, ¿todos necesitan sus chuecos? Necesito unas fotos. Aquí en la quinta y la cuarenta y tres se las sacan por quince dólares. Me las traen mañana y yo les tengo sus papeles al día siguiente.

Uno de ellos ya tenía todo. Sigiloso,[17] como si mercara droga en la calle a plena luz del día, le dio a Perico un rollito de dinero y las fotos. Luego, a toda prisa, muy contento, se despidió de todos. Hasta olvidó su gorra de invierno con el logo bordado de los Lakers.

—¿De a cómo va a ser? —pregunté de inmediato.
—Ciento veinte.

12 Forma coloquial para decir trabajando.
13 Forma coloquial para decir trabajo.
14 Contracción de ahora.
15 Documentos falsos.
16 Contracción de pues.
17 De forma secreta.

106 *Representaciones latinoamericanas en EE. UU.*

    —Por qué no cien.
115   —Por qué no mejor ciento cincuenta.
    —No, espérame tantito, si no soy el chef.
    —Uta brincos dieras. No es mío el bisne,[18] yo no más le hago el paro a un cuate. Está vara,[19] si no, pregunta en la cuarenta y dos cuánto te sale.

120   Nadie más le repeló[20] el precio a Perico. Yo ni siquiera sabía que podía hacerme de unos chuecos en la cuarenta y dos. En segundos hice una evaluación de mi estado físico, de las probabilidades de conseguir pronto otro trabajo menos pesado y de si ese salvadoreño ojón que brincaba nervioso y cábula,[21] me transaría o no mi dinero.

125   — ¿A qué hora te veo? —dije al fin.
    —Hoy mismo mi rey, diez minutos antes de que empiece el turno de la tarde.
    —Ya quedamos.

    Perico se puso de acuerdo con los otros y se fue a trabajar.
130   (…)

Actividades para después de la lectura

Comprensión

Responde a las siguientes preguntas.

1. ¿Cómo termina consiguiendo el puesto de trabajador en la cocina el personaje principal? ¿Tenía experiencia como cocinero? Justifica tu respuesta. (Lns. 16–23)
2. ¿Por qué el personaje principal quería que lo corrieran del trabajo de cocinero? (Lns. 36–45)
3. ¿Por qué el personaje principal se sentía aturdido y temeroso de cometer errores en el trabajo? ¿Crees que él quería quedarse sin trabajo? ¿Por qué? Justifica tu respuesta. (Lns. 82–88)
4. ¿Cuál es el precio que tiene que pagar el personaje principal a Perico por los documentos ilegales para poder trabajar? ¿Hay un precio fijo? ¿Qué dice esto de la condición en la que viven los inmigrantes indocumentados? (Lns. 112–118)

Interpretación

1. El personaje principal que narra la crónica intenta obtener una "green card" que le permita trabajar. ¿Cómo intenta conseguirla y qué es lo que hace? ¿Al final la obtiene?
2. El autor señala: "Perico era uno entre miles de indocumentados que nunca pensaba a qué hora lo iban a despertar del *american dream* sino cuándo conseguiría sus estancia definitiva en la pesadilla". (Lns. 3–5) ¿Qué quiere decir con esto el autor? ¿Hay algo de sarcasmo?

18 Del inglés *business*.
19 Vara: barato.
20 Reclamó, se quejó por el precio.
21 Persona que abusa de las demás personas.

3. ¿Crees que las dificultades que encuentra el personaje principal para laborar reflejan la vida de los trabajadores indocumentados?
4. ¿Por qué crees que los dueños del restaurante no corren al personaje principal cuando este le confiesa a uno de sus compañeros de trabajo que no tiene documentos para trabajar de forma legal? ¿Qué dice esto acerca del mercado de trabajo? (Lns. 72–77)

Discusión o debate

1. ¿Qué consideras que los países deben hacer con las personas que emigran de forma irregular a otros países? ¿Qué es lo que hace tu país con este tipo de inmigración?
2. ¿Cuáles son los aportes de la inmigración ilegal al país que los recibe? ¿Cuáles son los efectos de la inmigración en los países de los cuales sale la población?
3. ¿Crees que hay una demanda de los países receptores de inmigración indocumentada por una fuerza de trabajo que sea barata y no pueda exigir muchos derechos?
4. El autor de la crónica presenta una convivencia entre los inmigrantes que es muy compleja, no hay personajes totalmente malos y buenos sino que sobreviven desconfiando unos de otros pero también ayudándose. ¿Qué opinas al respecto?
5. Al inicio de la lectura se te pidió que según el título predijeras qué iba a suceder en el texto. ¿Tus predicciones se cumplieron? ¿Crees que el título de la crónica es el adecuado? Explica tus ideas.

Ejercicios de vocabulario

En todos los idiomas existe variación, por ello la totalidad de los hablantes de una lengua no hablan de la misma manera. La variación se debe primordialmente a razones regionales, históricas o sociales; es decir, los hablantes de cualquier lengua hablan de forma diferente según la región o época en la que viven o la clase social a la que pertenecen. En esta lectura tenemos personajes de diferentes regiones hispanohablantes, en este caso principalmente puertorriqueños y mexicanos que conviven en la ciudad de Nueva York. El personaje llamado Papi, es un puertorriqueño cuya forma de hablar es escrita por el autor de la crónica.

El habla puertorriqueña presenta características que la identifican con una variedad del español americano más amplia llamada el habla caribeña. Lee este fragmento de la lectura en la que el personaje Papi habla y trata de identificar en qué consisten las características del habla caribeña:

> "Se me ocurrió poner en mi solicitud que tenía experiencia cocinando y luego no pude convencer al jefe de cocina, puertorriqueño, que yo había ido por el puesto de repartidor a domicilio, pero me respondió que el puesto había sido cubierto *"uminuto ante"*.[22]
>
> —*Necesitamo gente en la cocina, tú dices* —continuó. —*Ayé tuvimo que despedí a too el pejsonal ¿Te intejresa o no?*"

---

22 El autor trata de representar el habla de los puertorriqueños, la cual pertenece al habla caribeña.

108 *Representaciones latinoamericanas en EE. UU.*

Como se puede observar, algunas de las características del español caribeño son:

a) La aspiración o desaparición del sonido 's' en posiciones final de palabra o de sílaba.
b) La desaparición del sonido 'r' en posición final de sílaba o palabra.
c) La desaparición del sonido 'd' principalmente entre vocales como en 'too', en lugar de todo.

Algunas otras características del español caribeño, a la que pertenece el español de Puerto Rico son:

a) La pronunciación de la consonante 'r' como 'l', en casos como "Puelto Lico", en lugar de Puerto Rico.
b) La asimilación de la 'l' o 'r' a la consonante siguiente, en casos como "cane" en lugar de carne.
c) La pronunciación de 'r' como una 'j' en casos como "ajoz", en lugar de arroz.

Ejercicio

Paso 1

Busca un video en Internet en el que entrevisten en español una persona famosa de Puerto Rico, Cuba o República Dominicana, por ejemplo, la ministra de la Suprema Corte de los EE. UU., Sonia Sotomayor; el actor y escritor Lin-Manuel Miranda; el cantante Daddy Yankee; los músicos de Calle 13, Residente y Visitante, etc. Mira el video y encuentra por lo menos cinco ejemplos de las características del español caribeño. Anótalas en tu cuaderno.

Paso 2

¿Son consistentes estas características? ¿Aprecen en todos los casos? Con un compañero, compara los ejemplos que sacaste del video.

HISTORIA DE DOS CIUDADES – EE. UU. / MÉXICO

La desgracia de Juárez ¿es la bonanza de El Paso?

Publicado originalmente en la revista *Gatopardo* (2010)

Víctor Hugo Michel

"Pobre México, ¡tan lejos de Dios y tan cerca de Estados Unidos!": el presidente mexicano Porfirio Díaz (1830–1915) fue la persona que pronunció esta frase, muy popular en América Latina porque captura una verdad, de muchas otras, sobre la relación entre los dos países. La crónica que vas a leer muestra perfectamente una de las facetas a las que se refiriera Díaz y la importancia de esta tensión en el siglo XXI, específicamente porque la forma de mirarse que tienen México y EE. UU. es muy compleja. Es interesante cómo el autor intenta mostrar el modo espacial de condicionar la cultura y las formas de vida de ambas naciones, pero también, y, sobre todo, como la frontera es un espacio en sí y no una línea divisoria.

Acerca del autor

Víctor Hugo Michel (México, 1978) es periodista. Trabajó en periódicos y revistas latinoamericanas de renombre como *Excélsior*, *Reforma*, *Nexos* y *Gatopardo*. Fue ganador del Premio de Periodismo Investigativo y de Acceso a la Información en dos ocasiones y ahora es director editorial de El Financiero TV.

Actividades de pre-lectura

I

Ejercicios de vocabulario

Encuentra la definición que mejor corresponda a la palabra resaltada, utiliza el contexto.

1. "Ejecución sangrienta", dice el **titular** de un periódico chihuahuense en la mano de un voceador que aparentemente no duerme. (Lns. 14–16)
2. La cajuela, el motor y hasta el tanque de gasolina son objeto de escrutinio minucioso para comprobar si no hay **contrabando** oculto. (Lns. 25–27)
3. La ilegalidad tuvo también su papel en el **florecimiento** de la ciudad (de El Paso) (Lns. 46–48)
4. (…) Esta **bonanza** económica se debe a un fenómeno parecido al de la primera década del siglo XX: la migración de mexicanos de clase media expulsados por la violencia. (Lns. 69–71)
5. (…) El **cholo** simplemente está sentado ahí, rapado, lentes oscuros, atento, depredador urbano. (Lns. 146–147)
6. Segunda parada después del incidente: la casa de Gallardo, una residencia anónima en los suburbios de El Paso, cuya ubicación mantiene en secreto por temor a **represalias** de las pandillas. (Lns. 198–200)

II

Paso 1

Antes de leer el texto piensa en algún lugar que no conozcas bien pero que sepas que es un lugar peligroso. Puede ser una parte de tu ciudad, un pueblo por el que pases a menudo, o tal vez tu propio barrio. ¿Por qué crees que ese lugar, particularmente, tiene problemas? ¿Crees que un lugar muy seguro y residencial está en buen estado en detrimento de otro lugar pobre y peligroso?

Paso 2

Comparte tus ideas con un compañero. Juntos, intenten responder a las siguientes preguntas.

1. Enumera tres ventajas de vivir en un lugar tranquilo y residencial.

2. Enumera una ventaja, si la hubiera, y dos desventajas de vivir en un lugar peligroso y de bajos recursos.

3. ¿Crees que un lugar está en buenas condiciones en detrimento de otro que está en condiciones peores? Piensa, por ejemplo, de dónde viene el café y cómo vive la gente que lo cultiva y lo cosecha. O tal vez piensa en el tráfico de drogas, el país de donde vienen y el país que más las consume.

III

Indica si estás de acuerdo o no con las siguientes oraciones.

	Estoy de acuerdo	*No estoy de acuerdo*
1. La proximidad o distancia entre lugares en realidad es irrelevante porque el espacio no determina la pobreza o la riqueza. Hay zonas residenciales de mucha riqueza al lado de zonas residenciales de mucha pobreza.	___	___

	Estoy de acuerdo	No estoy de acuerdo
2. Soy consciente de que la ropa que llevo se hace en otro país donde las condiciones laborales suelen ser pésimas.	——	——
3. Para que una sociedad sea rica, otra debe de ser pobre, es un equilibrio natural del mercado.	——	——
4. Las empresas grandes, que traen productos de otros países como el café o el chocolate, son responsables y crean buenas condiciones para sus empleados en el país extranjero.	——	——
5. La desgracia de México es la bonanza de EE. UU.; es decir, la desgracia de los países en vías de desarrollo es la bonanza de las naciones industrializadas.	——	——

IV

Ahora lee la crónica. Recuerda que no tienes que entender todo, sino solamente los puntos principales y la organización general del texto. No te detengas para buscar palabras en el diccionario.

Historia de dos ciudades

La desgracia de Juárez ¿es la bonanza de El Paso?

Es la una de la mañana. La temperatura roza los 40 grados y el Puente Internacional Córdova de las Américas está convertido en un enorme estacionamiento. Aun de madrugada, miles de automóviles y camionetas hacen fila para pasar de Ciudad Juárez a El Paso por éste, uno de los cruces más activos de toda la frontera entre México y Estados Unidos.

La última imagen que uno se lleva de Juárez antes de llegar a la garita es la del penoso ejército de pordioseros,[1] vendedores ambulantes y nerviosos soldados armados con rifles de alto poder que recorren los carriles del cruce internacional, cada uno atento a su respectivo asunto; algunos en busca de compradores, otros a la caza de contrabandistas,[2] narcotraficantes o pandilleros.[3] "¡Las aguas, las aguas, las aguas!", ofrece un vendedor que se acerca a mi auto. Le falta una pierna y no tiene dientes. "Ejecución sangrienta", dice el titular de un periódico chihuahuense en la mano de un voceador que aparentemente no duerme. "¿Necesitas visa? La tramitamos", promete un espectacular. "Lawyers, abogados", dice otro. Los policías federales han detenido al auto de enfrente y lo revisan. Llevan los dedos en el gatillo de sus armas.

Cuando faltan 500 metros para cruzar a Estados Unidos desaparecen todos, militares, policías mexicanos y el ejército de desamparados. Cae un gran silencio, sólo roto por

---
1 Mendigo, persona que pide dinero en la calle.
2 Personas que se dedican al comercio de mercancía prohibida o mercancía que no ha pagado impuestos.
3 Persona que es parte de una pandilla, o grupo de personas asociadas con fines de hermandad pero que a veces son criminales.

los ronroneos de los motores. Equipos de agentes estadounidenses y perros olfateadores de droga —pastores alemanes, la mayoría—, son ahora los que recorren el laberinto de parachoques.[4] El trámite para cruzar al otro lado puede llegar a tomar hasta tres horas si se tiene mala suerte. Hoy, la tengo. *"What is the purpose of your visit?"*, pregunta una oficial del Buró de Inmigración y Aduanas estadounidense (ICE, por sus siglas en inglés), la agencia gubernamental que controla la garita. Hojea el pasaporte. Le digo que vengo a hacer un trabajo periodístico y aun así me remite a una revisión secundaria. Agentes revisan el auto de arriba abajo. La cajuela,[5] el motor y hasta el tanque de gasolina son objeto de escrutinio minucioso[6] para comprobar si no hay contrabando oculto. En la bahía de al lado, otros oficiales desmantelan[7] metódicamente una camioneta. Su panel yace en el piso y el conductor está detenido temporalmente en una oficina. La policía fronteriza estadounidense sospecha que lleva algo oculto.

No alcanzo a ver el desenlace de esa historia porque por fin, a las tres de la mañana, se me permite pasar la frontera y tomar la carretera I-10, que lleva hacia el norte, al corazón de El Paso. De inmediato, la escenografía cambia. Del yermo[8] mexicano se pasa a prados bien regados y edificios corporativos que se suceden uno tras otro, suburbios de pequeñas casas con techo a dos aguas y una autopista de diez carriles de concreto hidráulico perfectamente nivelado. Bienvenido al mañana: por tres años consecutivos, Money Magazine de CNN ha calificado a El Paso como una de las mejores ciudades para vivir en todo Estados Unidos. Una estrella gigante, trazada con luces en el dorso[9] de una montaña, domina el horizonte, mensaje de que por fin se ha llegado a una de las ciudades del futuro americano.

(…) La ciudad sufrió un cambio radical a principios del siglo XX. La llegada de miles de mexicanos que huyeron de la violencia de la Revolución la transformó de pueblo a urbe y duplicó su población en cuestión de 10 años. Para 1920, la ciudad tenía casi 80 mil habitantes. La migración mexicana, en buena medida de la clase media, coincidió con otro golpe de buena fortuna. Gracias a la metalurgia[10] y al descubrimiento de yacimientos petrolíferos a principio de los años veinte, la economía local despegó.[11]

La ilegalidad tuvo también su papel en el florecimiento de la ciudad. En esa misma década, durante la Prohibición, contrabandistas mexicanos e irlandeses llevaron miles de litros de alcohol desde Ciudad Juárez a El Paso, punto de partida para después distribuirlos por el resto del país. En consecuencia, los tiroteos entre agentes de aduanas estadounidenses y traficantes se hicieron comunes. La violencia se instaló en la zona fronteriza. Estaba alimentada por el licor. Casi 80 años después, convertida más bien en una urbe desarrollada pero con reputación de aburrida, El Paso es una de las más seguras de todo Estados Unidos, a pesar de su vecindad con Juárez, una de las ciudades más violentas del mundo. Paradójicamente, tiene la tasa más baja de homicidios de todo el país, frente a una que tiene la más alta de México.

No sólo eso. Gracias a su posición estratégica en la frontera con México y a tiro de piedra del núcleo manufacturero de Juárez, corporaciones como Hoover, Boeing,

---

4 Parte exterior de los coches que sirve para amortiguar los golpes o choques.
5 El maletero.
6 Minucioso: en detalle.
7 En este caso desmontar, o desarmar, el coche sacando piezas o partes de él.
8 Terreno infértil, no cultivado o habitado.
9 Parte trasera.
10 Industria dedicada a la elaboración de metales.
11 Se fue para arriba.

Eureka y Delphi han decidido hacerla uno de sus principales centros de operaciones, lo mismo que el Pentágono. Los empleos bien remunerados han venido por los miles. Setenta corporativos del Fortune 500 ya le llaman casa.

"La ciudad de El Paso vive un boom sin precedentes. Nuestra construcción de nuevos hogares está despegando. La construcción comercial está en niveles récord [...] El Paso está emergiendo como un faro del futuro. El sol ilumina nuestra ciudad. Nuestro futuro es brillante", dijo el alcalde John Cook en 2007, al debatir sobre la necesidad de transformar a El Paso de una urbe industrial con chimeneas, como principal fuente de empleos, en una de servicios de alta tecnología. Quería —y ha tenido éxito— llevarla de la sucia vida de las acererías[12] a un estilo más chic de *call centers*, boutiques, *malls* y centros de estudio. (…)

En alguna medida, esta bonanza económica se debe a un fenómeno parecido al de la primera década del siglo XX: la migración de mexicanos de clase media expulsados por la violencia. "Siento como si la ciudad estuviera cambiando a cuestas de Juárez", dice Alfredo Corchado, periodista del *Dallas Morning News* y paseño.[13] En los últimos tres años, a la par del descenso de Juárez hacia el caos, El Paso ha experimentado una especie de rejuvenecimiento. Nuevos bares, restaurantes, centros nocturnos y tiendas han brotado por toda la ciudad, que también experimenta una explosión inmobiliaria.[14]

Como muestra, un ejemplo sencillo pero significativo: el restaurante María Chuchena, por años un icono gastronómico de Juárez, mudó sus servicios al lado estadounidense en 2009, a la ajetreada North Mesa Street, una calle repleta de centros comerciales para la clase media alta de ese país y en la que ahora es común ver locales mexicanos, cocina exótica, discos, nueva vida. Simbólicamente, el primer María Chuchena, ubicado en la ahora fantasmagórica avenida Lincoln de Juárez, permanece abandonado, decisión tomada por sus dueños —la familia Herrera— ante el deterioro de la situación de seguridad del lado mexicano. (…)

No hay cifras oficiales sobre el éxodo juarense producto de la inseguridad. Carlos Spector, abogado especializado en refugio, dice que probablemente son 200 mil quienes han pasado al otro lado, aunque ese número implicaría que 20% de la población juarense decidió hacer maletas para cruzar el río.

En El Paso, el músculo militar de Washington es uno de los ejes que rige la vida de toda la región. Y lo hace por medio de Fort Bliss, una base que alberga a 10 mil soldados y que sirve de núcleo de operaciones para 65 mil agentes federales de la DEA, el FBI, la CIA, el Buró de Inmigración y Aduanas y la Patrulla Fronteriza. Creado en 1849 para vigilar la entonces recién trazada frontera con México —tras la pérdida definitiva de Texas—, Fort Bliss ha sido por más de 150 años uno de los centros militares más apreciados y estratégicos de Estados Unidos. (…)

Ésta es la puerta de acceso al que bien a bien es el centro neurálgico de seguridad del sur de Estados Unidos y que, al mismo tiempo, es hogar para el Joint Task Force North (JTFN), una fuerza especial creada por el Pentágono en la década de los ochenta para combatir el narcotráfico en la frontera con México. "I'm sorry, you'll need an escort, sir", me dice el soldado apostado a la entrada. Está armado con un rifle automático y porta un uniforme de policía militar. No voy a contradecirlo. El acceso a la base es

---

12 Fábrica de acero.
13 Natural de El Paso.
14 Mucha construcción, especialmente de viviendas.

restringido y difícilmente se permite la entrada si no se cuenta con una cita previa que haya sido aprobada por un comité de seguridad. (…)

Tras esperar por algunos minutos en la calle, por fin un oficial de relaciones públicas me escolta al interior de la base militar, un masivo complejo bélico de 4400 kilómetros cuadrados, algo así como todo el estado de Morelos. "Una de las zonas de entrenamiento está por allá", me dice el oficial. Señala al horizonte llano, abierto, una que incluye hasta montañas. Conduce su camioneta *pick-up* por un camino interno de la base transitado por Hummers, oficiales federales, alguaciles del sheriff, policías paseños, de todo.

El traslado desde la puerta hasta las instalaciones del JTFN toma más de quince minutos. El paisaje desértico, de zacate,[15] cactáceas y piedras desnudas deja en claro por qué el Pentágono apostó sus fichas a El Paso. Si va a estar combatiendo durante los próximos años en el Medio Oriente, ¿qué mejor sitio para simular el desierto que esta ciudad, cuyo clima se asemeja al de aquella zona del mundo en algunos meses del año? (…)

Por ahora, El Paso y Fort Bliss son entidades predominantemente hispanas, con 80% de su población mexicana o de origen mexicano, pero se cree que la llegada de casi 100 mil nuevos habitantes en los próximos años cambiará parcialmente el mapa étnico de la región. Según la Universidad de Texas, en 2013, cuando Fort Bliss se haya expandido en su totalidad, su impacto económico sobre El Paso será de alrededor de 25 mil millones de dólares, equivalente al producto interno bruto de Panamá o Bolivia.

Dinero aparte, con tanto soldado por sus calles El Paso es una fortaleza que tiene sus usos geopolíticos. Es aquí donde el gobierno federal estadounidense también ha depositado sus esperanzas para monitorear lo que sucede en México. En el interior del Fort Bliss se encuentra un centro de coordinación de inteligencia antinarcóticos conocido como EPIC (El Paso Intelligence Center) que aglutina a la CIA, la DEA, el FBI, la Guardia Costera, el ICE, la Patrulla Fronteriza, la Fuerza Aérea, la Guardia Nacional, el Ejército, la Marina y hasta la oficina del sheriff del condado. Cada 15 días, lo que sólo puede definirse como un enjambre[16] de agencias de seguridad se reúne en sus instalaciones para analizar la situación del narcotráfico en la frontera, intercambiar datos, compartir versiones de sus informantes y trazar nuevas estrategias de combate a los cárteles. (…)

Desde afuera, el JTFN no da la impresión de ser un lugar demasiado importante: es un edificio más entre el centenar que componen Fort Bliss. Pero es su contenido lo que impone. Sus cerebros militares, civiles y, especialmente, sus computadoras, bestias de gran capacidad que tienen conexión directa con los ordenadores del Pentágono. "Nosotros somos la primera línea de defensa del país", me dice el oficial, sentado en un salón de reuniones en el que se encuentran un capitán de la Guardia Costera, un coronel de la Guardia Nacional, pilotos de la Fuerza Aérea, ingenieros del Ejército de Estados Unidos y él, un agente de la DIA, la Agencia de Inteligencia del Departamento de Defensa. (…)

"Míralo, ahí está", me dice Jalil, un estudiante universitario que vive en el Segundo Barrio de El Paso, el epicentro de la bullente vida de pandillas en la frontera entre Texas y México, gueto que la administración local quiere demoler y reemplazar con rascacielos y centros comerciales. Jalil señala discretamente hacia un pandillero sentado

---

15 Hierba.
16 Multitud.

sobre la banqueta. Con camisa a cuadros, paliacate[17] azul en la cabeza y pantalones de mezclilla amplios, el cholo simplemente está sentado ahí, rapado,[18] lentes oscuros, atento, depredador urbano. Le dicen "esquina" en el argot local y está a la espera de clientes que nunca faltan. A no más de 10 minutos de la alcaldía, con toda tranquilidad, vende mariguana. Al paso del vehículo en el que nos movemos, chifla[19] para avisar de nuestra presencia. No se inmuta. Sólo baja la mirada.

Jalil, de 23 años de edad y de origen yemení-cubano (sus padres se conocieron en Jalisco), vive justo en el departamento de enfrente al centro de operaciones de este traficante al menudeo,[20] una casa descuidada enclavada en una colonia que sirve de alojamiento para mexicanos, chicanos e inmigrantes del Medio Oriente y en la que muchos de los edificios han sido abandonados. En el Segundo Barrio las calles están cuarteadas[21] y tienen baches,[22] las casas pintadas con grafiti y las puertas y ventanas tapiadas. Varios murales, conocidos como "los colores", delimitan el territorio de cada pandilla en una barriada donde imágenes de la Virgen de Guadalupe[23] y pintas alusivas a México recuerdan el origen mexicano de la ciudad.

"Al caer la noche, los vendedores de droga se retiran de la calle. Pasan al segundo piso de sus casas, a sentarse en sofás o colchones. La gente se acerca y les lanza rocas con billetes atados con ligas. Y se les lanza de vuelta la droga", dice Jalil. (…)

Por la tarde, un lugarteniente de Barrio Azteca, una de las pandillas dominantes, vendrá a cobrarle el derecho de piso al "esquina", el cholo que está sentado a la espera de vender mariguana. Deberá rendir cuentas y entregar un 15% de la venta de todo el día. "Las pandillas grandes obtienen sus ganancias de cobrar constantemente lo que se podría llamar 'impuesto' a los soldados de bajo nivel, a sus esquinas", dice el detective Andy Sánchez, agente encubierto de la Unidad de Pandillas de la Policía de El Paso. La droga, centenares de toneladas, 95% viene de México, enviada por distintos cárteles.

"¿Qué tanta droga pasa por aquí?" pregunto.

"Es difícil cuantificarlo. Pero a pesar de toda la vigilancia, éste es uno de los principales puntos de acceso a Estados Unidos, como es evidente por la brutal pelea por el control de Juárez que hay entre los mexicanos. Lo que sabemos es que las pandillas han trabado alianza con los cárteles para distribuir la droga al menudeo en Texas. Ellos la reciben y, después, la venden".

Es de noche y un abollado[24] auto oxidado,[25] lo que creo es un Chevy de los setenta, me espera frente al edificio de la Corte Federal de El Paso. (…) A bordo del auto se encuentran dos jóvenes cubiertos de tatuajes y con corte de casquillo. Son ex pandilleros. Al volante está un hombre corpulento, rapado por completo. Es Rob Gallardo, un activista dedicado a rescatar y desprogramar a muchachos de su vida en las pandillas.

"Súbete", me dice Gallardo. Hace diez años, este hombre dio la espalda a una rentable carrera como abogado —se graduó en derecho por la Universidad de Stanford en California— para atender su proyecto antipandillas, esfuerzo que financia con lo

---

17 En México, pañuelo o bufanda.
18 Cortado el pelo al rape, lo más corto posible.
19 Chiflar: silbar fuerte imitando el sonido de la chifla, una especie de silbato.
20 Vendedor, en este caso de marihuana, de poca mercancía, al por menor.
21 Rotas.
22 Huecos o agujeros.
23 Nuestra Señora de Guadalupe es tal vez la virgen de origen mexicano más popular en Latinoamérica.
24 Hundido, golpeado.
25 Que tiene óxido, *rust* en inglés.

que gana tres días a la semana como profesor vial. "Doy cursos de manejo para pagar parte de las cuentas", dice mientras maneja con rumbo desconocido. "Obviamente no me alcanza para nada. Mi novia tiene que pagarme el celular y mis padres me echan la mano. Pero alguien tiene que hacer algo para rescatar a estos jóvenes".

Primera parada: la corte del condado, a unas cuadras. En el asiento trasero, Stephen y Héctor, de apenas 20 y 19 años y ya veteranos de las guerras callejeras de El Paso y Juárez. Stephen tiene hoy una cita con su oficial de libertad condicional. La violó. Fumó mariguana y podría regresar a la cárcel del condado, un viaje del que quizá no salga vivo. Adentro lo esperaría su primo, sentenciado a 15 años por robo a mano armada. Llegamos tarde. El oficial de libertad condicional ya se ha ido. "Le voy a dejar un mensaje para que sepa que vinimos", dice Gallardo. En el trayecto de regreso hacia el estacionamiento, la novia de Stephen nos intercepta. "¡Hijo de tu puta madre!", le grita. Ella también es pandillera y está enojada por lo que considera es una traición hacia los colores de la "ganga"[26] a la que ambos pertenecen desde hace 10 años. (…)

Segunda parada después del incidente: la casa de Gallardo, una residencia anónima en los suburbios de El Paso, cuya ubicación mantiene en secreto por temor a represalias de las pandillas. "Si supieran donde vivo me tratarían de hacer algo —dice—. Ya me han destrozado dos coches".

Héctor me cuenta de su vida callejera. "Yo vendía drogas, mariguana, ICE, coca, de todo. Es lo primero que te ordenan hacer", me dice. Está tatuado de pies a cabeza con mensajes como "915" (código postal de El Paso), "Only God can Judge Me" o "Hecho en México".

Está condenado a muerte por haber traicionado a su "ganga". Quiere estudiar Administración de Empresas. Le va al América y tiene un hijo. Sus padres son inmigrantes mexicanos que trabajaban para una maquiladora y que poco o nada le vieron cuando creció.

De acuerdo con el FBI y la policía de El Paso, alimentadas por reclutas como él, al menos 520 pandillas operan actualmente en la región fronteriza, casi el doble más de las que había en 1995. Las autoridades admiten que cada vez tienen mayores conexiones con los cárteles mexicanos de la droga, sus nuevos patrones.

Una de las pandillas, Barrio Azteca, está formalmente al servicio del cártel de Juárez. Sus rivales, los Mexicles, otra pandilla mexicano-americana, han sido contratados por el cártel de Sinaloa y ahora trabajan para el Chapo Guzmán, según el Departamento de Justicia estadounidense. (…)

Integrantes de Barrio Azteca ya han sido acusados por los gobiernos de México y Estados Unidos de haber participado en dos momentos icónicos en el descenso juarense al infierno. El primero, la masacre de 13 estudiantes en una fiesta en Villas de Salvárcar, en enero pasado. El segundo: el asesinato de personal ligado al consulado de Estados Unidos en Juárez, en marzo. Días después, la DEA y el FBI ordenaron la más grande redada de la historia de El Paso en contra de Barrio Azteca. En el Segundo Barrio, que gracias a sus multifamiliares se ha convertido en semillero para pandillas no sólo como Barrio Azteca sino los Bluebirds, Wanderers y Bishops, un muchacho que se hace llamar Clown (payaso) rapea una canción que idealiza el nuevo estilo de vida en la región (…)

En enero de 2009, Beto O'Rourke, entonces un oscuro concejal demócrata de El Paso, redactó una propuesta que llamaba al gobierno federal de Estados Unidos a repensar

---

26 Se refiere a la pandilla, de *gang*.

su estrategia antinarcóticos. Pedía legalizar la mariguana. Ocho consejeros, de un total de ocho, estaban a favor.

Pero después vino una llamada directa desde Washington. Era de Silvestre Reyes, congresista paseño y titular del Comité de Inteligencia de la Cámara de Representantes de Estados Unidos. "Me dijo que si no detenía esta propuesta íbamos a perder todos nuestros fondos federales para la ciudad", dice casi dos años después el concejal O'Rourke, uno de los ocho hombres que, junto con el alcalde Cook, gobiernan esta ciudad por medio de un Consejo que sienta en la misma mesa a demócratas liberales, de lo más liberal, y republicanos derechistas, de lo más derecha posible. "Tenemos que entender que en los últimos dos años hubo más de cinco mil asesinatos en Juárez, mientras que en El Paso tuvimos no más de 30 —dice O'Rourke—. Muchos de esos asesinatos tuvieron lugar por una guerra que nosotros ayudamos a crear".

Estas cifras de O'Rourke abren preguntas ineludibles: ¿Cómo explicar la diferencia entre un lado de la frontera y el otro? ¿Por qué Juárez está enfrascada en una guerra cruenta que la está desgastando y El Paso goza de índices de seguridad incomparables incluso con ciudades como Nueva York, Boston o Washington?

O'Rourke admite que El Paso, uno de los principales puntos de ingreso de drogas desde México a la Unión Americana, tiene un efecto desestabilizador en Juárez. "En El Paso y Estados Unidos somos directamente responsables de lo que está pasando en Juárez. Es nuestro consumo de drogas y nuestra posición como un punto de intenso cruce de narcóticos lo que está alimentando la guerra en México y Chihuahua", lamenta. (…)

Aún no se repone del todo después de trabar espadas con el aparato político de Washington por proponer la legalización de la mariguana en la ciudad. "Lo que los miembros del Consejo de la Ciudad propusimos fue hacer un debate en torno a la legalización de la mariguana. Queríamos decirle al gobierno federal en Washington que es el consumidor de drogas en Estados Unidos el que está alimentando la violencia en México y por extensión en Juárez. Si pudiéramos cortar algo del dinero que va a estas organizaciones del narco vía la legalización de la mariguana podríamos disminuir significativamente su capacidad de aterrorizar con crueldad e impunidad como lo han estado haciendo en Ciudad Juárez los últimos dos años", dice Beto.

Su oficina, en el décimo piso de un edificio público en el centro de la ciudad, tiene vista directa a Chihuahua, en una primera impresión indistinguible el lado gringo del mexicano. "Le decimos juaritos", bromea, antes de preguntarme si quiero continuar la entrevista en español o inglés. "Como por aquí pasa buena parte de la droga que viene de México a Estados Unidos, estoy convencido de que tenemos que asumir nuestra responsabilidad de lo que está pasando en el otro lado", insiste O'Rourke. Pero su propuesta, la legalización de la mariguana, y su carrera política están en la congeladora. El Paso no pudo ser una ciudad de avanzada. Y mientras tanto, en Juárez la batalla continúa.

Actividades para después de la lectura

Comprensión

I

Paso 1
Escoge la respuesta que te parezca más verdadera.

118 *Representaciones latinoamericanas en EE. UU.*

1. La crónica solo pretende contar los aspectos negativos que caracterizan a los mexicanos que viven en El Paso.
2. El título de la crónica está mal porque el autor solo habla del El Paso y no de Ciudad Juárez, pero ese no es el punto central.
3. El autor quiere mostrar que la bonanza de El Paso es directamente proporcional al conflicto de Ciudad Juárez.

Paso 2

- Explica tu respuesta con un ejemplo del texto. Elabora lo necesario.

Paso 3

1. Comparte oralmente tu respuesta con un compañero.
2. Después comparte tu respuesta con el resto de la clase. ¿Está, la mayoría, de acuerdo?

II

Responde a las siguientes preguntas.

1. ¿Cuál es la última imagen que, según el autor, las personas que cruzan la frontera se llevan de México? (Lns. 6–8)
2. ¿Qué sospecha la policía de la frontera que la gente que cruza puede llevar? (Lns. 20–29)
3. ¿Qué causó el cambio radical en la ciudad de El Paso según el autor y cuándo ocurrió? (Lns. 40–45)
4. ¿A qué se debe la bonanza económica de El Paso según la crónica? (Lns. 69–71)
5. ¿Por qué dice el autor que El Paso es "el músculo militar de Washington"? (Lns. 88–94)
6. ¿Por qué menciona el autor que hay una razón para que el ejército norteamericano instale una gran base militar en el desierto texano de la zona de Ciudad Juárez y El Paso? (Lns. 91–98)
7. ¿Cuál es la función, principalmente, de Fort Bliss? (Lns. 123–127)
8. ¿Quién es el "esquina" y cuál es su papel en la comunidad de El Paso? (Lns. 147 y ss.)
9. ¿Por qué es evidente que mucha droga pasa por la frontera de El Paso? (Lns. 171–175)
10. ¿Quiénes dirigen las pandillas según la crónica? (Lns. 214–217)

Interpretación

1. ¿No se hace extraño que, a pesar de tener tanta presencia militar y policial en El Paso, según el autor, esta frontera sea uno de los cruces principales para el tráfico de droga?
2. Si el boom económico de El Paso se debe a la migración de mexicanos expulsados de su país por la violencia, según el autor, ¿por qué crees que los Estados Unidos tiene una política migratoria tan estricta frente a los mexicanos?

Representaciones latinoamericanas en EE. UU. 119

3. ¿Por qué crees que el cronista visita Fort Bliss y no va a lugares culturales, restaurantes, u otros lugares turísticos?
4. Se sabe que en el sur de EE. UU. viven muchas personas de origen mexicano. ¿Cuál es la intención de esta crónica al mencionar que El Paso y Fort Bliss tienen un "80% de población mexicana o de origen mexicano" si es algo que ya sabemos?
5. ¿Te parece cínico, por parte del autor, que cite a un oficial que dice: "Nosotros somos la primera línea de defensa del país" cuando a pocos kilómetros se trafica droga en cantidades inimaginables? ¿Cómo hace esto ver a la seguridad norteamericana?
6. ¿Por qué, en tu opinión, el cronista se enfoca en los pandilleros y no en mostrar otros tipos de migrantes, en los migrantes mayores, los campesinos, las madres solteras u otro grupo demográfico de fragilidad similar?
7. El abogado Rob Gallardo intenta ayudar a los pandilleros sin ningún interés. ¿Crees que una persona así puede marcar una diferencia o se necesitan políticas públicas mucho más abarcadoras?
8. El político texano Beto O'Rourke quiere legalizar la marihuana y a pesar de tener apoyo local parece que su idea no es popular en Washington. ¿Por qué crees que hay tanta resistencia por legalizar la marihuana en el gobierno federal, pero poca en el estatal o local?
9. Según Beto O'Rourke legalizar la marihuana sería una solución. ¿Estás de acuerdo? ¿Por qué?

Discusión o debate

1. Es falso que una ciudad esté en bonanza por culpa de otra que está en decadencia, esta idea me parece absurda.
2. Es evidente que legalizar la marihuana no va a arreglar nada, porque hay otras drogas "duras" que se seguirán traficando de forma ilegal.
3. Estados Unidos debería pagarle a México una suerte de indemnización por consumir tanta droga y crear tanta violencia en ese país.
4. La legalización de las drogas no es una opción porque de ocurrir se incrementaría su uso y de cualquier forma los traficantes de droga buscarían otros mercados para ganar dinero de forma ilegal.

Ejercicios de gramática

Por *y* para

Estas preposiciones son difíciles de aprender para los hablantes de español como lengua extranjera, principalmente para los que hablan inglés.

*Principales diferencias entre **por** y **para***

1. La preposición **por** expresa de forma general:
   la razón o el motivo para hacer algo, con el significado en inglés de '*for*', '*because of*', '*out of*', '*on behalf of*', '*on account of*'.
2. La preposición **para** expresa de forma general:
   el objetivo, la meta, el destino, ya sea de forma general o aproximada, con el significado en inglés de '*in order to*', '*for the purpose of*', '*considering*'.

Representaciones latinoamericanas en EE. UU.

Observa los siguientes ejemplos tomados del texto:

1. Cuando faltan 500 metros **para** cruzar a Estados Unidos desaparecen todos, militares, policías mexicanos y el ejército de desamparados. Cae un gran silencio, sólo roto **por** los ronroneos de los motores.
2. Adentro lo esperaría su primo, sentenciado a 15 años **por** robo a mano armada. Llegamos tarde. El oficial de libertad condicional ya se ha ido. "Le voy a dejar un mensaje **para** que sepa que vinimos", dice Gallardo.

Otros usos de **por**:

a) para expresar el lugar y el tiempo impreciso '*around*'
   Por las noches, pocas personas circulan por las calles de Ciudad Juárez.
b) para expresar a través, a lo largo de '*through*', '*along*'
   Millones de personas cruzan **por** la frontera de México y Estados Unidos.
c) para presentar el agente de voz pasiva '*by*'
   La frontera norteamericana es vigilada **por** la policía conocida como 'La Migra'.

Otros usos de *para*:

a) con el infinitivo para expresar propósito '*in order to*'
   Para detener la violencia en Ciudad Juárez, se necesita una solución.
b) indicar el destino de personas, cosas o acciones '*for*'
   Para ir a El Paso, Texas muchas personas y productos cruzan por la frontera de Ciudad Juárez.
c) Para marcar un límite de tiempo '*by*', '*for*'
   Se debe solucionar el problema de la violencia en la frontera **para** el próximo año.
d) en lugar de *según, en la opinión de*
   Para Beto O'Rourke, el narcotráfico es un problema compartido entre ambas ciudades fronterizas.

Ejercicio 1

Lee las siguientes oraciones tomadas del texto y sustituye la palabra en paréntesis por la preposición **por** o **para** correcta según el contexto.

1. Aun de madrugada, miles de automóviles y camionetas hacen fila (propósito) _____ pasar de Ciudad Juárez a El Paso (a través) _____ éste, uno de los cruces más activos de toda la frontera entre México y Estados Unidos.
2. Como muestra, un ejemplo sencillo pero significativo: el restaurante María Chuchena, (durante)_____ años un icono gastronómico de Juárez, mudó sus servicios al lado estadounidense en 2009, a la ajetreada North Mesa Street, una calle repleta de centros comerciales (destino) _____ la clase media alta de ese país y en la que ahora es común ver locales mexicanos, cocina exótica, discos, nueva vida.
3. ¿Qué tanta droga pasa (a través) _____ aquí? —pregunto.
   —Es difícil cuantificarlo. Pero a pesar de toda la vigilancia, éste es uno de los principales puntos de acceso a Estados Unidos, como es evidente (motivo/razón) _____ la brutal pelea (motivo/razón) _____ el control de

Juárez que hay entre los mexicanos. Lo que sabemos es que las pandillas han trabado alianza con los cárteles (propósito) _____ distribuir la droga al menudeo en Texas. Ellos la reciben y, después, la venden.

4. (marcar límite de tiempo) _____ 1920, la ciudad tenía casi 80 mil habitantes.

Ejercicio 2

Completa las oraciones con **por** y **para** según las palabras en paréntesis. Basa tus oraciones en la lectura

1. (tiempo impreciso)
_____

2. (en lugar de / según la opinión de)
_____

3. (a través de / a lo largo de)
_____

4. (con el infinitivo para expresar propósito)
_____

5. (indicar el destino de personas y cosas)
_____

6 Problemas y discusiones medioambientales

GALÁPAGOS: THE ECUADORIAN DREAM – ECUADOR

Publicado originalmente en la revista *Soho* (2010)

Juan Fernando Andrade

Una persona visita el ecosistema de las islas Galápagos para descubrir que cualquier lugar turístico requiere de los servicios turísticos que proporcionan los empleados de los servicios de hotelería. Como en todos los lugares en los que hay una gran oferta laboral, empleados de diversos lugares de origen buscan un lugar en el cual ganarse la vida. Es importante entender que varios de los ecuatorianos que fueron a las islas se quedaron en situación irregular, es decir que son "ilegales" en su propio país. Asimismo, llama la atención que la gente que habita en el archipiélago quiera vivir del mismo modo como se vive en el continente, sin tomar en cuenta la fragilidad del ecosistema y dando ventaja a los réditos económicos.

Las islas Galápagos son uno de los lugares del planeta más importantes por su biodiversidad. Ubicadas enfrente del Ecuador, estas islas paradisiacas reciben anualmente a miles de visitantes, quienes demandan servicios de hotelería, principalmente hospedaje, comida y visitas. Sin embargo, con el fin de mantener este frágil ecosistema el gobierno ecuatoriano trata de controlar tanto el número de visitantes como el de habitantes.

Acerca del autor

Juan Fernando Andrade (Ecuador, 1981) es un escritor y periodista ecuatoriano que publica en medios de su país y del mundo hispánico en general.

Actividades de pre-lectura

I

Ejercicios de vocabulario

1. Relaciona el significado con las palabras.

Problemas y discusiones medioambientales 123

1. (　) Embarcación   a. Hacer hilo a partir de algunos materiales, como algodón, seda, lana, etc.
2. (　) Canal   b. Cosas que están unas sobre otras de forma desorganizada.
3. (　) Amontonado/a   c. Piedra plana y generalmente poco gruesa que sirve para cubrir los pisos.
4. (　) Hilar   d. Vehículo que sirve para navegar en el agua.
5. (　) Losa   e. Un conducto estrecho por la que circula el agua, puede ser de forma natural o artificial.

2. Encuentra la definición que mejor corresponda con la palabra, o grupo de palabras, resaltadas. Utiliza el contexto como ayuda.

1. …Te enteras de que el chofer es de Tungurahua, que está aquí porque cuando **erupcionó** el volcán, en 2006, perdió todo y se endeudó de pies a cabeza. (Lns. 6–8)
2. La pequeña lancha se mete por entre los yates anclados, algunos **harto** ostentosos, otros viejos, oxidados, listos para ser escenografía combustible en una película de piratas. (Lns. 10–12)
3. Primero tienes que buscar **mano de obra** local. Si necesitas contratar a alguien, haces un oficio dirigido al Gobernador, luego tienes que hacer comunicados radiales durante tres días, dos veces por día, en los que la comunidad se entere de la oportunidad de trabajo. (Lns. 35–37)
4. Aunque Franklin puede estar en la isla como cualquier otro turista, no tiene permiso para trabajar. Están casados sólo por lo civil, algún día, dicen, harán el **eclesiástico** en Salasaca. (Lns. 174–176)

II

Paso 1

Se suele mencionar que los viajes abren la mente, pero se sabe que el número de turistas internacionales puede crear problemas:

¿Qué problemas crees que puede ocasionar el turismo masificado?

¿Qué ideas se te ocurren para controlarlo?

Paso 2

Investiga acerca del ecoturismo. Enumera tres de sus ventajas.

Paso 3

¿Por qué crees que el autor de la crónica eligió ese título?

124 *Problemas y discusiones medioambientales*

Paso 4

Ahora comparte tus ideas acerca de los tres temas anteriores con toda la clase. ¿Tus ideas coinciden con la mayoría de tus compañeros?

III

Ahora lee la crónica. Recuerda que no tienes que entender todo, sino solamente los puntos principales y la organización general del texto. No te detengas para buscar palabras en el diccionario.

Galápagos: The Ecuadorian Dream

1   En Galápagos casi nadie es de Galápagos. La mayoría de los residentes en la isla son, por así decirlo, especies introducidas. Te subes a la embarcación que atraviesa el corto canal entre Baltra—donde está el aeropuerto—y Santa Cruz, y el hombre que te cobra el pasaje es del Guayas.[1] Te subes a una camioneta blanca de doble cabina, en Galápagos
5   todos los taxis son camionetas blancas de doble cabina, y mientras pasan los treinta minutos que separan al muelle en el canal de la ciudad propiamente dicha, te enteras de que el chofer es de Tungurahua,[2] que está aquí porque cuando erupcionó el volcán, en 2006, perdió todo y se endeudó de pies a cabeza. Llegas a otro muelle, esta vez en Puerto Ayora,[3] te paras al borde, gritas taxi y una pequeña lancha a motor te recoge y te lleva
10 a un lujoso hotel al que sólo se puede acceder por mar. La pequeña lancha se mete por entre los yates anclados, algunos harto ostentosos, otros viejos, oxidados, listos para ser escenografía combustible en una película de piratas. El piloto que te lleva al hotel es de Esmeraldas.[4] Dejas tus cosas en la habitación y te dispones a almorzar, la chica que pone la mesa es de Manabí[5] y el señor que trae las bebidas es de Loja.[6] De repente te
15 sientes en Nueva York, donde la pregunta más frecuente es ¿de dónde eres?, donde lo raro es encontrar neoyorquinos.

El Instituto Nacional Galápagos, mejor conocido como Ingala, tiene a su cargo la calificación y control de residencia en el archipiélago. Sus cifras más recientes datan de mayo de este año, y estiman que la población comprendida por los cantones San
20 Cristóbal, Santa Cruz e Isabela, es de aproximadamente 25.000 habitantes, de los cuales entre 3.000 y 3.500 están en situación irregular, o sea que ingresaron como turistas, consiguieron un trabajo y pasaron a formar parte de una clandestinidad tramposa. Según la Ley Especial de Galápagos, que rige desde 1998 con el propósito de controlar el ingreso de personas y así conservar la reserva natural, existen tres y sólo tres formas de
25 ser residente permanente: que hayas nacido en Galápagos y tus padres sean residentes

---

1 Guayas: Provincia costal del Ecuador cuya capital es la ciudad de Guayaquil.
2 Tungurahua es una provincia de la zona cordillera de oriental de Ecuador en donde se encuentra el volcán activo del mismo nombre.
3 Es el pueblo más grande y más poblado de la isla de las Galápagos.
4 Es una ciudad costal ubicada en el noroeste del Ecuador.
5 Es una provincia costera del Ecuador ubicada entre Quito y Guayaquil.
6 Provincia del Ecuador ubicada en el sur del país en un valle montañoso llamado Cuxibamba.

permanentes, que te cases con alguien que sea residente permanente, o que hayas vivido en las islas—por un periodo no menor a 5 años—antes de que la Ley Especial entrara en vigencia hace diez años, el 5 de marzo para ser exactos. Las medidas de control a la ávida migración, responden a otra cláusula legal: en Galápagos, por obligación, el empleador debe pagar al empleado un 75% adicional a su sueldo en el Ecuador continental, por compensación de vida. La región insular ostenta el más alto costo de vida en el país.

Orlando Romero, jefe provincial de control de residencia, un tipo amable y calmo, me cuenta en su oficina del Ingala el proceso para conseguir un permiso de trabajo y ser residente temporal. "Primero tienes que buscar mano de obra local. Si necesitas contratar a alguien, haces un oficio dirigido al Gobernador, luego tienes que hacer comunicados radiales durante tres días, dos veces por día, en los que la comunidad se entere de la oportunidad de trabajo. Entonces esperas otros tres días a que lleguen candidatos y los entrevistas. Si pruebas que ninguno de ellos satisface tus necesidades, puedes contratar a alguien del continente que pasa a ser un residente temporal. Esto pasa sobre todo en la industria hotelera, donde por lo general buscan a gente que hable varios idiomas y tenga sus años de experiencia. A los residentes temporales se les entrega un carnet, que deben renovar una vez al año, justificando su presencia" Además del sector hotelero, están los choferes de taxis terrestres, pues el sindicato de choferes profesionales de Galápagos, cerró a principios de los noventas y ya no se producen profesionales del volante en la localidad. En hoteles, taxis y restaurantes está la mayor parte de residentes temporales de la isla, el resto vive en tela de duda. Romero dirige las redadas que por lo menos una vez al mes salen a pescar personas irregulares. "Las batidas grandes, como les llamamos, son en barras, prostíbulos y discotecas, sitios donde es normal entrar con la policía. En los barrios están los niños, a los que puedes causarles un trauma si ven cómo uno de sus familiares es detenido. Nosotros tenemos las bases de control de residencia en computadoras portátiles, sabemos quiénes son residentes permanentes, temporales o turistas transeúntes. Si alguien dice no tengo papeles, se revisa la base de datos. Si no aparece ahí, debe presentarse en el Ingala para una audiencia, y si no logra justificar su permanencia en la isla, tiene 48 horas para abandonarla, de manera voluntaria o acompañado por la fuerza pública". El mayor porcentaje de personas irregulares, dice Romero, se ocupa en el sector de la construcción. Las carreteras que surcan Galápagos comenzaron a construirse en la década del setenta, las manos que las labraron vinieron en gran parte de la sierra central del Ecuador, de donde muchos obreros irregulares siguen llegando hasta el día de hoy. Los contratistas tienen la obligación de cerciorarse de la situación legal de sus trabajadores, pero al parecer son pocos los que se toman la molestia, de cualquier manera no hay castigo para ellos en la Ley Especial. "No hay forma de ponerle una multa al auspiciante", se queja Romero, "Personalmente, creo que debería existir algún tipo de sanción, acá la mayoría de trabajadores indocumentados han sido explotados. Si tienen papeles, pueden cobrar entre 25 y 40 dólares diarios, si no, les pagan 12 o 15. A veces los amenazan con denunciarlos al Ingala y simplemente no les pagan".

En la isla Santa Cruz, capital económica y turística del archipiélago, viven un estimado de 14.500 personas, es decir, más de la mitad de la población total de Galápagos. Entre 1.500 y 2.000 de esos habitantes son salasacas, una comunidad indígena salida del centro mismo del país continental. Salasaca, el sitio geográfico, es una parroquia del cantón Pelileo, provincia de Tungurahua, justo en la mitad del camino que va de Ambato a Baños. El pueblo salasaca habla quichua, el español es para ellos una segunda lengua que todavía les cuesta trabajo dominar por completo. Se dice que son mitimaes,[7] producto de un sistema de deportaciones en masa, que tenía como objeto la rápida asimilación de las tierras conquistadas por los Incas, y que llegaron de Bolivia hace cientos de años. Lo cierto es que a Galápagos llegaron desde el corazón de los Andes[8] y su presencia en la isla ha ido aumentando con el paso de los años.

El barrio se llama La Cascada y podría estar en cualquier ciudad pobre de la costa ecuatoriana. Casas amontonadas al pie de un cerro, en el que se mezclan la roca viva y el musgo verde intenso. Casas diseñadas y construidas por albañiles. Casas por las que jamás pasaron ni la mano ni los ojos de un arquitecto. Casas que parecen dibujos de primer grado: cuadrados empotrados en la tierra, un rectángulo largo por puerta y cuadrados chicos por ventanas. A cualquiera que se le pregunte, dirá que La Cascada es un barrio salasaca, una especie de Chinatown, digamos, pero sin los restaurantes. A pocas cuadras de ahí, Margarita Masaquiza, presidenta de la Asociación de Salasacas residentes en Galápagos, abre la puerta de su casa, está sonriendo. Margarita llegó a Santa Cruz en 1980, tenía dieciséis y ya estaba casada. Hace veintiocho años, en Santa Cruz no había luz eléctrica ni puertas en las casas, era todo muy silvestre y confiable, la gente apenas cubría con sábanas las entradas de sus domicilios, la delincuencia era algo impensable. "Al principio venían sólo hombres, trabajaban dos o seis meses, de ahí regresaban a nuestra tierra, la familia los esperaba allá, se gastaban todo el dinero que habían ganado y vuelta volvían acá a trabajar", cuenta Margarita. La asociación se formó precisamente en 1998, el mismo año en que surgió la Ley Especial, para socorrer a un Salasaca caído en desgracia. Se llamaba Bernardo Caiza, vivía en Puerto Ayora, trabajaba como albañil y aunque nadie recuerda su edad, los que lo conocieron se refieren a él como "un chico joven". Caiza regresaba de su jornada de trabajo en el balde de madera de una camioneta, junto a una vaca. El animal se exaltó tras un bache en el camino, se puso nervioso, y pateó a Caiza que salió disparado del balde y rodó varios metros sobre la ruta empedrada. El cuerpo de Caiza sufrió severos golpes que acabaron con su vida poco después de llegado al hospital. Margarita Masaquiza recuerda ese momento con angustia. "Su única familia era un hermano menor de 8 o 10 años, un niñito. Nosotros somos indígenas, aquí lejos es como si todos los salasacas fuéramos familia, como primos. No teníamos dónde velarlo porque en ese año ninguno de nosotros tenía casa, sólo alquilábamos cuartitos de cuatro por cuatro, con baño aparte. Tocamos las puertas de las autoridades pero nadie nos quiso ayudar. Fue una persona particular la que nos prestó una casa que estaba construyendo para que el cuerpo pasara la noche allí. Compramos tablas para hacer el ataúd y recogimos plata entre todos para mandarlo a Quito".

La situación de los salasacas en la región insular ha mejorado desde ese penoso incidente. Además de la asociación, existen la Comunidad de salasacas residentes en Galápagos, una sucursal de la cooperativa de crédito Mushun Ñan (camino nuevo), cuya oficina matriz está en Salasaca, y la escuela primaria Runa Cunapac Yachac (indígenas que aprenden), fundada hace dos años, donde 96 niños, vengan de donde vengan, reciben educación general y clases de quichua. Sin embargo, la comunidad

---

7 El nombre proviene de la palabra quechua, que significa desterrar. Los 'mitmay' eran un grupo de personas que eran enviadas por los quechuas a cumplir diversas funciones en las fronteras del imperio Inca, tales como cuidar las fronteras, poblar cierta región, cultivar la tierra, etcétera.
8 Los Andes es la más larga cordillera en el mundo, la cual atraviesa de arriba a abajo el lado oeste de Sudamérica. Cruza Argentina, Chile, Bolivia, Perú, Ecuador, Colombia y Venezuela.

aún no se termina de integrar. Caminando por las estrechas—algunas adoquinadas y otras de tierra—calles del barrio La Cascada, tratando de encontrar otros testimonios, preguntando a ratos al azar, uno se da cuenta de que los salasacas aun desconfían del hombre blanco. Además, está el agravante del idioma, entre ellos, hablan exclusivamente en quichua. Aún existe un dificultoso trecho entre las ideas de los salasacas y su expresión verbal en castellano. José María Caizabanda, presidente de la Comunidad de salasacas residentes en Galápagos, dice "Nosotros salasacas hemos venido a servir, a trabajar humildemente, me duele cuando la gente dice que es de acá, que son dueños de Galápagos, esta tierra también es el Ecuador, es de todos" José María llegó hace 15 años, subcontratado por "una persona de Otavalo" dedicada a traer mano de obra a la isla, fue uno de esos que comenzó viniendo por temporadas de cuatro meses, alquilando cuartos apretados, y de a poco fue trayendo a su familia, que esperaba paciente en el continente. José María trabaja en una construcción durante la semana y los sábados maneja una camioneta blanca de doble cabina. Ahora tiene su casa propia, de dos plantas, en la última hilera de viviendas de La Cascada, casi trepada en el cerro. José María, su esposa y su hija adolescente habitan la planta baja. En la planta alta tienen inquilinos que pagan $250,00 mensuales por el departamento. Alquilar casas, divididas en cuartos o en departamentos, es un negocio prominente para los salasacas, sobre todo para los que han vuelto a la tierra que los vio nacer y reciben rentas desde el archipiélago. Una vecina de José María, robusta y mal encarada, está lavando tripas de cerdo en una lavacara, me pregunta qué hago por esos lares, se lo cuento y ella, sin desviar la mirada de las vísceras sanguinolentas, dice "aquí hay mucho salasaca".

La señora lleva falda larga de paño, alpargatas,[9] una camiseta fina y en la cabeza, a manera de turbante, lo que parece un chal con bordados indígenas. Con una pala, recoge tierra amontonada en la calle que deposita en un tacho[10] de plástico. Le pregunto algunas cosas pero me dice "yo no español mucho" y sigue en lo suyo. Una vez que el tacho está lleno, usando una cuerda, lo ata a su espalda, se agacha, haciendo un esfuerzo se lo echa en la espalda y camina inclinada hacia el interior de un edificio de tres pisos. La sigo por un corredor oscuro que lleva al patio de lo que parece una vecindad, atravesado por finos cordeles de los que cuelgan prendas de vestir y cobijas con motivos de la selva, tigres y leones. Junto a dos bloques de cemento que sirven para lavar ropa, están sentadas varias mujeres, mujeres jóvenes con niños pequeños jugando alrededor, en sus manos cortos palos de madera, uno de ellos lleno de lana de oveja. Hilan la lana para luego hacer fachalinas[11] que venderán a los turistas cuando estén de vuelta en su tierra. En esta vecindad viven nueve familias salasacas, los cuartos son de cuatro por cuatro y en su interior se acomodan como mejor pueden cama, televisor, equipo de sonido, ropa, hornillas eléctricas, platos, vasos y tasas. Los baños están aparte, pocos metros frente a los cuartos, uno para mujeres y otro para hombres. Antes de conversar, se miran entre ellas, se dicen cosas en quichua y sueltan risas cómplices. Jeaneth llegó hace pocos meses, acompañado a su marido, que trabaja poniendo losas en una construcción. Ella me cuenta que prefiere Salasaca a Galápagos, que en su tierra las legumbres salen de la tierra, no hay que comprarlas, pero "allá no hay trabajo, vuelta acá pegan mejor, aunque todo sea más caro". Jeaneth no sabe cuándo volverá ni quiere hablar de "eso de los papeles".

---

9 Alpargata es un tipo de calzado que tiene suela de cáñamo y se amarra en la parte de arriba con dos cintas.
10 Cubo o cubeta de metal o plástico.
11 Pañuelo de lana que se coloca en los hombros.

128 *Problemas y discusiones medioambientales*

En esta vecindad, el Ingala es el equivalente a La Migra gringa que persigue migrantes en el desierto tejano.

Son las cinco y media de la tarde, dentro de los cuartos suenan las voces de otra vecindad, la del Chavo del Ocho.[12] Los hombres de esta célula salasaca empiezan a llegar montados sobre sus bicicletas, sus cuerpos cubiertos por una capa de tierra blanca. Franklin, el joven esposo de la joven Jeaneth, dice lo mismo que sus coterráneos cuando le pregunto por qué vino, "Por trabajo, pues. Imagínese, allá en continente, de oficial gano 45 y de maestro máximo 60, vuelta aquí gano 160 a la semana" Franklin trabaja de lunes a viernes, de siete de la mañana a doce del día, tiene una hora para almorzar y vuelve a su puesto, hasta las cinco de la tarde. Tiene que salir de la isla cada tres meses y volver a entrar, como turista, casi enseguida para no perder su empleo. Los sábados, Franklin y Jeaneth pasan el día en la playa de la fundación Charles Darwin, por la noche vuelven a la casa, a ver televisión, dicen que con lo que gana Franklin no les alcanza para diversiones y que es mejor guardarse porque durante las noches ronda el Ingala. Aunque Franklin puede estar en la isla como cualquier otro turista, no tiene permiso para trabajar. Están casados sólo por lo civil, algún día, dicen, harán el eclesiástico en Salasaca. "Allá en mi tierra es mejor, creo yo, allá los matrimonios empiezan los domingos y la fiesta dura hasta el miércoles. Trago, música, comida, todo. Acá nos mirarían raro si hacemos eso", cuenta Jeaneth antes de liberar una carcajada. Subimos a la terraza del edificio para ver el atardecer, Franklin pone música en su teléfono Nokia para amenizar. Las lámparas en los postes de La Cascada se encienden iluminando cientos de casas. Un niño acostado en una patineta se desliza gritando de contento por la calle, las ruedas traquetean sobre las piedras. Desde aquí no se ve el mar.

Actividades para después de la lectura

Comprensión

Responde a las siguientes preguntas.

1. ¿Cuál es la similitud entre la población que vive en la zona de las islas Galápagos y la que vive en la ciudad de Nueva York? (Lns. 14–16)
2. ¿Cuál es la población de las islas Galápagos según el Instituto Nacional Galápagos (Ingala) y cuál es el número de habitantes en situación irregular? (Lns. 17–21)
3. ¿Cuáles son las tres posibilidades de ser un residente permanente de las islas Galápagos? (Lns. 23–32)
4. ¿Cuál es la razón por la cual se trata de controlar la migración a las islas? (Lns. 23–24)
5. Explica el proceso por medio del cual es posible contratar a un empleado que vive en el continente para que pueda ser un residente temporal. (Lns. 35–42)
6. ¿Cuáles son las dos profesiones que cuentan con la mayor parte de residentes temporales de las islas? (Lns. 43–45)
7. ¿Qué pasa cuando una persona no puede comprobar su residencia legal en las Galápagos? (Lns. 53–56)
8. ¿De dónde provino originalmente la comunidad indígena de los salasacas que vive en la Isla de Santa Cruz y qué idioma habla? (Lns. 69–74)

---

12 Programa mexicano de televisión de comedia de situaciones muy popular en toda América Latina y España.

Interpretación

1. ¿Cuál es la razón por la que Jeaneth y Franklin se quieren casar en su lugar de origen y no en las islas Galápagos? ¿Qué dice esto de las costumbres de los inmigrantes? (Lns. 176–179)
2. ¿Por qué razón no salen en la noche a pasear por las islas Galápagos la joven pareja salasaca de Jeaneth y Franklin? (Lns. 170–173)
3. ¿Por qué crees que el autor termina su crónica mencionando que el mar no se puede ver desde donde viven Jeaneth y Franklin?

Discusión o debate

1. El Instituto Nacional Galápagos (Ingala) y la "Migra" de los Estados Unidos cumplen la función de perseguir personas indocumentadas y expulsarlas del país. ¿Son necesarias este tipo de policías en los países? ¿El país en el que vives tiene una policía de este tipo?
2. Bernardo Caiza fue un joven salasaca, trabajador de la construcción, que perdió la vida en un accidente. Su muerte sirvió para que los salasacas se organizaran y tomaran conciencia de la pobreza en la que habitan, así como de la falta de derechos. ¿Por qué los movimientos sociales necesitan la muerte de alguien, quien se convierte un mártir para la causa?
3. Reacciona ante esta idea: Se debería de controlar el número de personas extranjeras que entran a las Galápagos mediante una visa de turismo, como lo hacen ciertos países que solicitan este documento para ser visitados.

Ejercicios de gramática

El gerundio (presente progresivo)

Los verbos regulares forman el gerundio con las siguientes terminaciones:

Infinitivo	Raíz	Terminación	Gerundio
cantar	cant-	-ando	cantando
beber	beb-	-iendo	bebiendo
vivir	viv-	-iendo	viviendo

Los verbos de las conjugaciones –er e –ir cuya raíz termina en una vocal terminan en –yendo:

Infinitivo	Raíz	Terminación	Gerundio
leer	le-	-yendo	leyendo
oír	oi-	-yendo	oyendo

Los verbos de la conjugación –ir que presentan un cambio en la tercera persona del pretérito (o →u; e → i) presentan el mismo cambio en el gerundio:

130 *Problemas y discusiones medioambientales*

Infinitivo	Pretérito (3era. pers. sing.)	Raíz	Terminación	Gerundio
decir	dijo	dic-	-iendo	diciendo
pedir	pidió	pid-	-iendo	pidiendo
poder	pudo	pud-	-iendo	pudiendo

El único verbo en gerundio completamente irregular es ir → yendo.

Algunos usos del gerundio

a) Gerundio en progreso: El uso más común del gerundio es estar + gerundio para expresar que una acción está en progreso.

Los turistas **están disfrutando** las bellezas naturales de las islas Galápagos.

b) Gerundio para expresar duración: El gerundio puede usarse con verbos como seguir, continuar o ir, entre otros para expresar duración:

El crecimiento del turismo en las islas Galápagos **sigue poniendo** en riesgo la ecología de las islas Galápagos.

c) Gerundio absoluto: En construcciones absolutas con una cláusula que es independiente de la cláusula principal.
En el lenguaje oral se puede sustituir por 'cuando' si se refiere a tiempo.
Llegando a las islas Galápagos, te sorprende la cantidad de especies propias de estas islas Galápagos.
Cuando llegas a las islas Galápagos, …

d) Acción simultánea: El gerundio se usa con otro verbo para expresar una acción que ocurre al mismo tiempo. En ese caso el gerundio describe cómo se lleva a cabo la acción.

Las tortugas **nadan moviendo** las patas, que funcionan como aletas (*flippers*).

e) Gerundio como adjetivo: El gerundio como adjetivo es común, aunque no es recomendado.

Una barca **llevando** muchos turistas navega hacia las islas Galápagos.
Uso preferido: Una barca **que lleva** muchos turistas navega hacia las islas Galápagos.

Ejercicio 1

Señala qué tipo de gerundio se usa en las siguientes oraciones tomadas del texto. Escribe el nombre que corresponde al gerundio según los ejemplos presentados en la sección anterior. Observa los dos ejemplos:

Ejemplo 1:

Junto a dos bloques de cemento que sirven para lavar ropa, están sentadas varias mujeres, mujeres jóvenes con niños pequeños **jugando** alrededor, en sus manos cortos palos de madera, uno de ellos lleno de lana de oveja.

Problemas y discusiones medioambientales 131

Tipo de gerundio: <u>Gerundio como adjetivo</u>.

Ejemplo 2:

Lo cierto es que a Galápagos llegaron desde el corazón de los Andes y su presencia en la isla **ha ido aumentando** con el paso de los años.
Tipo de gerundio: <u>Gerundio para expresar duración</u>.

1) Fue una persona particular la que nos prestó una casa que **estaba construyendo** para que el cuerpo pasara la noche allí. Tipo de gerundio: _____.
2) **Caminando** por las estrechas (…), uno se da cuenta de que los salasacas aun desconfían del hombre blanco. Tipo de gerundio: _____.
3) Las carreteras que surcan Galápagos comenzaron a construirse en la década del setenta, las manos que las labraron vinieron en gran parte de la sierra central del Ecuador, de donde muchos obreros irregulares **siguen llegando** hasta el día de hoy.
Tipo de gerundio: _____.
4) Un niño acostado en una patineta se **desliza gritando** de contento por la calle, las ruedas traquetean sobre las piedras.
Tipo de gerundio: _____.
5) A los residentes temporales se les entrega un **carnet justificando** su presencia.
Tipo de gerundio: _____.

Ejercicio 2

Escribe la forma preferida de los siguientes gerundios usados como adjetivo. Observa el ejemplo:

Ejemplo:
barca llevando; barca que **lleva**

1. carnet justificando _____
2. caja conteniendo _____

Ejercicio 3

Forma oraciones con gerundio basadas en la lectura. Usa los distintos tipos del gerundio:

1) _____.
2) _____.
3) _____.
4) _____.
5) _____.

LA ORQUESTA IMPENSADA – PARAGUAY

Publicado originalmente en la revista *Letras Libres* (2015)

María Soledad Pereira

A pesar de lo que se observa en imágenes que reflejan la vida en América Latina, la mayoría de la población habita en zonas urbanas y no en zonas rurales. Si bien el porcentaje varía de un poco más del 90 por ciento en países como Venezuela o Argentina, a poco más del 50 por ciento en países como Guatemala u Honduras, el promedio de la población latinoamericana que vive en zonas urbanas ronda el 80 por ciento.

Una de las ventajas de vivir en ciudades es el acceso a servicios médicos y educativos, así como a bienes artísticos y culturales de los que carecen las poblaciones pequeñas. Sin embargo, el crecimiento desmesurado y sin planificación de la mayoría de las zonas urbanas acarrea desafíos, como son la contaminación ambiental, el hacinamiento de la población o el tratamiento de los deshechos que producen las metrópolis. Las toneladas de basura que producen las metrópolis de la región son un verdadero reto para los gobiernos locales. Un estudio del 2015 del Banco Interamericano de Desarrollo (BID) señala que en promedio casi el 90% de la población latinoamericana cuenta con un servicio de recolección de basura. Sin embargo, el problema es el tratamiento que reciben estos desechos ya que, aunque cerca del 20% de los municipios tienen programas para el tratamiento de los residuos, solo el 2% tienen programas formales. Por ello, la mayoría del procesamiento de reciclaje de los desechos sólidos es llevado a cabo por el sector informal, el cual consiste en personas que viven de procesar la basura.

La siguiente crónica trata de una orquesta sinfónica que recicla y elabora instrumentos a partir de los deshechos encontrados por los mismos integrantes de la orquesta en los basureros de la ciudad de Asunción, capital de Paraguay. La Orquesta Sinfónica de Cateura, formada por adolescentes hijos de las personas que trabajan en los basureros, es un modelo de superación que brinda alternativas artísticas y culturales a las poblaciones tradicionalmente marginadas de ofertas culturales.

Cateura, una localidad formada al abrigo del mayor vertedero de Asunción, ha ido adquiriendo renombre en los últimos años gracias a la Orquesta de Instrumentos Reciclados. Esta es la historia de cómo una iniciativa para integrar a niños y jóvenes de zonas marginales de Paraguay terminó por llamar la atención internacional. Y del día en que recibieron una invitación de Metallica para que se fueran de gira con ellos.

Acerca de la autora

María Soledad Pereira (Argentina) es licenciada en turismo y periodista, cursó estudios de posgrado en Holanda y España y aprendió lengua y cultura portuguesas en Lisboa, Portugal, de donde su familia paterna es originaria. Sus textos han aparecido en revistas como *Bacanal*, *FronteraD*, *Letras Libres* e *Internazionale*. Escribe el blog Sostiene Pereira http://msoledadpereira.blogspot.com.ar/. Este artículo apareció originalmente en la revista *Letras Libres*.

Actividades de pre-lectura

I

Ejercicios de vocabulario

Relaciona el significado con las palabras.

1. ( ) Cavilar	a. Mover algo con el fin de encontrar o trata de encontrar algo.
2. ( ) Cañería	b. Trato habitual, de igualdad, con otras personas o grupo social.
3. ( ) Codearse	c. Tubos usados para distribuir gas, agua o el agua sucia.
4. ( ) Cauce	d. Pensar con cuidado antes de tomar una decisión.
5. ( ) Hurgar	e. Conducto, medio o procedimiento para algo.

II

Paso 1

¿Sabes tocar algún instrumento musical? ¿Has tomado clases de música? ¿Crees que todos los niños o adolescentes deben recibir una educación musical como parte de los programas de estudio? ¿En qué sentido es o no es beneficioso según tú?

Paso 2

¿Cuenta tu ciudad con algún método para reciclar los desechos que produce tu ciudad? ¿Cómo es y en qué consiste?

Paso 3

Observa en internet alguno de los videos que hay sobre la Orquesta de instrumentos reciclados de Cateura. ¿Qué piensas de la Orquesta y sus integrantes?

Paso 4

La selección de los títulos por parte de los autores tiene un propósito. ¿Por qué crees que la autora eligió este título? ¿Por qué crees que una orquesta puede ser impensada?

III

Ahora lee la crónica. Recuerda que no tienes que entender todo, sino solamente los puntos principales y la organización general del texto. No te detengas para buscar palabras en el diccionario.

La orquesta impensada

1   Un día, la Orquesta de Instrumentos Reciclados de Cateura recibió un correo que tenía como asunto la palabra "Metallica". A simple vista, el mensaje parecía un aviso publicitario, un *spam*, pero no, era otra cosa: una intención clara y sobre todo urgente. Las estrellas del *heavy metal* invitaban a la agrupación de Cateura a oficiar de artista
5   telonero en su gira por Sudamérica.

—¿Quién es Metallica? —preguntó entonces Favio Chávez, alma máter y director de Los Reciclados.

10 Algunos de los integrantes de la banda preguntaron lo mismo. Otros, en cambio, se emocionaron. En rigor, no era la primera vez que Los Reciclados recibían una propuesta importante. A principios de enero de 2014, la orquesta se había codeado con la nobleza en un concierto benéfico presidido por la reina Sofía, en Madrid. Días después, había tocado en Ámsterdam, ante una audiencia donde se encontraba la princesa Beatriz. Un
15 mes antes, había recibido el Premio Príncipe Claus, en Holanda, dotado con veinticinco mil euros, por su labor musical e innovadora en el uso de los recursos disponibles. Y antes de eso, había viajado a Estados Unidos y compartido escenario con Megadeth. Sin embargo, toda esa experiencia parecía menor al lado de la invitación de Metallica. La banda quería llevarlos de gira. Y eso los tenía atónitos. De tocar ante un máximo de
20 tres mil personas pasarían a tocar ante más de treinta mil.

Chávez dejaba pasar los días cavilando una respuesta, mientras el cuarteto de Los Ángeles empezaba a impacientarse. Para la gira faltaban apenas un par de meses. Si los músicos paraguayos no contestaban por correo, seguro lo harían por teléfono. El grupo de James Hetfield[1] consiguió un número. Del otro lado de la línea, Chávez respondió.
25 Agradeció el interés y la propuesta. Y luego, con el estilo calmo que lo caracteriza, les hizo saber que Los Reciclados eran una orquesta de niños y adolescentes; que su música, hecha a partir de instrumentos elaborados con botes de pintura y cañerías viejas, era de un nivel muy básico; que ellos de metal no sabían nada, en absoluto, por más que hubieran tocado una vez junto a Megadeth. Su *métier*[2] era lo clásico y folclórico paraguayo.
30
—Para nosotros sería genial poder acompañarlos —añadió—. Una gran experiencia, un gran desafío, pero nuestra situación es esa y ustedes deben saberlo.

—¿Entienden? —dijo Chávez, más retórico que dramático.

35 Y los norteamericanos asintieron.

---

1 Vocalista principal y cofundador de la banda de rock pesado Metallica.
2 Palabra de origen francés que significa especialidad; en este caso se refiere al tipo de repertorio musical en el que se especializaba la orquesta.

Abrir un show—ser el artista telonero o soporte—nunca es tarea sencilla. Cuando al espectáculo lo encabeza un gigante, la tarea resulta menos sencilla todavía. Cuando el gigante es Metallica, hay que preocuparse. El propio James Hetfield lo había anticipado: "El público solo quiere ver a Metallica y, si el soporte no está a la altura de las circunstancias, es probable que corra peligro. De que le den literalmente la espalda, por ejemplo. Como ocurrió una vez".

Hay, desde luego, casos excepcionales. Pero aun así la respuesta del público es siempre impredecible. Los jóvenes de Cateura lo sabían bien y antes de empezar la gira estaban no solo expectantes sino también ansiosos.

En 2006, el aficionado a la música e ingeniero ambiental Favio Chávez—con 31 años, procedente de la localidad de Carapeguá—llegaba a Cateura, el principal vertedero de la capital paraguaya, para llevar adelante un programa—Procicla—destinado a la formación de los habitantes de la zona en la separación y reciclado de residuos, que no eran ni siguen siendo pocos: Cateura recibe a diario la basura de Asunción y los municipios del área metropolitana, en total unas ochocientas toneladas. A esa iniciativa, Chávez no tardó en sumarle otra: la introducción de clases de música, a su cargo y con fines meramente lúdicos. Enseguida los interesados se multiplicaron y los instrumentos disponibles empezaron a escasear. Pero en el camino apareció Nicolás Gómez—alias Colá—, un lutier[3] del lugar capaz de transformar lo inservible en un violín, un chelo, una guitarra. Y el resto, si bien no se hizo solo, encontró el cauce propicio que le permitió prosperar.

Ocho años después, la Orquesta de Instrumentos Reciclados reúne a unos ciento sesenta jóvenes que, agrupados en conjuntos de veintidós miembros, ofrecen espectáculos dentro y fuera del país. La mayoría nació en la comunidad de Cateura o en los alrededores, y sus familias viven de lo que viven casi todos: de hurgar en la basura y vender lo que encuentren de valor. Además de eso, en la actualidad hay padres que se dedican a administrar los recursos de la orquesta y ayudan a los lugareños a través de la recién creada Asociación Armonía de Cateura.

Cateura no es, en opinión del profesor Chávez, un lugar para tener un violín—de hecho un violín cuesta más que una casa—. No obstante, gracias a su empeño y al de muchos otros, en las casas de la localidad—donde viven unas veinticinco mil personas—hoy se tienen violines y otros instrumentos musicales.

En la vivienda de Andrés Riveros—diecinueve años, saxofonista tenor y estudiante de administración de empresas—hay al menos un saxofón. El caso de Riveros es más o menos similar al de todos: vive con sus padres y sus dos hermanas—que, como él, forman parte de la banda—y estudia, gracias a los recursos de la orquesta, en la Universidad Autónoma de Asunción. Recuerda que se inició en la música alentado por una vecina: tocar un instrumento era mejor opción que callejear y ella misma se ocupó de inscribirlo a él y a otros niños en la recién inaugurada escuela de música de Cateura. Al principio, el futuro saxofonista empezó tomando clases de guitarra, pero luego de un intervalo en que abandonó el asunto prefirió el saxofón.

—Me siento demasiado feliz cuando veo a un niño tocar un violín reciclado —dice, en el avance del documental *Landfill harmonic*, Gómez, el ganchero[4] que devino en

---

3 Persona que se dedica a reparar o construir instrumentos de cuerda.
4 Ganchero es la persona que se dedica a buscar en la basura para separar los productos que se puedan vender y reciclar, por ejemplo, vidrio, aluminio, papel, etcétera.

lutier y que hoy compone desperdicios (tenedores, cucharas, monedas, asaderas de sopa paraguaya) para transformarlos en instrumentos de cuerda para la orquesta.

(…)

En una sala del sexto piso del Hotel NH City de Buenos Aires, veintidós músicos (de la Orquesta de Instrumentos Reciclados de Cateura) afinan saxofones, contrabajos, violas, flautas y violines, antes de iniciar el último ensayo de la gira *Metallica by request* que hace trece días empezó en Bogotá, siguió en Quito, Lima, Asunción, Santiago y que hoy está a punto de terminar, en el Estadio Único de La Plata, en Argentina.

Thomas Lecourt—veintiséis años, voluntario francés en Paraguay, saxofonista e instructor en la escuela de música de Cateura—hace memoria de lo sucedido en Lima y dice que fue impresionante.

—A pesar de las normas de seguridad que son muy estrictas y de la cantidad de gente que está pendiente de él, James Hetfield se hizo su tiempo para vernos y se nos apareció en el camerino. Nos dijo que admiraba lo que hacíamos y que estaba muy sorprendido por cómo nos habían ovacionado.

Después de elogiar sus instrumentos y bromear un rato con los jóvenes, el líder de Metallica probó la guitarra eléctrica de sus teloneros—una tabla para picar carne y un mango encontrado en la calle—y les pidió permiso para fotografiarse con ellos.

Tener talento no es solo convertir álbumes en *hits* de ventas ni conmover durante más de tres décadas a los públicos del mundo: es también descubrir y alentar el talento ajeno. Marcio Weber—violinista—cuenta que fue muy emocionante tocar por primera vez "Nothing else matters" ante los fans de la banda, en Bogotá. Que la respuesta de los cerca de 35 mil concurrentes lo sorprendió, a pesar de la lluvia torrencial que casi ahoga la apertura del show. Después, sin estridencias de ningún tipo, dice que Hetfield le regaló su plumilla para tocar guitarra. Era la medianoche del 19 de marzo, el día en que el carapegüeño[5] cumplía veintidós años, y estaban en Quito. A pedido de los miembros de Metallica, la agrupación paraguaya había observado el concierto desde los laterales del escenario, había pasado al frente y coreado junto a sus anfitriones "Creeping death". Cuando todo terminó, Hetfield se acercó a Weber, le dijo "Happy birthday" y le dio el obsequio.

—Ya puedo morir en paz —confiesa el joven, quien piensa guardar la plumilla bajo llave, en su casa de la pequeña localidad de Carapeguá, desde donde viaja (durante tres horas en ómnibus) a Cateura, con el único propósito de ensayar.

Ensayar es lo que el grupo no deja de hacer nunca. Por más que el balance de los cinco conciertos da un saldo que a esta altura podría relajar a cualquiera, el *tour* aún no ha terminado y ellos siguen—seguirán—repasando "Carmina burana", la "Quinta sinfonía", "The recycled concert", "Quutamo", "Nothing else matters" y el tema de *Game of thrones*. En esta sala de un hotel céntrico de Buenos Aires. Hasta que den las doce y vengan a buscarlos.

---

5 Carapegueño: Habitante de la ciudad de Carapeguá, ubicada a aproximadamente 80 kms. de la capital de Paraguay, Asunción.

Problemas y discusiones medioambientales 137

"Culminó la gira con Metallica—escribiría en su perfil de Facebook, días después, Tadeo Rotela, veintisiete años, contrabajista de Los Reciclados—. Balance más que positivo. Un mes de planificación, quince días de intensas actividades, siete conciertos, seis países, un auditorio de trescientas mil personas. Veintidós integrantes participaron en el *tour*, sesenta músicos se presentaron en Asunción. Los recursos generados permitirán mantener por un año la escuela de música de Cateura, donde estudian más de ciento sesenta niños y jóvenes de la comunidad. El grupo humano de la orquesta se ha traído como mejor premio el cariño y el afecto de quienes lo han apadrinado en esta aventura increíble: James Hetfield, Lars Ulrich, Robert Trujillo, Kirk Hammett: Metallica. Lo único que resta decir, ¡GRACIAS!"

...

La función de un director de orquesta consiste, en resumen, en coordinar los distintos instrumentos que componen un equipo orquestal. El trabajo más pesado es el de los ensayos, que suelen tomar horas, semanas, meses incluso, y que exigen, de quien está a cargo, entrenamiento, además de paciencia. Antes de la presentación de una obra, el grupo debe prepararse y la responsabilidad de la preparación recae básicamente en la figura del director. Favio Chávez lo sabe y cumple un papel que inició hace ocho años sin sospechar que lo llevaría tan lejos. En 2013, a Japón, por ejemplo, o a participar, junto a su orquesta, en *Ultima*, el festival de música contemporánea más grande de Escandinavia. Gracias a su ingenio y perseverancia, la orquesta a su cargo pisó el continente asiático.

Por sus características particulares—materiales y hechura de sus instrumentos, tipo de música y objetivos ambientales y sociales que persigue—, el grupo entero sabe que la orquesta es única en su tipo a nivel mundial. También es consciente de que ha puesto el nombre de Paraguay y el de su comunidad, Cateura, ante los ojos del mundo (una rápida búsqueda de la palabra Cateura en Google arroja de inmediato videos de la banda). Sobran motivos para que los músicos se sientan orgullosos. Pero aun así, con razones de sobra, están lejos de hacer alarde. Reconocen que el trabajo no termina con la última actuación, sino que recién empieza.

Para lo que restaba del año, los guaraníes tenían varios compromisos: un viaje a Cambridge; otro viaje a Los Ángeles; tenían en agenda conciertos en Europa: en Ginebra, Madrid, Bilbao, Barcelona. Aquella vez—la última que hablé por teléfono con Lecourt—, en Cateura era un día tórrido, de esos que recalientan casuchas y pilas de basura, y los músicos se disponían a ensayar, como acaso estén haciendo ahora cuando las invitaciones siguen reclamándolos. En ese momento el acontecimiento que más esperaban era el Festival SXSW, en Austin, Texas, del 13 al 21 de marzo, en el que se estrenaría *Landfill harmonic*. El documental lleva como eslogan una idea del profesor Favio Chávez: "El mundo nos manda basura, nosotros le devolvemos música".

Actividades para después de la lectura

Comprensión

1. Menciona dos instrumentos musicales de la lectura y di de que están hechos. (Lns. 25–28. lns. 53–56, lns. 80–82 y lns. 98–100)
2. ¿Por qué el público le dio la espalda a la orquesta de Cateura en una ocasión según el artículo? (Lns. 39–41)

3. ¿Cómo terminó Andrés Rivero perteneciendo a la orquesta de instrumentos de Cateura? (Lns. 68–76)
4. La autora del texto menciona que para tener éxito por tanto tiempo también deben de alentar el talento ajeno. De qué manera Hetfield, integrante del grupo Metallica, alienta el talento del integrante de Marcio Weber, integrante de la orquesta de Cateura. (Lns. 108–112)
5. ¿En qué consiste el trabajo de director y cuál es su función más difícil? (Lns. 135–144)

Interpretación

1. La autora del texto menciona que la Orquesta de Cateura es diferente (Lns. 145–147):
   "Por sus características particulares –materiales y hechura de sus instrumentos, tipo de música y objetivos ambientales y sociales que persigue".
   Después de leer el texto, ¿por qué crees tú que la Orquesta de Cateura es particular?
2. Varias veces en la lectura se menciona el hecho de que los músicos ensayan de forma continua. ¿Cuál crees que sea el propósito de la escritora al mencionar los ensayos que realizan los participantes de la orquesta sinfónica de Cateura?

Discusión o debate

1. La verdadera discusión que plantea la crónica tiene que ver con la intersección entre el arte y la política y la posibilidad de realizar cambios verdaderos a través de él. ¿Qué tan eficiente puede ser un movimiento artístico o musical para mejorar las condiciones sociales? Intenta pensar en dos ejemplos concretos en los que se pueda mostrar esta relación entre arte y política en tu país, o en cualquier país del mundo.
2. Algunas personas piensan que la educación artística es una pérdida de tiempo, sobre todo para jóvenes de escasos recursos que se beneficiarían más de otro tipo de instrucción más práctica.
3. Con el dinero que ha obtenido esta orquesta, muchos piensan que podrían comprarse o recibir donaciones para tocar con instrumentos verdaderos en lugar de instrumentos hechos de deshechos que no alcanzan la misma excelencia musical. Otros consideran que perderían su esencia. Reacciona.

Ejercicios de gramática

Presente perfecto y pluscuamperfecto

A. El Presente perfecto:
   1. El presente perfecto se refiere a una actividad ocurrida en el pasado que continúa o puede repetirse en el presente:
      He ido solamente tres veces al cine en este año.
   2. En regiones de España se refiere también a actividades en un pasado reciente.
      No tengo hambre, gracias; **he comido** hace un par de horas.
B. El pluscuamperfecto
1. Expresa una acción pasada anterior a otra también en el pasado
   Cuando llegué a tu casa, ya **habías comido**.

Ejercicios

1. Completa las siguientes oraciones con la forma correcta del presente perfecto:

Diego: ¿_____ (pensado / tú) en lo importante que es la música?
Ana: Sí, los integrantes de la Orquesta Sinfónica de Cateura _____ (demostrar) que la música es una actividad muy importante para el desarrollo de la juventud.
Diego: Gracias a ellos, muchas personas _____ (descubrir) que el arte es necesario en la vida de todas las personas.
Ana: Sí, estoy de acuerdo contigo. Favio Chávez_____ (ser) un ejemplo para muchas personas y _____ (cambiar) la vida de muchos jóvenes y de su comunidad para bien.

2. Cuenta cinco cosas que la Orquesta de Cateura había hecho antes de que estrenaran el documental *Landfill harmonic* en Texas.

1. _____
2. _____
3. _____
4. _____
5. _____

3. Completa con la forma correcta del verbo en presente perfecto o pluscuamperfecto:

Santiago: Antes de leer sobre la Orquesta de Cateura, no _____ (conocer) una orquesta similar.
Victoria: Sí, es increíble lo que _____ (conseguir) esos jóvenes. Los miembros de la Orquesta de Cateura _____ (poder) viajar por todo el mundo. Gracias a ellos, muchas personas _____ (cambiar) su visión no solo de su país sino de Latinoamérica.
Santiago: No _____ (yo/ ver) el documental, pero sé que antes de hacer ese documental, ya eran conocidos por todo el mundo e incluso ya _____ (viajar) alrededor del mundo.
Victoria: Se lo merecen.

ACARICIAR EL CÓNDOR – BOLIVIA

Publicado originalmente en la revista *CTXT* (2015)

Alain-Paul Mallard

Un artista y viajero visita una mina de oro en una región andina cuando se encuentra casualmente con un par de animales considerados los representantes de la fauna de ese subcontinente, en una zona de inmensa diversidad natural.

El cóndor es el ave por antonomasia de Sudamérica. Si el águila representa a la América Latina del norte, y el quetzal es el ave de Centroamérica, este lugar en el subcontinente sudamericano lo ocupa esta majestuosa ave más grande que el águila. Aunque hay dos tipos de cóndores, el californiano y el andino, es este último el que es más reconocido. El cóndor andino, que habita la cordillera de Los Andes, es objeto de culto por los más reconocidos artistas de esta región, como lo es el poeta chileno Pablo Neruda. Incluso ha sido objeto de homenajes en canciones del folclor andino, como la canción "El Cóndor" escrita por Pablo Neruda y Ángel Parra, o la famosa pieza musical "El cóndor pasa", la cual es probablemente la composición de la música andina folclórica más conocida en el mundo, incluso el dueto musical norteamericano de música *folk* de los años sesenta, Simon and Garfunkel, adoptó la pieza musical y le agregó letra en inglés.

Esta crónica narra el encuentro circunstancial entre el autor y dos cóndores que habitan en un pequeño zoológico en la zona andina de las montañas de Bolivia, y al final se torna en una reflexión sobre el valor de la libertad y sobre la relación entre los seres humanos y los animales.

Acerca del autor

Alain-Paul Mallard (México, 1970) es un multiartista más conocido por sus facetas de autor y director de cine. Estudió en la Facultad de Filosofía y Letras de la Universidad Nacional Autónoma de México. Después emigró a Francia donde cursó estudios de cine y guion cinematográfico. Ha escrito los libros *Evocación de Matthias Stimmberg*, *El don de errar* y *Nahui versus Atl* y dirigido las películas *Evidences* y *L'adoption*. Actualmente reside en Barcelona.

Actividades de pre-lectura

I

Ejercicios de vocabulario

Relaciona el significado con las palabras.

Problemas y discusiones medioambientales 141

1. ( ) Inquina
2. ( ) Aviario
3. ( ) Gorra
4. ( ) Percha
5. ( ) Redentor/a
6. ( ) Luengo/a
7. ( ) Verja
8. ( ) Sima

a. Que rescata de la esclavitud o el cautiverio mediante un precio.

b. Mueble que tiene ganchos en los que se cuelgan los sombreros, trajes u otro tipo de ropa. En un objeto similar se posan las aves.

c. Sirve para cubrir la cabeza del sol. Es una prenda obligatoria para beisbolistas.

d. Lugar en el que se guardan las aves.

e. Mala voluntad hacia algo o alguien.

f. La parte más profunda de un hoyo.

g. Enrejado que sirve para rodear o delimitar una propiedad o territorio.

h. Largo/a.

II

Paso 1

¿Te gustan los animales? ¿Hay zoológicos o acuarios en tu ciudad? ¿Cuáles has visitado?

Paso 2

¿Qué animales propios de la región en la que vives o creciste conoces?

Paso 3

Escucha la pieza musical "El cóndor pasa" y la versión en inglés "If I could" del grupo americano de los años sesenta, Simon and Garfunkel. Trata de buscar unas fotografías o un video en el que encuentres imágenes de la cordillera de Los Andes para que veas donde vive el cóndor.

III

Ahora lee la crónica. Recuerda que no tienes que entender todo, sino solamente los puntos principales y la organización general del texto. No te detengas para buscar palabras en el diccionario.

Acariciar el cóndor

'*Una mina de oro*' se emplea, las más de las veces, como frase figurada.

No esta vez: vengo de visitar una, una verdadera: el descomunal Tajo Vincuntaya de la Operación Minera Kori Chaka, a espaldas —por así decirlo— de la ciudad de Oruro, en la provincia del mismo nombre, Estado Plurinacional de Bolivia.

Quien busca oro —nos advierte con claridad hiriente Heráclito el obscuro—, remueve mucha tierra. Y sí. Extraer oro por el proceso de lixiviación consiste en mover montañas. Moverlas, literalmente, de un sitio a otro. No sé si la fe aún logre tales hazañas; el oro, sí. La Operación Minera, propósito puro, transforma día con día brutalmente el paisaje. Desmenuzar las mismas montañas tomaría a la erosión tiempos geológicos, tantos como tardó la cordillera en formarse.

En esa sima en espiral cavada a cielo abierto por los estruendos coordinados de la dinamita, por rugientes máquinas del tamaño de un edificio, me siento y sé insignificante…

Ansioso por un cambio de perspectiva, miro al límpido cielo del Altiplano y me pregunto: "Todo esto, ¿cómo se verá desde el aire?"

Cae la tarde. Vamos ya de vuelta. Un rodeo al Cerro Pata de gallo —en cuyas faldas se afana la ciudad minera— y el chofer e ingeniero me devolverá al hotel. Le pido mejor me deposite ante las verjas del Jardín Zoológico qué él mismo me mostrara, muy de mañana, al inquirir yo por la incongruente avenida de oscuros árboles en la ladera del cerro.

Y es que en el Altiplano boliviano, que se alza por encima de la línea de la madera, un árbol es siempre un acontecimiento, un motivo de júbilo. Señala, además, el triunfo de voluntades obcecadas en mantenerlo vivo. En el modesto parque del zoológico hay un empinado paseo bordeado de cedros. Algo grises y ralos, sí, pero suficientemente altos y viejos como para —ahí y entonces— resultar majestuosos. Después de tantas aristas de mineral desgajado, de tanto polvo muerto, ansío el bálsamo reconfortante de la savia, las hojas, la corteza.

Nos despedimos. Cierro la portezuela. La empolvada Nissan de la compañía minera se aleja calle abajo.

En la vetusta taquilla me sugieren, si quiero verlo todo, que no me demore mucho: casi están por cerrar. Mi boleto dice 'Zoológico Municipal Andino'.

Pues sí, el orureño es,[1] casi exclusivamente, un zoológico de fauna andina. No siempre lo fue; durante el siglo XX albergaba animales exóticos. Paulatinamente, con el declive de la ciudad misma, el zoo de Oruro se fue viniendo a menos, sus inquilinos, tornándose melancólicos. Hubo incluso, hecho una calamidad, un león africano oriundo de La Paz. Su afrentoso nombre —Fido—, harto elocuente de las que fueran sus deprimentes condiciones… Varias voces compasivas se alzaron para cerrar de una vez por todas el gris moridero[2] de animales. La campaña algo logró: en un intento de concederle sentido, se transformó al jardín zoológico de Oruro en un zoológico andino y se iniciaron traslados y reformas que, a juzgar por los polines y los montones de grava en las jaulas abiertas, están —quiero creer— todavía en proceso.

---

1 Propio de la ciudad de Oruro, Bolivia, ciudad de aproximadamente 200 mil habitantes localizada a la misma distancia de La Paz y Sucre, las ciudades más importantes del país.
2 Lugar en el que se mueren las personas o animales.

El parque, en una parcela rectangular, asciende por veredas y escalinatas sobre la empinada ladera del Pata de gallo. El destartalado circuito sube y sube para volver a bajar. Un aire de inacabamiento flota en el jardín. Las más de las jaulas y corrales están vacíos. O albergan costrosas carretillas e inamovibles sacos de cemento, ya fraguados. En Bolivia, me he percatado, resulta a veces trabajoso terminar las cosas.

Un dorado 'quirquincho'[3] (*Chaetophractus nationi*), el redondo y velludo armadillo de los Andes, hurga en la arena dorada de su encierro. Animal acorazado, el simpático quirquincho horada rascando intrincadas galerías subterráneas. Un minero. Sirve por ello de símbolo de la ciudad.

Más adelante están los monos capuchinos —no hay monos en los Andes; éstos vienen de Los Yungas, vertiente amazónica de la cordillera. Debieron ser repatriados, pero aguardan todavía un albergue en su tierra. La familia de *Cebus albifrons* se entretiene mordiendo cáscaras de fruta. Van y vienen, se mecen en la techumbre, se corretean, se espulgan. Uno acude presto a mostrarme un pistilo complicado: su falo violáceo en erección. Y me enseña también los agudos colmillos, el estriado paladar.

Inquietas motas[4] grises en una conejera, las vizcachitas[5] mascan hojas de flácida lechuga. El suelo está cubierto de bolitas ovales de excremento, asombrosas en su diminuta regularidad. A caballo entre el conejo y la chinchilla, la orejona vizcacha arrastra tras de sí una cola larga y suave. Es, dicho sea de paso, suculenta en estofado. En un museo de arte virreinal pude contemplar un óleo sobre lienzo de principios del siglo XVIII. El pintor anónimo había puesto en el primer plano de su representación del Jardín del Edén, entre librescos elefantes y jirafas, una vizcacha gris, que sin duda tuvo más a mano.

Hablando de arte: académicas esculturas de animales, en tamaño natural, ornan los prados y glorietas. Sedente y amistoso, el 'jacumani' —el cuasi-mítico oso andino, desaparecido ya en tiempos históricos— existe sólo en hierro fundido.

Una llama[6] en libertad ronda por andadores y escaleras. Amedrenta desvergonzada a los paseantes, asalta en despoblado. Les arranca de las manos la bolsa de papitas, el choclo[7] con mayonesa, el algodón de azúcar, los chicharrones de harina. Impune y satisfecha, la parda forajida deja tras de sí una estela de niños en llanto.

Quien diseñó el circuito pensó su dramaturgia. En la terraza más alta, el puma. Lo que debía, sin embargo, pasar por un clímax... no lo es tanto.

Su proverbial elasticidad ya sin sentido, un puma andino (*Puma concolor*) traza una incesante y neurótica ruta en forma de ocho —o de infinito— en un minúsculo resquicio de su generoso encierro. Lleva el flanco tristemente pelado, de tanto *rilkeano* rozar contra el pretil de cemento. ¡Quién deslizara una mano por entre los barrotes, una mano que el puma pudiera arrancar de cuajo para saberse nuevamente vivo! Un foso seco con algo de cascajo y basura impide que penetre la mano redentora.

Quiero verlo todo, así que apuro el paso. No quedan casi visitantes. La luz cae oblicua y el sol está por ocultarse tras el cerro.

---

3 Animal parecido a un armadillo pero blanco y peludo.
4 Cosa redonda que tiene una textura peluda.
5 Animal de la región parecido a un conejo pero con un rabo más largo.
6 La llama y el cóndor son los animales más conocidos de la zona.
7 Nombre que recibe en Sudamérica el maíz. Choclo es una palabra de origen quechua, mientras que maíz proviene del náhuatl.

Un vallado. Recogidas bajo el tejabán[8] para la noche, las aristocráticas vicuñas[9] (*Vicugna vicugna*) de cuellos gráciles, negra mirada asustadiza y luengas pestañas en la estética *manga*.

Cóndor. Verifico la hora y obedezco al letrero en forma de flecha que me encamina hacia los grandes aviarios[10] de malla ciclónica. El cielo del atardecer, precisamente recortado en rombos. De arriba cuelgan extrañas estructuras de ramas y alambres. Un cartel informativo ilustra a los visitantes:

El cóndor (Vultur gryphus), *espíritu mismo de los Andes, es el ave voladora más grande del mundo. Las aves juveniles presentan una coloración pardo-ocrácea y en adultos el plumaje es negro excepto en el dorso de las alas. Miden de 100 a 170 cm. de longitud*[11] *y pesan 11,5 kg.*[12] *La envergadura de las alas puede llegar hasta 3 metros.*[13] *Son monógamos. Cada dos o tres años, la pareja deposita un huevo en una grieta o cueva. Estado de conservación: vulnerable.*

Un estrecho túnel ciego, todo en alambrado, permite penetrar en el vasto aviario. Avanzo hasta el fondo y advierto de inmediato que la reja final tiene el candado abierto. Dispersos sobre el césped —¡césped! ¡En el Altiplano!— hay carne en jirones, purpúreos costillares de llama resecos y terribles.

¿Dónde están los cóndores?

Enfundado en un mono de drill y una cachucha a juego, un hombre menudo trajina dentro de la inmensa jaula. Cambia, con escoba y balde, el agua en las piletas de cemento.

Un gran pajarraco negro se revuelve a sus pies.

El ave le atrapa con el pico la valenciana[14] del pantalón. Con brusca insistencia, el cóndor pide mimos.[15] El cuidador suelta la escoba y se dobla para acariciarle la cabeza rosada y pelona, la extraña cresta negra. Le rasca, entre las plumas, la fornida pechuga. Tras un rato de arrumacos, pretende volver a su faena. Pero el ave no ceja, exige más cariño, más, le obstruye el paso. Al cuidador no le queda de otra que ceder.

—Es cariñoso… —comento alzando la voz tras la alambrada.

—Uy, sí. Nomás no deja trabajar— su respuesta atiplada silba entre los contados dientes—. Es todavía polluelo, vino de Cochabamba.[16] Todavía va a crecer. ¿Verdad, Felipe?"—, interpela al rapaz mientras le frota el lampiño cuello, la correosa nuca.

—¿Se llama Felipe?— pregunto.

El cuidador se acerca, estorbado por el ave.

—Éste. El otro, el Gonzalo, que está cojito, ese es malo-malo. Tiene veinticinco años que le limpio su jaula y que le traigo su charque[17] pa' que coma y todavía se me tira encima. Ni cambiarle su agua me deja. Mire, hasta me ha dejado cicatrices…

---

8 Tejabán: lugar que sirve para cubrir o proteger del clima.
9 Animal parecido a las llamas.
10 Lugar propio para guardar a las aves.
11 100 a 170 cms corresponden a 39 a 66 pulgadas aproximadamente.
12 11.5 kilogramos corresponde a aproximadamente 25 libras.
13 3 metros es igual a 9 pies y 8 pulgadas aproximadamente.
14 Parte más baja del pantalón cerca del zapato.
15 Demostración de cariño o ternura.
16 Cochabamba, Bolivia, ciudad localizada en la cordillera de los Andes de cerca de 500 mil habitantes.
17 Carne seca salada común en Sudamérica. Puede ser hecha con carne de res, caballo o llama.

Se alza la visera de la gorra. Sobre la ceja izquierda, lo que alguna vez fuera un tajo profundo.

Aparta con la escoba al Felipe y me lleva a ver al Gonzalo en una jaula menor dentro del aviario principal. Majestuoso, aterrador, inmenso (dobla al Felipe en tamaño) un macho adulto de orgullosa mirada carnicera. Mi instinto atávico es postrarme en señal de veneración y respeto.

—¡Chist! ¡Chist! ¡Gonzalo, huevón! —lo azuza el cuidador—. Lo tengo que encerrar pa' poder limpiar —acota para mí.

Desde su sólida percha, el Gonzalo nos ofrece indiferencia y desprecio. Acaso haya en sus ojos un destello de inquina. El plumaje es de un negro lustroso y señorial. Las plumas remeras de las alas son blancas.

—¿Y así que uno es bueno y el otro malo? —inquiero.
—Es que al Felipe, lo agarraron polluelo. Y es querendón y chiqueado. Siempre ha vivido en jaula, no conoce otra cosa. Al Gonzalo, se le capturó ya adulto. Es malo, temperamental: conoció la libertad.

Hace una pausa y luego me interpela, encarándome:

—¿Se imagina usted lo que es volar por el cielo, dominándolo todo, y que le arrebaten eso a uno pa' tenerlo encerrado?.

Quedo mudo.

El imponente Gonzalo estira el nudoso cuello, se reacomoda unas plumas y nos vuelve el dorso. Carnívoro carroñero, el acerado pico del cóndor es capaz de cortar cuero para llegar al músculo.

—Además, lo lastimaron al atraparlo. Yo le entiendo que nos tenga rencor... Ya le conozco el modo: ahorita está tranquilo; cuando está enojado se pone colorado, colorado. Si por mí fuera, yo lo soltaba.

Recibo mudo el vehemente alegato de libertad que me regala el resignado carcelero.
Ya otra vez el inocente Felipe está molestando a sus pies, reclamando cariño.
Mudo todavía, pienso rápidamente en la teoría de la impronta,[18] que valiera a Konrad Lorenz su premio Nobel. Pienso decir algo, que de inmediato descarto: erudición fuera de tono.

—Y usted, ¿cómo se llama? —pregunto por fin al cuidador.
—Simón. Para servirle.
—Oiga, Don Simón, ¿y me va a dejar meterme a acariciar al Felipe?

---

18 La Teoría de la Impronta fue propuesta por el austriaco Konrad Lorenz. Según esta teoría, los animales, principalmente las aves, fijan su atención en el primer objeto que ven o escuchan y forman un apego con éste.

Mi petición lo pilla por sorpresa:

—¡Uuuuuy, papito! —se exclama y me ofrece una sonrisa desdentada[19]—. ¡No se puede! Si me ven, ¡me corren!"

Pero ya en el Zoológico Municipal Andino de Oruro no hay un alma. Será sólo un instante y no lo verá nadie, insisto. Poco a poco, Simón se va ablandando.

Propone que venga el lunes que el jardín cierra. Él no sale nunca y, si de veras quiero, me puede abrir.

—Tiene que ser hoy —arguyo—; es apenas jueves y compré ya el pasaje de autobús que me llevará a Potosí.
—Bueno, a ver… —accede tentativo—. A ver si cuando se vayan los de Administración…

Que espere en la placita a que haga noche, quedamos, y ya saldrá a buscarme.

Así que feliz, expectante, mato el tiempo en una banca de hierro colado pintada de dorado. Pongo al corriente, en mi libreta de apuntes, mis copiosas y apresuradas notas sobre el oro, miro vaciarse la plazoleta aguardo la sigilosa visita de Simón. En un estado de lucidez alucinada recorro las contadas significaciones íntimas que la palabra *cóndor* tiene para mí.

Me vuelve a la mente, en un viejo número de la revista *National Geographic* —mis padres me tenían suscrito y mucho hizo, mes tras mes, el sobre amarillo de papel manila por nutrir mi sed de mundo—, la descripción de un añejo ritual andino: a un toro bravo, los pitones trenzados de cintas coloridas, se le ataba en el lomo un cóndor vivo. Suelto en la plaza del villorrio, furioso, el toro alado pegaba saltos de energúmeno hasta que el cóndor, dando poderosísimos aletazos —*blow after thundering blow* decía la frase, que me marcó—, lograba liberarse y partir volando rumbo al sol.

"Eso debo verlo algún día", me prometí en vano.

Me viene enseguida a la memoria —ya que ambos recuerdos van ligados— aquella invitación lanzada por Gastón 'Chany' Garreaud (1934–2005), gran aviador peruano y artista autodidacta, que tanto puso a soñar mi postrera adolescencia. Tras escuchar mi eufórico relato del toro alado, 'Chany' me propuso repitiéramos, en un monomotor biplaza, el descenso del cóndor por el Cañón del Colca… No pasó de una conversación de sobremesa. ¡Pero qué conversación! El cóndor gira, gira, gira durante días sin batir las alas, a siete mil metros de altura, soportado por el vigoroso impulso ascensional de las columnas de aire. Y de pronto decide bajar por el cañón, uno de los más profundos del mundo, con pendientes en las paredes de hasta 60°. Atraviesa, planeando siempre, distintos microclimas. Sigue el curso del río. Divisa acaso, allá y acullá, geométricas ruinas de civilizaciones olvidadas. Las pasa por alto: en una pedregosa y desierta playa del Pacífico lo aguardan, hinchadas y hediondas, las descomunales carroñas de los leones marinos…

Me acuerdo después de un cable de la AP, que recorté del diario y pegué en un cuaderno. Informaba del deceso, en el Bioparco de Roma,[20] de Italo —el cóndor más viejo del mundo—, que el gobierno de Chile obsequiara al *Duce* en los años treinta. Italo miró pasar el siglo tras los barrotes, asqueado acaso de esa primera recuperación de su

---

19 Desdentada: sin dientes.
20 Bioparco di Roma es el extenso jardín zoológico de la ciudad de Roma, Italia.

Problemas y discusiones medioambientales 147

imagen por fascismos de toda estirpe... (Piénsese en la funesta 'Operación Cóndor'[21] que hermanó en la contrainsurgencia a las gorilocracias[22] latinoamericanas.)

A medida en que el sol desaparece tras el cerro, se esparcen, gélidas, las sombras. El mercurio[23] desciende en el Altiplano con gran celeridad.

Espero un rato más.

Simón no viene.

Más por frío que por genuina impaciencia, vuelvo a la verja del Zoológico y llamo a la puerta. Todo parece desierto. Un único farol de luz blanca entre dos cedros ralos recorta los perfiles de algunas jaulas.

—Don Simón, Don Simón —llamo un par de veces.

Nada. Nadie.

Termino por aporrear el portón de lámina. Desde adentro, en la media distancia, replica una aguda alharaca de monos capuchinos. El reverberante aporreo parece haberlos despertado.

Me marcho para no volver, frustrada mi oportunidad de acariciar el cóndor.

Actividades para después de la lectura

Comprensión

1. ¿Por qué el autor se siente insignificante cuando está en las minas de oro? (Lns. 1–12)
2. ¿Por qué el zoológico municipal de Oruro pasó de albergar fauna exótica a principalmente fauna andina? (Lns. 30 y ss.)
3. Busca en el internet uno de los animales mencionados en la lectura que no conozcas (Lns. 45–91). Explica cómo era su comportamiento en el zoológico.
4. ¿Por qué es malo el cóndor llamado Gonzalo, según el cuidador? (Lns. 114–116)
5. ¿Qué hace el autor del texto mientras espera afuera del zoológico a que Don Simón le permita acariciar al cóndor Felipe? (Lns. 174 y ss.)
6. ¿Por qué el cuidador del zoológico no puede permitir que el autor de la crónica acaricie al cóndor? (Lns. 161 y ss.)

Interpretación

1. El autor menciona que no sabe si la fe mueve montañas, pero está seguro que el oro sí. ¿Qué crees que signifique este comentario irónico del autor? (Lns. 5–7)

---

21 Operación Cóndor: Se refiere a la operación de represión política hacia la izquierda llevada a cabo por las dictaduras militares de Argentina, Bolivia, Brasil, Chile, Paraguay y Uruguay y, en menor medida, Colombia, Perú, Venezuela y Ecuador bajo la coordinación de los Estados Unidos durante la década de 1970 a 1980. Esta operación implicó la detención, interrogatorios, tortura y asesinato de personas consideradas como subversivas por oponerse a las dictaduras militares.
22 Gorilocracias: juego de palabras con un sentido despectivo formado por la palabra gorila y *cracia*, palabra de origen griego que significa poder o gobierno. A los militares se les conoce despectivamente como gorilas.
23 Se refiere al mercurio del termómetro para indicar la baja de temperatura.

148 *Problemas y discusiones medioambientales*

2. El autor del texto comienza hablando sobre una mina de oro y después sobre los animales encerrados. ¿Cuál crees que sea la visión que el autor tenga de los seres humanos con respecto a la naturaleza?
3. Al final de la crónica, el autor de la crónica no puede acariciar al cóndor. ¿Cuál crees que sea la razón de esto?

Discusión o debate

1. El zoológico Municipal Andino resguarda principalmente animales de la región. ¿Crees que los zoológicos cumplen alguna función en la actualidad? Algunas personas opinan que los zoológicos deben de ser cerrados y prohibidos. ¿Cuál es tu opinión acerca de esto?
2. La extracción del oro tiene muchas consecuencias en el medio ambiente. Por ejemplo, como menciona el autor de la crónica, transformar el paisaje al mover toneladas de tierra de un lugar a otro para buscar oro. ¿Hay efectos positivos de la minería de oro? Haz una investigación sobre los efectos positivos y negativos de la minería y discútelo en clase.

Ejercicios de gramática

El género de los animales

En esta lectura aparecen varios animales nombrados. Haz una lista de todos los animales mencionados y subraya los que tienen artículos femeninos y encierra en un círculo los que tienen artículos masculinos.

Como podrás ver, no hay reglas para decidir qué nombres de animales tienen formas masculinas y cuáles tienen una forma en común para ambos sexos. Sin embargo, aquí tienes unas reglas que pueden ser útiles.

1. De forma general los animales que terminan en –*o* tienen una forma masculina y aquellos que terminan en -*a* una femenina:

el gato / la gata	el perro / la perra	el mono / la mona	el oso / la osa
el pájaro / la pájara	el cordero / la cordera	el zorro / la zorra	el burro / la burra
el palomo / la paloma	el conejo / la coneja	el ganso / la gansa	el pato / la pata

2. Hay otros animales que terminan en –*n* y agregan el femenino quitando el acento:

el ratón / la ratona	el león / la leona

3. Hay otros animales que tienen una forma diferente para el masculino y para el femenino:

el caballo / la yegua	el carnero / la oveja	el toro / la vaca	el gallo / la gallina
el tigre / la tigresa			

4. Hay otros animales que terminan en –*o*, o en –*a* llamados epicenos que tienen un mismo género para los dos géneros. Se les asigna el artículo masculino o femenino según su terminación. Por lo tanto, si terminan en –*a* son femeninos y no tienen forma masculina, y viceversa:

la foca	la ballena	el armadillo	el mosquito
la vicuña	la mariposa	el venado	el sapo
la llama	la tortuga	el cuervo	el cocodrilo
la rana	la pantera	el gusano	el búho

*Una excepción es *el puma*, el cual recibe el género masculino a pesar de terminar en a. Águila es un sustantivo femenino al que se le asigna el artículo *el* por eufonía, ya que el artículo como el sustantivo empiezan con la vocal tónica *a*, por lo tanto, debe decirse *el águila* al igual que se dice *el agua*.

5. Hay otros nombres de animales también epicenos, es decir, no admiten cambio de género, cuyo género es arbitrario:

el cóndor	el colibrí	el rinoceronte	la serpiente
el avestruz	el pez	el puercoespín	la lombriz
el cisne	el tiburón	el delfín	la liebre

Ejercicios

1. Escriba el artículo que corresponda a los siguientes animales:

1. _____ cóndor   4. _____ puma   7. _____ coneja   10. _____ llama
2. _____ pez   5. _____ pájaro   8. _____ búho   11. _____ pez
3. _____ elefante 6. _____ paloma   9. _____ cebra   12. _____ tiburón

2. Mencione el femenino de los siguientes animales si es que existe:

1. gallo _____   4. leona _____   7. liebre _____   10. foca _____
2. armadillo _____ 5. rana _____   8. ratón _____   11. rana _____
3. vaca _____   6. tigresa _____ 9. caballo _____ 12. pantera _____

7 El fútbol

EN BUSCA DEL TÉCNICO PERFECTO – ARGENTINA

Publicado originalmente en el diario *Perfil* (2015)

Fabián Casas

La ideología del fútbol a partir de la fundación del estado-nación latinoamericano en el siglo diecinueve estaba vinculada con el afán de progreso y civilización. Para llegar a la modernidad, muchos países adoptaban modelos extranjeros de producción cultural, estatal, intelectual, etc., y el fútbol no fue ninguna excepción al traerse desde Inglaterra a América Latina. Es por esto que el capital simbólico de este deporte también posee una estética particular que permite crear discusiones que bajo otras manifestaciones de la cultura popular no podrían desarrollarse. En la breve crónica que vas a leer, el autor habla de San Lorenzo de Almagro, uno de los equipos de fútbol más conocidos y de mayor hinchada en Argentina, del cual él mismo es simpatizante.

Acerca del autor

Fabián Casas (Argentina, 1965) es poeta, narrador, ensayista y periodista, y una de las figuras destacadas de la llamada "generación del 90" en Argentina. Estudió filosofía y comenzó a trabajar como periodista en el diario Clarín a comienzos de los 90. Entre sus libros destacan *Los Lemmings y otros* (2005) y *Ensayos bonsái* (2007).

Actividades de pre-lectura

1

Ejercicios de vocabulario

Encuentra la definición que mejor corresponda a la palabra resaltada, utiliza el contexto como ayuda.

1. La **nota** es larga y precisa y nunca pierde tensión. (Lns. 3–4)
2. Los holandeses la **tocan** sin parar hasta que culmina en un penal. (Lns. 14–17)
3. San Lorenzo ahora tiene un técnico bastante **hermanado** con Juan Antonio Pizzi. (Lns. 18–20)
4. "El partido está controlado, ¿cómo lo **enloquecemos**?" (Lns. 20–21)
5. Perdió varios partidos **al hilo** y si perdían uno más estaban afuera. (Lns. 26–27)

El fútbol 151

II

Paso 1

Antes de leer el texto piensa en tu deporte favorito y en el equipo que más te guste. ¿Puedes mencionar tres motivos por los cuales eres hincha de ese equipo? ¿Cómo te sientes cuando tu equipo pierde o cuando gana?

_____

_____

_____

Paso 2

Comparte tus ideas con un compañero. ¿Apoyan al mismo equipo? Si no apoyan al mismo equipo, intenta convencerle a tu compañero de que tu equipo es mejor. Tu equipo, o el de tu compañero, ¿es un equipo que gana frecuentemente? Si no, ¿por qué te gusta tanto? Si es que por lo general gana, ¿cómo crees que lo hace? Enumera dos razones por lo menos.

_____

_____

_____

III

Indica si estás de acuerdo o no con las siguientes oraciones.

	Estoy de acuerdo	*No estoy de acuerdo*
1. Los deportes solo existen para entretener a la gente.	___	___
2. Los deportes competitivos son creados por las empresas y las televisoras para ganar dinero en la publicidad.	___	___
3. En mi país los deportes dicen mucho de nuestra cultura.	___	___
4. Solo me interesan los deportes cuando hay Olimpiadas.	___	___
5. No entiendo por qué a la gente le interesan tanto los deportes.	___	___

IV

Ahora lee la crónica. Recuerda que no tienes que entender todo, sino solamente los puntos principales y la organización general del texto. No te detengas para buscar palabras en el diccionario.

En busca del técnico perfecto

Hace poco mi amigo Damián Damore empezó a dirigir un equipo de fútbol amateur. Cuenta esta experiencia en una nota genial que publicó en La Agenda, un sitio web del Gobierno de la Ciudad de Buenos Aires. La nota es larga y precisa y nunca pierde tensión. Se diría, en términos futboleros, que su nota es un equipo largo con dinámica tanto en defensa como en ataque. Damore habla ahí de su pasado en el básquet y dice que para empezar a entrenar a sus jugadores tomó cosas de este deporte antes que del fútbol.

Rinus Michels[1] hizo lo mismo cuando asumió la conducción de la selección holandesa. Como Holanda no tenía una pesada tradición futbolera detrás que le decía de qué manera jugar, podía —como dice Borges[2] en "El escritor argentino y la tradición"— robar de todos lados. Michels utilizó la técnica de rotación del balonmano para que sus equipos atacaran. Su Holanda de 1974 que perdió la final con Alemania es uno de los equipos más hermosos que vi jugar. Todos atacaban y todos defendían. Johan Cruyff[3] era el maestro Jedi de este equipo. El comienzo de la final contra los alemanes en la que los holandeses la tocan sin parar hasta que culmina en un penal que convierte Johan Neeskens[4] es un hito de la historia del fútbol, y el mejor inicio de un poema de cualquier lugar.

San Lorenzo[5] ahora tiene un técnico bastante "hermanado" con Juan Antonio Pizzi,[6] otro al que le gustaba jugar al ataque. Recordemos unas palabras notables de Pizzi a su ayudante: "El partido está controlado, cómo lo enloquecemos". Se diría que Pablo Guede,[7] incluso, ataca más. Qué hermoso es levantarse sabiendo que tu equipo, aunque pierda, va a ir al ataque con todo. En un momento contra Olimpo de Bahía Blanca atacaban—ganando por dos goles—con seis jugadores. Lo que no tiene el equipo es un equilibrio en defensa. Los técnicos audaces no duran mucho en el fútbol argentino. Es una mezcla entre la presión del mercado y la presión de los plateístas.[8]

Al principio a Damore la cosa se le complicó. Perdió varios partidos al hilo y si perdían uno más estaban afuera. Se paró en el vestuario y, como charla técnica, les preguntó a sus jugadores: "¿Hasta dónde llega un perro perdido en un bosque?". Nadie contestó y él les dijo: "Hasta la mitad, después sale".

Ese día ganaron.

---

1 Marinus Jacobus Hendricus "Rinus" Michels (1928–2005) fue un futbolista y entrenador holandés. Tuvo su carrera como futbolista en el club de su ciudad, el Ajax, donde estuvo desde 1945 hasta 1958 y que más tarde dirigió.

2 Jorge Francisco Isidoro Luis Borges Acevedo (1899–1986) fue un escritor argentino muy destacado en el siglo XX, y para algunos el mejor escritor latinoamericano de todos los tiempos. Publicó ensayos breves, cuentos y poemas.

3 Hendrik Johannes Cruijff, conocido Johan Cruyff (1947–) es un exfutbolista holandés y exentrenador del FC Barcelona.

4 Johannes Jacobus Neeskens (1951–) es un ex-futbolista holandés de los años 70.

5 El Club Atlético San Lorenzo de Almagro, conocido popularmente como San Lorenzo de Almagro o simplemente San Lorenzo, es un club deportivo, social y cultural, con sede en el barrio de Boedo en la ciudad de Buenos Aires, Argentina.

6 Juan Antonio Pizzi Torroja (1968) es un exfutbolista y director técnico argentino naturalizado español. Desde 2016 se desempeña como entrenador de la Selección de fútbol de Chile.

7 Pablo Adrián Guede (1974) es exfutbolista y ahora director técnico de San Lorenzo.

8 Los hinchas y seguidores del equipo River Plate, rival tradicional de San Lorenzo.

Actividades para después de la lectura

Comprensión

I

Paso 1

Escoge la respuesta que más representa la idea central de la crónica.

a. El autor habla sobre cómo renovar la técnica para jugar mejor fútbol.
b. Casas solo quiere mencionar algunas de las personas que tuvieron diferentes técnicas para mejorar el fútbol.
c. El autor, como hincha, quiere enfatizar lo placentero que es que tu equipo juegue bien, al ataque, con pasión, a pesar de que pierda y sin importar nada más.

Paso 2

Explica tu respuesta con un ejemplo del texto. Elabora lo necesario.

_____
_____
_____

Paso 3

Comparte oralmente tu respuesta con un compañero. Después comparte tu respuesta con el resto de la clase. ¿Está, la mayoría, de acuerdo?

II

Comprensión

1. ¿Cómo es la nota que publicó Damián Damore acerca de su experiencia dirigiendo el equipo de fútbol amateur?
2. ¿De dónde tomó prestada la técnica Damore para dirigir a su equipo?
3. ¿Por qué dice el autor que los técnicos audaces "no duran" en el fútbol argentino?
4. ¿Qué equipo ganó la Copa mundial de fútbol de 1974?
5. ¿Por qué crees que al autor no le importa que su equipo pierda?

Interpretación

1. ¿Por qué, en tu opinión, el autor compara al fútbol con la poesía?
2. El ensayo "El escritor argentino y la tradición" de Jorge Luis Borges es muy famoso porque permite entender la producción cultural latinoamericana desde el punto de vista de "la periferia", asimilándola como algo bueno. ¿Cuál te parece el motivo principal de hablar del ensayo y compararlo con el fútbol?

154 *El fútbol*

3. "Johan Cruyff[9] era el maestro Jedi de este equipo". ¿Qué te dice esta oración sobre la importancia de la cultura popular norteamericana?
4. Cuando escribe que los técnicos tienen mucha presión "del mercado", ¿a qué mercado se refiere? Además de los hinchas, ¿de dónde viene la presión por ganar?

Discusión o debate

1. Los deportes, así como toda manifestación de cultura popular, no son importantes en realidad porque no tienen mayor intelectualidad y solo sirven para entretener a la gente.
2. Me parece absurdo y tonto comparar un partido de fútbol con un poema, ¡no tienen nada que ver!
3. En todos los deportes, incluido el fútbol, se pueden observar varios conflictos sociales tales como la representación demográfica de las minorías o la exclusión de género.

Ejercicios de gramática

Pretérito e imperfecto

El pretérito narra:

1. Una acción que se completa en el pasado:
   Hace poco mi amigo Damián Damore **empezó** a dirigir un equipo de fútbol amateur.
2. Acciones sucesivas que se consideran terminadas en el pasado:
   Rinus Michels **hizo** lo mismo cuando **asumió** la conducción de la selección holandesa.

El imperfecto describe:

1. Acciones que se repiten de forma habitual en el pasado:
   San Lorenzo ahora tiene un técnico bastante "hermanado" con Juan Antonio Pizzi, otro al que le **gustaba** jugar al ataque.
2. Acciones que ocurrían al mismo tiempo sin especificar la duración:
   Todos **atacaban** y todos **defendían**.
3. Descripciones de personas y cosas así como de la hora y la edad en el pasado:
   Johan Cruyff **era** el maestro Jedi de este equipo

A. Escoge el verbo que complete de forma correcta el siguiente párrafo:
El año pasado cuando 1. (estudié / estudiaba) español en Buenos Aires 2. (tuve / tenía) la oportunidad de ir al partido más importante del campeonato argentino de fútbol, el llamado "Superclásico". El partido entre el Boca Juniors y el River Plate 3. (tenía /

---

[9] Hendrik Johannes Cruijff, conocido como Johan Cruyff (1947–) es un exfutbolista holandés y exentrenador del FC Barcelona de España.

tuvo) lugar ese día en el estadio Monumental del River Plate. Mi familia 4. (apoyaba / apoyó) al River Plate, así que me 5. (compré / compraba) una camiseta de ese equipo antes de ir. 6. (Estaba / estuve) muy emocionado de ir a presenciar un partido tan importante. 7. (Había / hubo) mucha gente en el estadio y además 8. (hacía / hizo) calor porque 9. (era / fue) en marzo y es verano en Argentina. Al final, el partido 10. (terminó / terminaba) cero a cero. Mucha gente que no entiende de fútbol no comprende como un partido que termina empatado a cero puede ser tan emocionante. Después de vivir esa experiencia ahora lo entiendo.

B. Forma cinco oraciones en el pasado combinando cada columna:
Modelo: Anoche fui al estadio porque tenía boletos para la final.

I.	II.	III.	IV.
Ayer	entrenar		jugar la final mi equipo favorito.
La semana pasada	ganar la final		tener boletos para la final.
Anoche	cansar	porque…	es mi deporte favorito.
El fin de semana pasado	jugar al fútbol		anotar muchos goles.
El año pasado	ver un partido		tener un partido importante.
El jueves pasado	ir al estadio		correr todo el partido.

1. _____
2. _____
3. _____
4. _____
5. _____

156 *El fútbol*

EL MUNDO MUNDIAL 1: LA FÁBRICA DE FICCIONES – ARGENTINA

Publicado originalmente en el diario *New York Times en Español* (2018)

Martín Caparrós

Esta breve crónica muestra los varios significados alternos del fútbol y en particular del mundial de futbol, que tiene lugar cada cuatro años y es el espectáculo deportivo más seguido en América Latina y el mundo. El autor llama a este deporte la "fábrica de ficciones" porque, entre otras cosas, es capaz de seducir a los fanáticos y a los jugadores —así como al público en general— y hacerles creer que es un deporte con igualdad de oportunidades. Realmente, lo que dice el autor es que el fútbol viene a ser un engaño gigantesco, y de él se alimentan sentimientos complejos que atraviesan la patria, el dinero, la individualidad, entre otros.

Acerca del autor

Martín Caparrós (Argentina, 1957) es un escritor y periodista de notoriedad que se exilió en Europa durante la dictadura argentina de los setenta. Después de estudiar en París y vivir en Madrid, regresó a Buenos Aires y se dedicó a escribir para distintos medios. En 2011 obtuvo el prestigioso premio Herralde por su novela *Los living*, y entre sus textos más reconocidos están *Una luna* (2009) y *El hambre* (2015). Esta crónica también se publicó en la revista Surcos de América Latina, en 2006.

Actividades de pre-lectura

1

Ejercicios de vocabulario

Relaciona el significado con las palabras.

1. ( ) Hipos	a. Hijos.
2. ( ) Cachas	b. Unirse un grupo de personas o una colectividad para conseguir un mismo fin.
3. ( ) Petiso /a	c. Persona de baja estatura.
4. ( ) Vástago	d. Fornido, musculoso.
5. ( ) Musaraña	e. Con intensidad.
6. ( ) Aliarse	f. Nombre genérico para nombrar a cualquier tipo de insecto. Se usa también de forma despectiva para nombrar a las personas.

II

Paso 1

Responde a las siguientes preguntas:

1. ¿Cuál es tu deporte favorito? ¿Y, de ese deporte, cuál es tu equipo profesional favorito?
2. ¿Por qué te hiciste fanático de este equipo?
3. ¿Si tu equipo perdiera siempre, serías capaz de cambiarte a otro equipo que fuera ganador?
4. ¿Crees que un equipo de cualquier deporte captura la identidad del grupo de personas que lo apoyan?
5. ¿Crees que el equipo nacional de tu país, por ejemplo en las Olimpiadas, te representa bien como parte de ese país? ¿Sigues el mundial de futbol?

Paso 2

Comparte tus respuestas con un compañero o compañera. ¿Las respuestas son similares?

Paso 3

Después de responder y de compartir tus respuestas, ¿se podría decir que el deporte en general tiene una significación social más profunda de lo aparente? Responde y elabora lo más posible.

_____

_____

_____

_____

_____

Paso 4

Ahora lee la crónica. Recuerda que no tienes que entender todo, sino solamente los puntos principales y la organización general del texto. No te detengas para buscar palabras en el diccionario.

El mundo Mundial 1: La fábrica de ficciones

Fue un hondo drama humano: un joven arquero[1] jugaba el partido de su vida —la final de la Champions Liverpool contra el Real Madrid— y cometió dos errores ridículos, que destruyeron a su equipo y lo llevaron a perder 3 a 1. El joven arquero —alemán, para colmo— había fallado en el momento decisivo; millones lo vimos llorando con hipos en la tele. Millones nos emocionamos con la pena infinita del muchacho que había

---

1 Se refiere al portero del Liverpool, Loris Karius, quien pidió disculpas a la afición cuando concluyó la final de la Liga de Campeones, disputada en Kiev, Ucrania.

158 *El fútbol*

arruinado su carrera: lo compadecimos, nos identificamos con su inmenso dolor; la vida, sin duda, es demasiado cruel. Hasta que, al día siguiente, empezaron a circular las fotos del muchacho —muy cachas, muy bonito— con una modelo rubia subiendo a un Porsche platinado, y algo se rompió. En un mundo tan lleno de urgencias e injusticias, mi dolor por un nuevo rico que usa sus millones —de euros, de mirones— para convertirse en una caricatura barata del éxito caro me dolió. El fútbol me había engañado una vez más.

Es lo que hace: el fútbol es la mejor máquina de ficción que hemos inventado desde que un tal Saulo[2] dijo que un tal Jesús había resucitado, desde que un tal Robespierre[3] insistió en que una república da a sus ciudadanos libertad, igualdad y esas cosas. El fútbol no llega a tanto, pero es un gran fabricante de ficciones.

Produce, para empezar, la ficción de la igualdad de oportunidades: que cualquiera puede conseguirlo, que todos podemos. Alguien dijo que el éxito del fútbol se basa en que permite que cualquiera lo practique: que, a diferencia de la mayoría de los deportes, tiene un puesto para el grandote casi torpe, uno para el flaco movedizo, uno para el petiso vigoroso, incluso uno para el gordito, que de últimas va al arco pero también juega.

A su imagen y semejanza, el fútbol vende la ficción de la igualdad de oportunidades globales: que cualquiera podría ser Cristiano[4] o Neymar[5] o Dembelé.[6] Que cualquier jovencito senegalés o colombiano, por más pobre que sea, puede tener su rubia y su Porsche si aprende a jugar a la pelota, si quiere dejar su barrio y sus amigos y apostar a la salvación individual: no buscar la forma de crecer con todos sino dejarlos atrás y transformarse en uno de los otros, triunfar en esta vida. Para eso sirven los futbolistas, la exhibición de Porsches y de rubias.

Durante siglos, la condición de existencia de los pobres era que no terminaran de saber cómo vivían los ricos. Ahora es lo contrario: para que los pobres existan —y acepten su pobreza— les muestran a los ricos y les dicen que podrían ser como ellos. Con una astucia suplementaria: como es difícil suponer que alguien puede empezar una carrera futbolística después de los veinte, está la opción de los hijos, y por eso se ven, en todas las canchitas del tercer mundo, esos padres ansiosos que se juegan el Porsche a las piernas flacas de sus vástagos.

Hay más ficciones. La ficción de orden, por ejemplo: si algo puede explicar el auge de los deportes es que en ellos, a diferencia de la vida, se sabe el resultado. Un gol vale un gol, se conoce quién gana y quién pierde, las cosas se definen, el principio de incertidumbre se derrumba: hay un orden y es fácil entenderlo.

Y la ficción de cercanía: en los ascensores, las barras de los bares, las colas de los bancos y los demás encuentros breves o fortuitos, el fútbol nos provee la ilusión de que tenemos algo que decirnos. Que compartimos algo que podemos compartir, que somos parte de la misma tribu y nos hablamos.

Y la ficción de tolerancia: en el fútbol, esa puesta en escena acotada, limitada, se tolera lo que en la vida no —y a veces se confunden las fronteras—. Quien viera el equipo de

---

2 Se refiere a Pablo de Tarso, cuyo nombre judío era Pablo de Tarso. Una vez convertido al cristianismo llegaría a ser conocido como San Pablo.
3 Robespierre, se refiere a Maximilien Robespierre, quien fue unos de los principales dirigentes de la Revolución Francesa.
4 Cristiano Ronaldo, jugador portugués.
5 Neymar da Silva Santos, mejor conocido como Neymar, jugador brasileño.
6 Ousmane Dembele, jugador francés.

Francia, por ejemplo, con mayoría de morenos, podría pensar que "representan" a un país abierto y tolerante, no uno donde las opciones abiertamente racistas se llevan un tercio de los votos.

Y la ficción de igualdad: hay pocos clichés más famosos en el fútbol que el famoso "en la cancha son 11 contra 11". Lo son, pero los 11 de un lado pueden valer o costar varios cientos de millones de dólares y los del otro con suerte siete u ocho. En este ecosistema la desigualdad es extrema: Europa se lleva la carne de futbolista que Sudamérica produce, diez o doce clubes europeos concentran la riqueza futbolística mundial. Por eso esos clubes ricos, compradores tiránicos, vendedores globales, se quedan con todos los títulos: controlan la pelota.

Así que en general el orden del fútbol es el orden capitalista global, sin interferencia de los Estados. Los futbolistas circulan sin trabas y trabajan donde les dan más plata. Que te vendan —que te "vendan"— afuera es lo que quiere cualquier joven de un país pobre o empobrecido. Hasta que, una vez cada cuatro años, en cada Mundial, la ficción cambia: los equipos definidos por la plata son remplazados por equipos definidos por banderas. El Efecto Patria se despliega.

Llámese Efecto Patria a esa rara conducta por la cual personas que no tienen ningún otro acuerdo entre sí —que se detestan, por ejemplo— coinciden en la celebración de una supuesta gesta nacional. El fútbol lo favorece especialmente. De hecho, se dice que el término fue acuñado por un joven escritor argentino cuando se dio cuenta de que estaba gritando el mismo gol que el entonces general Videla[7] o el entonces capitán Astiz,[8] símbolos de la dictadura, o el entonces presidente Menem,[9] entre otras musarañas, y le dio como un asco.

El efecto es potente en los Mundiales. De pronto, por un mes, la emoción de la Patria se vuelve protagonista de todas las charlitas,[10] todas las esperas y pasa a ser el mejor argumento para vender cervezas, coches, televisores, papafritas, cuentas en los bancos. La Patria, tan difusa, se concreta: sus colores y sus jugadores, sus horarios, sus metas. Es la esperanza del triunfo, algún triunfo. La Patria se defiende a las patadas, se juega a la pelota.

Son días de cuento: la máquina de producir ficciones se alía con la mayor ficción para darnos unos días de irrealidad casi perfecta, de placer, de emociones, que la vida real no suele proveernos. Las dos grandes ficciones se potencian y producen una tan potente: un Mundial de fútbol, una riña de patrias que suspende el tiempo por un mes.

Y otras ficciones o naciones lo aprovechan: Rusia y su Putin,[11] por ejemplo, intentarán sumarse al producir la apariencia de un país amable y armónico —si se pudo hacer un Mundial en la Argentina de 1978[12] se puede hacer cualquiera—. Habrá que disfrutarlo o, incluso, creérselo durante un par de horas, y gritar y sufrir y disfrutar y gritar otra vez, decir nosotros cuando deberíamos decir ellos, hacernos uno con los otros: patriotear, que a veces nos excita tanto.

---

7 Jorge Rafael Videla: General que gobernó dictatorialmente la Argentina de 1976 a 1981.
8 Alfredo Astiz: Militar argentino que durante la dictadura del General Varela se dedicó a capturar enemigos políticos para desaparecerlos.
9 Carlos Menem: Presidente argentino de 1989 a 1999.
10 Diminutivo de charlas. Conversaciones sin importancia.
11 Vladimir Putin: Es agente de la KGB y actual presidente de Rusia.
12 Argentina 1978. Mundial de fútbol celebrado en ese país durante la época de la dictadura del General Videla.

160 *El fútbol*

Actividades para después de la lectura

Comprensión

1. ¿Qué hizo el joven arquero en un partido tan importante como la final de la Champions League? (Lns. 1–12)
2. ¿Por qué el autor del texto en un principio sintió pena por el arquero y después dejo de sentirla? (Lns. 5 y ss.)
3. ¿Por qué dice que el fútbol es la mejor máquina de ficciones que el ser humano ha inventado? (Lns. 13–22)
4. ¿Por qué dice el autor que el fútbol tiene un lugar para cualquier tipo de atleta, aunque no sea muy atlético? (Lns. 18–22)
5. ¿A qué se refiere cuando menciona la igualdad de oportunidades globales? (Lns. 23–24)
6. ¿Cuál era la condición de existencia de los pobres? (Lns. 30 y ss.)
7. ¿Cuál es la ficción de la tolerancia según el autor? (Lns. 45 y ss.)
8. ¿Cuál es el orden del fútbol según Caparrós? (Lns. 57–62)
9. ¿Qué efecto se desata en los mundiales y por qué es importante? (Lns. 63–69)

Interpretación

1. ¿Crees realmente que el autor siente lástima por el arquero alemán que cometió errores en el partido de la final de la Champions League? (Primer párrafo)
2. ¿Estás de acuerdo con la idea de que el fútbol, en particular, y los deportes en general, "venden" ficciones como la igualdad de oportunidades? (Lns. 17 y ss.)
3. ¿Por qué crees que el autor habla de Jesús y de Robespierre para argumentar su idea de que el fútbol es engañoso? (Lns. 13 y ss.)
4. ¿Por qué crees que al autor no le gusta la idea de que el fútbol engañe a los jóvenes haciéndoles pensar que cualquier puede llegar a ser profesional? (Lns. 23 y ss.)
5. Si el orden de la ficción es algo tan importante porque según el autor al final siempre se sabe el resultado, ¿por qué, en tu opinión, hay gente que es capaz de suicidarse por un partido de fútbol? (Lns. 39–40)
6. ¿Crees que realmente los deportes nos permiten "conversar" como dice el autor al referirse a la ficción de la cercanía? (Lns. 41–44)
7. ¿Por qué crees que el autor no menciona para nada el fútbol de mujeres? (toda la crónica)
8. ¿Estás de acuerdo con el efecto Patria que menciona Caparrós? ¿Por qué? (Lns. 63 y ss.)
9. Reacciona ante esta cita: "la máquina de producir ficciones se alía con la mayor ficción para darnos unos días de irrealidad casi perfecta, de placer, de emociones, que la vida real no suele proveernos" (Lns. 76–80)
10. El verbo '*patriotear*' no existe en español y es una palabra inventada por el autor a partir de la palabra patria. ¿A qué se refiere el autor con '*patriotear*' ¿Te gusta '*patriotear*'? (Lns. 81–86) ¿Hay alguna palabra en español que no existe pero que existe en tu lengua materna y te gustaría que existiera? ¿Cómo sería esa palabra?
11. Después de leer el texto completo, responde a la siguiente pregunta. Alguien ha mencionado que "el fútbol es la cosa más importante de las menos importantes". ¿Crees que lo mismo aplica para los deportes en general? Sobre todo porque la

mayoría de los espectadores de deportes no son deportistas ni realizan una labor física. ¿En qué sentido los deportes cumplen una labor en la sociedad?

Discusión o debate

1. Ningún deporte es tan importante como se lo pinta. Si es que mañana desapareciera el fútbol, no pasaría nada, la vida seguiría igual.
2. Los equipos capturan de verdad la identidad de los barrios o de las ciudades en las que están. De igual forma lo hacen los equipos nacionales en el mundial o en las olimpiadas al representar a un país.
3. Todos los deportes son un engaño porque muy pocos, menos del 10% de los que lo intentan, llegan a ser jugadores profesionales. Los chicos pobres deberían de dedicar toda su energía y tiempo a estudiar.

Ejercicios de vocabulario

Verbos que se forman a partir de adjetivos para indicar cambio de estado

Observa las siguientes palabras en itálicas que aparecen en el texto:

"Los futbolistas circulan sin trabas y trabajan donde les dan más plata. Que te vendan —que te "vendan"— afuera es lo que quiere cualquier joven de un país **pobre** o **empobrecido**".

A partir de ciertos adjetivos, es posible formar un verbo para indicar cambio de estado. Así, de este modo del adjetivo **pobre** se puede formar el verbo **empobrecer** para indicar el efecto de llegar a ese estado.

Aunque no hay reglas para la formación de este tipo de adjetivos, suelen formarse a partir de agregar el prefijo *en–*, *em–* o *a–*.

Ejercicio 1

Abajo puedes encontrar los verbos para indicar cambio que se pueden formar a partir de los adjetivos que aparecen en el texto. Al lado de los verbos dados, escribe el adjetivo del cual provienen:

1. enriquecer	_____	3. enflacar	_____
2. engrandecer	_____	4. engordar	_____

Ejercicio 2

De los siguientes adjetivos, forma el verbo para indicar cambio, si lo necesitas consulta un diccionario. Agrega el prefijo *en–*, *em–* o *a–*:

1. largo	_____	6. blando	_____
2. loco	_____	7. furioso	_____

162 *El fútbol*

3. peor _____ 8. sucio _____
4. rojo _____ 9. delgado _____
5. viejo _____ 10. pequeño _____

Ejercicio 3

Haz oraciones completas a partir de la lectura con cinco de los verbos que creaste en el ejercicio anterior:

1. _____
2. _____
3. _____
4. _____
5. _____

8 El sabor de la gastronomía latinoamericana

EL SEÑOR DE LAS PAPAS – PERÚ

Publicado originalmente en la revista *Etiqueta Negra* (2015)

Eliezer Budasoff

La llegada de los europeos al continente americano tuvo profundas consecuencias tanto históricas como culturales en ambos lados del Océano Atlántico. La diversidad de la flora y la fauna nativa de América expandió la gastronomía de todo el mundo. Muchos de los alimentos propios de la región americana y que, por lo tanto, eran desconocidos en el Viejo Continente, consistían en plantas, flores, frutas, cereales o verduras que fueron domesticados mediante complejos procedimientos agrícolas por parte de los pueblos indígenas americanos. Entre los más importantes se encuentran la papa, el maíz o el cacao. Algunos de esos productos eran tan importantes en la cosmovisión de los pueblos indígenas que se consideraban divinidades, tales como los ya mencionados maíz o cacao.

Al ser productos inexistentes fuera del continente, muchos de ellos conservaron su nombre en lengua indígena no solo en español sino en otras lenguas; por ejemplo, del náhuatl, la lengua de los aztecas, se conservan nombres como chocolate y tomate; del quechua, la lengua de los incas, la papa y la quinua; de las lenguas taínas, las lenguas del Caribe, papaya o guayaba; del tupí-guaraní, lenguas de Sudamérica, ananás, palabra con la que se conoce a la piña en muchas lenguas.

Al expandirse por todo el mundo estos productos fueron adoptados por otras gastronomías y son imprescindibles en esas cocinas. Por ejemplo, ¿qué sería de la cocina italiana sin el tomate o jitomate? ¿Y de los postres europeos sin la vainilla o el chocolate? ¿Y de la cocina de muchos países sin las papas o los chiles? Productos todos ellos originarios del continente americano y por ello inexistentes antes del encuentro de los dos mundos. El hecho de que estos alimentos existan refleja la complejidad de la agricultura y la cultura gastronómica de las culturas originarias del Nuevo Mundo y son solo un ejemplo de lo mucho que estas culturas han aportado a todo el mundo.

En este texto se presenta el perfil de un campesino indígena peruano, Julio Hancco, dedicado a preservar la diversidad del producto no cereal más cultivado en el mundo, la papa, cuyo origen es Inca.

Acerca del autor

Eliezer Budasoff (Argentina, 1978) es un periodista cuyo trabajo le ha llevado a vivir en varios países de América Latina y el Medio Oriente. Su trabajo en el periodismo narrativo le ha valido varios reconocimientos, entre ellos, el premio Nuevas Plumas

164 *El sabor de la gastronomía latinoamericana*

2011 y en 2016 resultó finalista del prestigioso premio Gabriel García Márquez de periodismo narrativo. Actualmente se desempeña como editor editorial de la versión en español del periódico New York Times. Crónica elaborada con apoyo de Oxfam.

Actividades de pre-lectura

Ejercicios de vocabulario

Relaciona el significado con las palabras.

1. ( ) gorro	a. Proviene de la palabra fuego; de ahí que sea el lugar donde hay fuego, con el fin comúnmente de cocinar.
2. ( ) remendar	b. Pedazo de tela u otro material que se pone en la cabeza.
3. ( ) moteado/a	c. Unir con hilo o un pedazo de tela algún hueco que existe en una pieza de ropa, por ejemplo, los calcetines o un pantalón.
4. ( ) fogón	d. Algo que tiene motas, es decir manchas o marcas generalmente pequeñas.

Paso 1

Se suele hablar de la diversidad ya sea racial, cultural o lingüística; sin embargo, ¿sabes a qué se refiere la diversidad alimenticia?

¿Cómo escoges los alimentos que consumes? ¿Compras frutas o verduras? ¿Sabes diferenciar entre tipos diferentes de frutas o verduras, es decir, sabes diferenciar tipos de manzanas, cebollas o tomates? Si es así, ¿sabes su nombre?

¿Sabes cuál es el origen de los alimentos que consumes? ¿Y el origen de las frutas o verduras que más te gustan?

Paso 2

Investiga el término "apropiación cultural" ¿Crees que usar productos gastronómicos de otras regiones o de otras culturas es un ejemplo de apropiación cultural?

Paso 3

Encuentra la definición que mejor corresponda a la palabra, o grupo de palabras, resaltadas. Utiliza el contexto como ayuda.

1. Una tarde de primavera de 2014, en su casa, días después de la siembra, Julio Hancco levanta una mano tan grande y rugosa como la **corteza** de un árbol, y señala un plato sobre la mesa (Lns. 19–21).

2. Quienes viajan a verlo desde una ciudad se demoran, jadean y **se marean** por la falta de oxígeno. Allí arriba la sangre corre más lento y el viento es más violento (Lns. 61–62).
3. Para ir hasta su casa hay que bajarse en la ruta y subir casi un kilómetro a pie por una ladera **empinada**, algo que cualquier forastero describiría como subir una montaña (Lns. 58–60).

El señor de las papas

Julio Hancco es un campesino de los Andes que cultiva trescientas variedades de papa, y reconoce a cada una por su nombre: la que hace llorar a la nuera, la caquita[1] colorada de chancho,[2] la cuerno de vaca, la gorro viejo remendado, la zapatilla dura, la mano moteada de puma, la nariz de llama negra, la huevo de cerdo, la feto de cuy,[3] la comida de bebé para dejar de lactar. No son nombres en latín sino nombres que eligen los campesinos para clasificar las papas por su apariencia, su sabor, su carácter, su relación con las demás cosas. Casi todas las variedades de papas que Hancco produce a más de cuatro mil metros de altura,[4] en sus tierras del Cusco,[5] ya tienen su nombre. Pero a veces siembra una papa nueva o una que ha perdido su identidad con el tiempo, y El Señor de las Papas puede nombrarla. A la puka Ambrosio —puka en quechua significa roja—, una variedad que sólo se cultiva en sus tierras, Hancco la llamó así en homenaje a un sobrino suyo que había muerto al caer de un puente. Ambrosio Huahuasonqo era un campesino amable, dócil como un puré de papas, que seguía a su tío adonde fuera y que conquistaba a la gente haciendo bromas. Dicen que su apellido quechua definía su carácter: Huahuasonqo significa «corazón de niño». Después de su muerte, Hancco eligió su nombre griego para darle un destino: Ambrosio significa 'inmortal'. La papa que lleva su nombre es alargada, suave, ligeramente dulce, con una pulpa amarillo claro y un anillo rojo en el centro. Es una de las favoritas de Hancco, un campesino que solo habla quechua y tiene un nombre latino: Julio significa «de fuertes raíces». Una tarde de primavera de 2014, en su casa, días después de la siembra, Julio Hancco levanta una mano tan grande y rugosa como la corteza de un árbol, y señala un plato sobre la mesa.

—Como hijo —dice—. Como hijo, es papa.

Adentro de la casa de Hancco —un cuarto de piedra sin ventanas con una mesa vieja y un fogón—, está tan oscuro que no se alcanza a ver si lo dice sonriendo o con un gesto de solemnidad. Su esposa, sentada sobre un banquito en un piso de tierra, revuelve un caldo en el fogón. Sobre la mesa del comedor se enfría un puñado de papas puka Ambrosio. Son deliciosas, pero la gran mayoría de los peruanos nunca llegará a probarlas. Sabemos que la papa nació en el Perú, y que los agricultores de los Andes cultivan más de tres mil variedades, pero no sabemos casi nada sobre ellas. Sabemos

---

1 Diminutivo de caca.
2 Chancho: es el nombre al que se le conoce al puerco en Sudamérica.
3 Cuy palabra de origen quechua para llamar a lo que se conoce en otros países hispanohablantes como "conejillo de indias". En inglés se le conoce como '*guinea pig*'
4 13,123 pies de altura aproximadamente.
5 Región de los Andes peruanos en los que se encontraba en algún tiempo la capital del Imperio Inca.

dónde se fabrica un iPhone, cuál es el hombre más rico del mundo, de qué color es la superficie de Marte, cómo se llama el hijo de Messi, pero no sabemos casi nada de los alimentos que comemos a diario. Si es cierto que somos lo que comemos, la mayoría no sabemos quiénes somos. Quienes van a cualquier mercado en Perú su mayor dilema es elegir entre papas blancas o papas amarillas. Pueden reconocer las papas Huayro —marrón con tonos morados, especial para comer con salsas—, juntarse con amigos alrededor de 'papas cocktail' —del tamaño de unos champiñones— o sentirse más patriotas si compran una bolsa de papas nativas —producidas a más de tres mil quinientos metros de altura—. Pero, como todos, son ciudadanos del mundo de la papa frita: en el Perú de 2014, el país donde más variedades de papas se producen en el mundo, se importaron veinticuatro mil toneladas[6] de papas precocidas: las que usan los *fast foods* para hacer papas fritas.

***

Cuando mira hacia el cerro nevado frente a su casa, Julio Hancco detiene su mirada como lo hacen algunos en la ciudad cuando pasan frente a una Iglesia: como si se persignaran hacia adentro, con una reverencia imperceptible. Hancco es un agricultor de sesenta y dos años que ha sido llamado custodio del conocimiento, guardián de la biodiversidad, productor estrella. Fue premiado con el Ají de Plata[7] en el festival gastronómico Mistura,[8] y ha recibido a investigadores de Italia, Japón, Francia, Bélgica, Rusia, Estados Unidos, y a productores de Bolivia y Ecuador que han viajado hasta sus tierras en la comunidad campesina Pampacorral,[9] para saber cómo consigue producir tantas variedades de papa. Hancco vive a cuatro mil doscientos[10] metros sobre el nivel del mar, a los pies del cerro nevado Sawasiray,[11] en un paisaje de suelos amarillos, colinas áridas y rocas gigantes adonde pueden llegar unos ingenieros europeos pero no llegan ni los automóviles ni la luz eléctrica. Para ir hasta su casa hay que bajarse en la ruta y subir casi un kilómetro a pie por una ladera empinada, algo que cualquier forastero describiría como subir una montaña. Quienes viajan a verlo desde una ciudad se demoran, jadean y se marean por la falta de oxígeno. Allí arriba la sangre corre más lento y el viento es más violento. En verano, el agua de deshielo se enfría tanto que es doloroso lavarse la cara. En invierno el frío llega a diez grados bajo cero, una temperatura que puede congelar la piel en una hora. Para conseguir leña, Hancco tiene que andar unos cinco kilómetros hasta un sitio donde pueden crecer los árboles, cortar los troncos y llevarlos a su casa a caballo. Para conseguir gas tiene que bajar hasta el camino asfaltado y tomar una

---

6 24 mil toneladas métricas corresponden a 52,910,000 libras o 26,455 toneladas norteamericanas.
7 El Ají de Oro es un premio que se otorga cada año en Perú con el propósito de reconocer lo mejor de la cultura gastronómica peruana. El ají es un tipo de chile que se cultiva principalmente en América del Sur y suele ser utilizado en varias de las cocinas regionales de esos países, principalmente, Perú, Ecuador, Bolivia, Colombia y Venezuela.
8 El festival gastronómico de Mistura se celebra en Perú cada año. Se ha posicionado como el festival gastronómico más importante de América Latina. El Perú ha desarrollado una intensa campaña para posicionar la comida peruana en el mundo.
9 Pampa Corral es una pequeña comunidad peruana localizada en la parte central del país en la sierra que cruza los Andes.
10 13,779 pies de altura aproximadamente
11 Zona montañosa de los andes peruanos que incluye unas de las montañas más altas del Perú.

camioneta combi[12] que lo lleve hasta Lares, el pueblo más cercano, a más de veinte kilómetros, donde a veces también compra pan, arroz, verduras y frutas, todo lo que no puede producir en sus tierras. Lo único que florece a esa altura, en las tierras que heredó de sus padres, es la papa.

***

La papa es el primer vegetal que la NASA cultivó en el espacio por su capacidad para adaptarse a distintos ambientes. Es el cultivo no cereal más importante y más extendido en el mundo. La planta que produce mayor cantidad de alimento por hectárea que cualquier otro cultivo. El tesoro-enterrado-de-los-Andes que salvó del hambre a Europa. El alimento principal de las tropas de Napoleón. La base de la tortilla española, los ñoquis italianos,[13] los knishes judíos,[14] el puré francés, el primitivo vodka ruso. El manjar que en el siglo XIX Thomas Jefferson servía frito, cortado en bastones, a sus invitados en la Casa Blanca. La raíz de la flor morada que María Antonieta lucía en el cabello para pasear por los jardines de Versalles. El vegetal que tiene dedicados tres museos en Alemania, dos en Bélgica, dos en Canadá, dos en los Estados Unidos y uno en Dinamarca. El tubérculo que inspiró una de las odas de Pablo Neruda —«Universal delicia, no esperabas mi canto/porque eres ciega sorda y enterrada»—, una canción de James Brown —♪ «Aquí estoy de regreso/haciendo puré de papas» ♪—, dos pinturas de Van Gogh —en uno de ellos, que se llama Los comedores de papa, cinco campesinos comen papas alrededor de una mesa cuadrada—. El origen de miles de semillas que se guardan junto a otras miles de especies bajo la tierra, en una montaña del ártico noruego, para proteger la riqueza de la papa de futuros desastres naturales. El cultivo que Julio Hancco trata como un hijo, pero que sus hijos menores no quieren seguir produciendo para evitar una vida de sacrificios a cambio de la subsistencia. Hancco dice que prefiere quedarse solo y que sus siete hijos vivan en la ciudad, donde pueden conseguir trabajos más livianos y mejor pagados.

***

En los años sesenta, cuando Julio Hancco era niño y empezaba a cultivar papas junto a su padre, su vicio era el pan: el niño Hancco trabajaba sus propios surcos de tierra para juntar dinero y poder comprar sus bolsas de pan cuando los vendedores pasaban a ofrecer sus mercancías. Un peruano en esa época consumía en promedio unos ciento veinte kilos de papa al año. En las décadas siguientes el consumo bajó, y la caída se aceleró en los ochenta, cuando los campesinos empezaron a migrar a la ciudad para escapar del terrorismo. Para los noventa, durante la presidencia de Alberto Fujimori, el consumo de papa había llegado a un piso histórico: unos cincuenta kilos al año por persona. Esas papas que se esfumaron, me explicará después la ingeniera papera Celfia Obregón Ramírez, fueron reemplazadas por alimentos como el arroz y los fideos.

---

12 Es un tipo de furgoneta, o camioneta, dependiendo del país, de marca Volkswagen. También se la conoce como Kombi.
13 Es un tipo de pasta italiana que se puede elaborar a base de papa.
14 Knish es un tipo de comida judía, que se suele comprar en puestos callejeros, originaria de Europa Central y Europa del Este que se elabora con papa, entre otros ingredientes.

—Como el tallarín tiene más estatus, y una pata de pollo es más estatus que comer cuy, la gente empezó a esconder sus papas —dice Obregón, presidenta de la Asociación para el Desarrollo Sostenible (ADERS) del Perú y promotora del Día Nacional de la Papa.

Frente al arroz blanco, el tallarín amarillo y el pollo pálido, las papas con sus pieles oscuras renovaban el estigma de atraso y pobreza que han tenido durante siglos, desde que fueron descubiertas por los conquistadores y llegaron a Europa en el siglo dieciséis, se supone que en la bodega de un barco español. Harían falta unos doscientos años para que la papa fuese consumida como un alimento habitual en todo el Viejo Continente. En cada país europeo tuvo su historia de rechazo y seducción: la papa fue considerada impúdica y afrodisíaca, causante de lepra, alimento de brujas, sacrílega y comida de salvajes. Pero Irlanda no dudó en adoptarla desde el comienzo: los campesinos de aquel país, despojados por los ingleses de las pocas tierras cultivables que tenían, se morían de hambre intentando extraer alimentos de unas tierras miserables. Cuando la papa llegó a ese país a finales del siglo dieciséis —se supone que de la mano del cosario inglés Walter Raleigh—, los irlandeses descubrieron que con un poco de tierra casi inservible podían producir alimento para toda una familia y su ganado. Al principio la papa salvó a Irlanda del hambre. Después se la acusó de la pobreza de aquel país: en un siglo, la población creció de tres a ocho millones, porque los padres podían alimentar a sus hijos con lo poco que tenían.

El escritor estadounidense Charles Mann cuenta que el economista Adam Smith, que era un admirador de la papa, se impresionaba al ver que los irlandeses tenían una salud excepcional pese a que casi no comían más que papas. «Hoy sabemos por qué —dice Mann en su libro *1493. Una nueva historia del mundo después de Colón*—: la papa es capaz de sostener la vida mejor que cualquier otro alimento si es el único en la dieta. Contiene todos los nutrientes básicos excepto las vitaminas A y D, que pueden obtenerse de la leche». Y la dieta de los irlandeses pobres en los tiempos de Adam Smith, explica Mann, consistía básicamente en papa y leche. La papa que hoy se cultiva en más de ciento cincuenta países produce mayor cantidad de alimentos por unidad de superficie que el arroz o el maíz. Una sola papa contiene la mitad de vitamina C que necesita un adulto por día. En algunos países como en los Estados Unidos, ofrece incluso más vitamina C que los cítricos, que son industriales y de mala calidad. Lo que importa de un alimento, me explica la ingeniera agrónoma Obregón Ramírez, es la materia seca y su valor nutricional: una papa blanca común, por ejemplo, tiene en promedio 20 por ciento de materia seca y el resto es agua. Eso quiere decir que, de una papa que pesa 100 gramos, unos 20 gramos son alimento. Las papas nativas, que se cultivan a mayor altura y en condiciones de clima más extremas que las variedades comerciales, tienen entre un treinta y un cuarenta por ciento de materia seca. Alimentan más del doble que una papa común, y tienen cantidades relevantes de hierro y zinc y vitamina B. Pero, por supuesto, las papas nativas tienen menor rendimiento, son más difíciles de transportar, y su precio final es más caro. Nosotros aún creemos el mito falso de que las papas engordan, y no comprendemos por qué deberíamos pagar más por una papa, aunque sea de color o tenga una forma exótica, si una papa es una papa es una papa.

***

La verdadera patria de un hombre no es la infancia: es la comida de la infancia. Un domingo a las siete de la mañana, antes de empezar el día de trabajo, la esposa de

Julio Hancco nos sirve estos alimentos en el desayuno: arroz con leche, pan con huevo frito, papas de su cosecha, costillas de alpaca y sopa de chuño[15] —unas papas amargas deshidratadas a la intemperie— con un poco de carne de oveja. Julio Hancco y sus hijos Hernán y Wilfredo, quienes deben trabajar la tierra durante todo el día, repiten dos veces la sopa. Hancco señala los platos, me mira, y vuelve a hablar en español:

—Carne natural es. Papa natural. Agua natural. Todo natural es.[16]

Actividades para después de la lectura

Comprensión

Responde a las siguientes preguntas.

1. ¿Cómo nombran a las papas los campesinos peruanos? (Lns. 10–16)
2. ¿Cómo consigue Julio Hancco leña, gas y víveres? (Lns. 63–71)
3. ¿Por qué las papas son el primer vegetal que la NASA cultivó en el espacio? (Lns. 75–77)
4. ¿Cuáles son algunos de los alimentos que son producidos con papa y a qué países o culturas pertenecen? (Lns. 78–89)
5. ¿Cuál era el consumo de papas durante la década de los sesenta y cuál era el consumo de papas durante la década de los noventa? (Lns. 99–108)
6. ¿Cuáles son unas de las razones por las que el consumo de papas ha descendido en el Perú? (Lns. 107–111)
7. ¿Cómo se cree que llegó la papa a Europa? (Lns. 113–116)
8. ¿Por qué los irlandeses eran saludables pese a comer casi únicamente papas? (Lns. 120–128)
9. ¿Cuáles son algunas de las propiedades nutritivas de las papas? (Lns. 129–151)

Interpretación

1. ¿Qué significan los nombres latinos Ambrosio y Julio y el apellido quechua Huahuasonqo en español y cómo los significados se relacionan con el texto? (Lns. 14–20)
2. A pesar de que el Perú produce suficiente papa para el consumo interno, importa una cantidad considerable de papas precocidas e industrializadas para freírse. ¿Qué cantidad de papas precocidas importa y qué quiere decir esto acerca del consumo de comida industrial? (Lns. 40–43)
3. ¿Cuál es la relación entre Julio Hancco y la naturaleza y qué dice esto acerca de él? (Lns. 47–58)

---

15 Chuño es un tipo de papa que se obtiene por medio de la deshidratación a temperaturas muy bajas. Este proceso, llevado a cabo en el Perú y Bolivia desde la época de los incas, permite conservar papas por temporadas largas, ya sean meses o incluso años.
16 El quechua suele colocar el verbo al final de la oración. Por ello, los hablantes bilingües de quechua y español en algunas ocasiones colocan el verbo al final de la oración cuando hablan español.

170 *El sabor de la gastronomía latinoamericana*

4. ¿Cuáles son algunos de los alimentos que son producidos con papa y a qué países o culturas pertenecen? (Lns. 75–88)
5. ¿Por qué Julio Hancco prefiere que sus hijos vivan en la ciudad en lugar de que cultiven papas? ¿Qué dice esto de la forma en la que los campesinos son tratados en la sociedad? (Lns. 91–95)
6. ¿Cuáles son algunas de las reacciones negativas que la papa recibió cuando se la llevó a Europa? ¿Y qué nos dice esto acerca del rechazo que lo diferente crea en las personas? (Lns. 118–120)

Discusión o debate

1. Hay un dicho con el que mucha gente está de acuerdo "Somos los que comemos". A partir de ahí, el autor del texto hace una versión: "Si es cierto que somos lo que comemos, la mayoría no sabemos quiénes somos" (Lns. 33–36). ¿Estás de acuerdo con esto? ¿Por qué crees que es importante o no conocer el origen de los alimentos que consumimos?
2. El autor del texto por medio de la crónica cree que las personas deben tener una relación más directa con los alimentos que consumen. En la actualidad, por otro lado, hay compañías que se ofrecen a llevar nuestra comida a casa, o incluso los ingredientes exactos para que cocinemos, sin que nosotros seleccionemos nuestros alimentos. ¿Qué piensas tú al respecto?
3. Según leíste en la crónica, la papa es originaria de la zona que ahora corresponde al Perú y de ahí se llevó a Europa y a todo el mundo. Vuelve a leer algunos de los productos elaborados con papa o algunos hechos históricos en los que la papa ha estado presente (Lns. 75–95). ¿Se puede hablar de apropiación cultural? ¿Se puede decir actualmente que la papa es un alimento local del Perú?
4. El hecho de que la papa se consuma en casi todo el mundo a pesar de que no era conocida en Europa antes de la llegada de los europeos al continente Latinoamericano, es un ejemplo de globalización. ¿Es la globalización un fenómeno único al mundo contemporáneo o siempre ha sido parte de la historia humana? ¿Crees que la globalización es algo beneficioso? ¿O deberíamos únicamente consumir productos locales?

Ejercicios de vocabulario

La influencia de las lenguas indígenas amerindias en el vocabulario del español

La llegada del español al continente americano se dio cuando los españoles se instalaron en las islas de las Antillas, sobre todo en las islas de la Española (ahora República Dominica y Haití) y en la isla de la Fernandina (ahora Cuba). Posteriormente, las primeras exploraciones al interior del continente se dieron cuando Hernán Cortés exploró la zona central de lo que ahora es México y cuando Francisco Pizarro exploró lo que ahora es la zona de Perú, principalmente. Estas exploraciones pusieron en contacto a los españoles con una serie innumerable de personas, objetos, fauna y flora para los que no había un nombre en español porque eran inexistentes en Europa. De ahí que para nombrarlos se usaron los nombres en lenguas indígenas.

El sabor de la gastronomía latinoamericana 171

No hay datos exactos acerca del número de lenguas indígenas que se hablaban a la llegada de los españoles, se cree que existían más de 100 lenguas en la zona central de lo que ahora es México y Centroamérica y más de 300 en la región del Amazonas en América del Sur. Sin embargo, por razones históricas tres grupos de lenguas indígenas son las que más influyeron el español: el taíno, la lengua de las Antillas (islas del Caribe); el náhuatl, la lengua de los aztecas, y el quechua, la lengua de los incas.

Puesto que los españoles se establecieron primero en las islas de las Antillas, la lengua taína contribuyó con numerosas palabras al español. El caso del náhuatl y el quechua contribuyeron también con muchas palabras al ser las lenguas habladas por las mayores civilizaciones de la época, las cuales una vez conquistadas darían origen a las más importantes colonias españolas en el continente americano, el Virreinato de la Nueva España y el Virreinato del Perú.

Ejercicio 1

Hay muchas palabras quechuas que aparecen en la lectura: Hancco, Huayro, Sawisaray, entre otras. Escribe al lado de las dos siguientes palabras quechuas el significado de ellas según se menciona en el texto:

1. Puka _____
2. Huahuasonqo _____

Ejercicio 2

Estas son algunas palabras indígenas que designan cosas propias del continente americano; como se mencionó anteriormente, el hecho de que los españoles se hayan asentado primero en las islas del Caribe ocasionó que muchas palabras del taíno—lengua propia de esa zona—hayan pasado al español, al igual que palabras del quechua y el náhuatl:

1. Taíno y lenguas del Caribe: ají, barbacoa, butaca, cacique, canoa, carey, guayaba, hamaca, huracán, maguey, maíz, papaya y tiburón.
2. Quechua: alpaca, cancha, cóndor, mate, pampa, papa, quinua.
3. Náhuatl: aguacate, cacahuate (o cacahuete), chicle, chocolate, tamal, tomate.

172   *El sabor de la gastronomía latinoamericana*

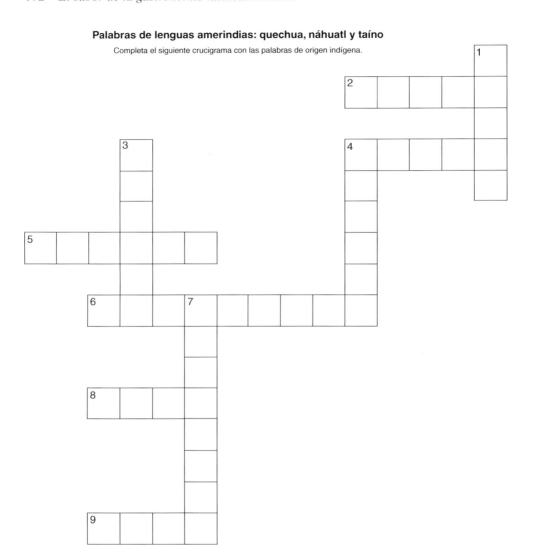

Figure 8.1

Seguramente conoces el significado de muchas de ellas. Ahora completa el siguiente crucigrama con las palabras de arriba:

El sabor de la gastronomía latinoamericana   173

Palabras horizontales:

2. Zonas planas y extensas que existen en América del Sur en los que suele no haber árboles.
4. Me gusta remar en una _____ cuando voy al lago.
5. Fenómeno meteorológico que ocurre en los mares tropicales y que consiste de vientos muy fuertes que traen lluvias intensas.
6. En algunos países hispanohablantes se conoce como maní.
8. Hay más de 300 variedades de este producto alimenticio de origen inca.
9. Es un tipo de té que se consume en varios países de Sudamérica, principalmente en Bolivia, Uruguay y Argentina.

Palabras verticales:

1. Comida de origen indígena que se cubre con una hoja de maíz o de plátano.
3. En la primavera no hay nada como descansar en una _____ que se sostiene de dos árboles en cada extremo.
4. Producto de diferentes sabores que se usa con el fin único de masticar algo en la boca.
7. Producto de la región de Mesoamérica que se usa para preparar una ensalada llamada guacamole.

174 *El sabor de la gastronomía latinoamericana*

DISCULPA, TIENES UN BICHO EN TU BOCA – MÉXICO

Publicado originalmente en la revista *Etiqueta negra* **(2012)**

David Hidalgo

Este texto cuenta la historia de un tipo particular de comida que se consume en Oaxaca, un estado al sur de México. La especificidad del alimento, basado en insectos, evidencia como ciertas tradiciones indígenas aún se resisten a irse, contrarrestando aquellas que se importaran desde Occidente. La relación entre la comida y el ser es importante desde varios puntos de vista, en especial desde la conformación de la identidad, un tema complejo en México y en América Latina. La variedad y accesibilidad de los insectos los convierten en una fuente alimenticia que resalta por su valor de proteína, grasas buenas, zinc, calcio y hierro mayor que la de carnes como la res. Buen provecho.

Acerca del autor

David Hidalgo (Perú) es periodista y fue editor general de *Etiqueta Negra*. Es autor del libro de no ficción *Sombras de un rescate: Tras las huellas ocultas en la residencia del embajador japonés*. La revista *Gatopardo* escogió una de sus crónicas como una de las diez mejores historias de 2004. Vive en Lima, Perú.

Actividades de pre-lectura

I

Ejercicios de vocabulario

Encuentra la definición que mejor corresponda a la palabra, o grupo de palabras, resaltadas. Utiliza el contexto como ayuda.

1. ¿Por qué **da tanto asco** para masticar un insecto? (Lns. 4–5)
2. Amelia Raymundo lleva cuarenta años **aderezando** artrópodos al paso en el mercado de Oaxaca. (Ln. 46)
3. La señora Raymundo no conoce a Bourdain, pero sabe reconocer los paladares **desconcertados**… (Ln. 62)
4. Se refiere a la hormiga chicatana, una variedad que alcanza la **hercúlea** medida de cinco centímetros (2 pulgadas). (Ln. 86)
5. Los paladares, como el corazón, también sufren los **estragos** del tiempo. (Ln. 114)
6. El último **baluarte** de esa costumbre nacional está en la cocina indígena. (Ln. 126)
7. (…) Sus clientes eran los choferes de camión que se desviaban de la carretera en busca de **refrigerio** (Ln. 153)
8. Mendoza cuenta que durante la preparación del terreno los obreros encontraron un **metate** prehispánico (Ln. 165)

II

Paso 1

¿En la escala del 1 al 3 qué tan aventurero o aventurera piensas que eres?

    1= poco aventurero
    3=muy aventurero

Soy _____ porque_____

Paso 2

Menciona dos platos típicos de la región en la que vives.
_____

Paso 3

Escribe tres cosas exóticas, o extrañas, que hayas comido en tu vida. Pueden ser bebidas también.
_____
_____
_____

Paso 4

Ahora escribe tres cosas que quisieras probar y que no son típicas de tu dieta. Explica por qué quisieras probar esos alimentos o bebidas.

_____
_____
_____

Paso 5

Compara tus respuestas con las de un compañero o compañera. ¿Quién es más aventurero con relación a los alimentos? ¿Por qué?

_____
_____
_____

III

Ahora lee la crónica. Recuerda que no tienes que entender todo, sino solamente los puntos principales y la organización general del texto. No te detengas para buscar palabras en el diccionario.

Disculpa, tienes un bicho en tu boca

1   En el sur de México un bocado de saltamontes no es una extravagancia, ni una atracción para turistas: es una costumbre en vías de extinción. Nos alimentamos de plantas diseñadas en laboratorio, bebidas con ingredientes peligrosos y peces con mercurio. ¿Por qué tanto asco para masticar un insecto?

5   Estoy parado frente a un espejo y me aterra la idea de encontrar la pata de un insecto entre mis dientes. Acabo de masticar un diminuto animal de seis zancas,[1] caparazón[2] alargado y un color pardo brillante. Sólo probarlo es un triunfo de la diplomacia emocional: que el símbolo culinario de un pueblo ajeno deje de ser una barrera en tu cabeza. Estoy parado frente al espejo, porque en un rapto de entusiasmo se me ocurrió
10 observar con detenimiento un segundo bocado acercándolo a una lámpara y de pronto un espasmo eléctrico hizo que se me cayera de las manos. Fue como si mi cerebro y mi paladar funcionaran por separado, de modo que la imagen de ese artrópodo muerto anuló por completo su agradable sabor a hierba tostada. Sobre la mesa de la habitación queda una bolsa transparente con cien insectos más, listos para crujir entre mis dientes,
15 y otra con una sal anaranjada hecha con la misma clase de caparazones, antenas y patas molidas. Estoy parado frente al espejo porque mi novia acaba de ver por Skype que meto en mi boca un animal muy parecido al que detona sus fobias y se ha tapado la cara de espanto. Ella, que ha comido gusanos vivos en la selva del Perú, no admite que esto pueda ser una delicia. Ahora, frente al espejo, debo convencerme otra vez de que
20 ya pasé mi Rubicón,[3] esa frontera imaginaria.

Los cocineros profesan un axioma[4] que ha ganado popularidad durante la última crisis financiera mundial: el mejor escenario para romper tabúes es el mercado. En términos culinarios, 'tabú' es todo eso que no comerías aunque estés muerto de hambre sin antes pensarlo tres veces. Un insecto, por ejemplo. A mediados del siglo XX, el
25 misionero y etnólogo francés Jacques Dournes se quejaba de que el mundo occidental no estaba preparado para disfrutar de las recetas que había recogido en el sudeste asiático: termitas fritas, gusanos asados, una sopa de hormigas coloradas. Dournes no estuvo por Oaxaca, en el sureste de México, pero el neurólogo británico Oliver Sacks descubrió aquí una despensa similar que le pareció de otro planeta. «De las comidas que
30 probé en los últimos días —dice en su diario de viaje—, los saltamontes me han gustado especialmente». Sacks había llegado a esta región junto con una treintena de miembros de la Sociedad Estadounidense del Helecho, un club de botánicos profesionales y amateurs cuya pasión es recolectar variedades silvestres de esta especie en distintas partes del

---

1 Patas.
2 Cubierta dura que protege el cuerpo de insectos y animales.
3 Dar un paso decisivo que implica riesgo. La expresión alude al cruce del río del mismo nombre por parte de Julio César.
4 Algo claro y evidente.

mundo. Confeso admirador del viajero alemán Alexander von Humboldt, Oliver Sacks no pudo resistirse al tour: Oaxaca es uno de esos territorios americanos en los que la arquitectura colonial de las ciudades es también evidencia del rico pasado prehispánico. Este estado sureño —el quinto más grande de México— fue dominio de la civilización zapoteca, uno de los pueblos más desarrollados de Mesoamérica, y el único que —como los mayas— desarrolló un sistema de escritura completo. El poderoso legado cultural captura la retina por todos lados: desde las numerosas tiendas de artesanía que ofrecen tejidos y vajilla de motivos geométricos y colores intensos hasta las construcciones españolas donde hay exposiciones permanentes sobre la historia indígena. «El tour de helechos se está convirtiendo en mucho más que un tour de helechos. Es una visita a otra cultura y lugar, y aún más, es una visita a otro tiempo», escribió Sacks. Lo mismo podría decirse de un tour para comer insectos.

Amelia Raymundo lleva cuarenta años aderezando artrópodos al paso en el mercado de Oaxaca. Estamos en un pasillo interior, cerca de los comedores y las carnicerías. El puesto de Raymundo consta apenas de una mesa en la que reposan dos bateas:[5] la de la izquierda contiene un cerro de saltamontes tan pequeños que de reojo parecen cáscaras de ajíes secos o alguna clase de especia de tono rojizo; la de la derecha guarda saltamontes del tamaño de un dedo meñique. A ojos forasteros, tan sólo en este rincón del mercado hay suficientes insectos como para declarar en emergencia sanitaria cualquier centro de abastos del mundo; pero lo que en territorios ajenos sería una plaga, en Oaxaca es tradición: un saltamontes es un chapulín, y un chapulín (en el idioma nativo) es un insecto que rebota, y un insecto que rebota es una delicia comestible. Tanto, que ahora la señora Raymundo debe traer los suyos desde el vecino estado de Puebla, porque en Oaxaca ya no se consiguen. Cosas del desequilibrio ecológico.

Escojo uno del tamaño de un dedo meñique.

Este es el mismo lugar en que el chef viajero Anthony Bourdain tomó saltamontes para el desayuno. «Es como comer papas fritas», dijo en un capítulo de su programa dedicado a Oaxaca. La señora Raymundo no conoce a Bourdain, pero sabe reconocer los paladares desconcertados, y tiene el gesto amable de hacerme conversación para superar el trance: me explica que sus saltamontes están aderezados con ajo, sal y limón; que puede prepararlos fritos, con aceite de oliva, cebolla blanca y chile; que uno los puede comer enteros, molidos o en pasta; que van bien con guacamole, queso o huevo. Como uno quiera. Y es justo cuando dice eso, «como uno quiera», que sin querer ya estoy masticando uno. El primer mordisco es la frontera, pienso. Siento un crujido como de hojarasca,[6] ligeras punzadas en la lengua, un sabor intenso que invade la boca como una pastilla que se disuelve en el paladar.
Como comer papas fritas, pero de otro sabor.

—Está bueno —digo con sorpresa.

De verdad está muy bueno.

—Ya está estudiado que tiene más nutrientes que la carne —dice ella, complacida.

---

5 Una suerte de cajón, muchas veces de madera, redondo que sirve para lavar.
6 Conjunto de hojas caídas de los árboles.

178 *El sabor de la gastronomía latinoamericana*

Una mujer se detiene a comprar una porción para llevar. La señora Raymundo sumerge un tazón forrado con papel de aluminio en la batea de la izquierda. A veinte pesos la docena. Una niña se acerca a pedir otra porción y se va con la bolsa abierta.

Como comer papas fritas.

Los oaxaqueños están tan orgullosos de sus insectos como los peruanos de sus pescados o los argentinos de sus carnes. «Oaxaca tiene ingredientes tan extraños, tan diversos, tan mágicos y tan simbólicos como una hormiga con sabor a café», dice el crítico gastronómico Eduardo Plascencia en una conversación vía Skype. Se refiere a la hormiga chicatana, una variedad que alcanza la hercúlea medida de cinco centímetros y que —a decir de Plascencia— sabe también a cacao con cierto matiz ahumado. Los manuales gastronómicos de esta región la incluyen como ingrediente para distintas salsas, guisos o simplemente como aperitivo. Y, sin embargo, sigue siendo un sabor exótico incluso entre los compatriotas de Benito Juárez, el primer presidente indígena de América Latina, nacido en Oaxaca. «Para la persona que jamás haya visto y degustado una chicatana, le parecerá inverosímil que un insecto pueda ser considerado un manjar», dijo en 2008 la revista México, de la A a la Z. Pocos rasgos pueden definir la diversidad de un país como sus ingredientes de cocina. No es difícil constatar la premisa dentro del mercado: en otros puestos de chapulines instalados cerca de las puertas, en las fuentes que las vivanderas pasean por los pasillos, o fuera.

La señora Reina Cruz abanica un montículo de saltamontes bajo una sombrilla roja en plena calle. Cerros de insectos rojos sobre canastas cubiertas de papel plastificado también rojo. En este caso el color no es una señal de advertencia. Me animo a comprar una bolsa transparente con unos doscientos gramos de polvo anaranjado. Es sal de saltamontes molidos. Mientras Reina prepara el paquete, un caballero de cabello cano asoma la cara con un gesto de sorpresa. La suya es una mueca del tipo: ¿de verdad-vas-a-comer-eso? La dueña del puesto le ofrece un bocado.

—No, gracias. Es que soy muy asqueroso —dice el hombre como excusa.
—Pero usted es mexicano —le insisto, extrañado por su reacción.
—Sí, pero en Michoacán no comemos esto. A lo mejor mi esposa se anima; ella siempre anda haciendo locuras.

En la cuna del melodrama latinoamericano, dejar de querer es el paso inmediato a odiar con ganas. «¿Por qué la aversión a los insectos, si los mexicanos éramos entomófagos[7] declarados?», se preguntaba el diario *El Universal*, uno de los mayores de ese país, en un artículo de 2004. El dilema es crucial: una cosa es que dejes de consumir un ingrediente, por la causa que sea, y otra cosa es que te provoque rechazo radical. Los paladares, como el corazón, también sufren los estragos del tiempo. «La mayoría de la población ha perdido la costumbre de alimentarse con moscas, hormigas y chinches, tal como lo consignan los códices prehispánicos», alertaba la nota casi en tono de denuncia. Los antiguos mexicanos celebraban la fiesta de los muertos con un banquete de jumil,[8] una chinche con sabor a canela. La fiesta se mantiene, pero el jumil está en riesgo de desaparecer, y a nadie en el México moderno parece preocuparle demasiado. El cambio climático de esta época terminó de poner de cabeza la cadena alimenticia: comer un

---

7 Insectívoro.
8 Insecto parecido al chinche, que se come seco y tostado.

insecto parece más raro que ingerir un vegetal modificado genéticamente. «Si hubiera latas o bolsas de insectos en las tiendas, la gente los consumiría», se quejó en el reportaje la especialista Julieta Ramos Elorduy, la entomóloga más conocida de México. La única mujer que ha patentado el cultivo de tres especies de insectos dice que el futuro alimentario de su país está amenazado por los insecticidas. El último baluarte de esa costumbre nacional está en la cocina indígena.

A la cabeza de esa tradición está Abigail Mendoza, una mujer que gobierna sus fogones en lengua zapoteca.

Mendoza es una celebridad internacional. En 1993 la crítica gastronómica del *The New York Times* se declaró rendida admiradora de su sazón. También las revistas *Saveur*, *Gourmet* y *National Geographic* han reseñado su comida. La prensa especializada parece fascinada con sus tocados de trenzas, sus blusas con bordados de flores, esa actitud de sacerdotisa de los fogones que protege un secreto al borde de la extinción. Mendoza es una *performer*, una artista de la representación: suele participar en exposiciones abiertas al público en las que prepara atole de chocolate, una complicada bebida, que suele estar destinada a las festividades religiosas de su pueblo. En 2005 le tocó hacerlo en el Salón del Chocolate de París. Como siempre, terminó seduciendo al público. Lo mismo haría semanas después de nuestro encuentro en San Sebastián Gastronómika, una fiesta de la cocina que convoca a varios de los chefs más importantes del mundo en esa ciudad española.

Este mediodía, la función está reservada para mí. Mendoza me ha citado en el Tlamanalli, su famoso restaurante de cocina nativa. Famoso y solitario, cabría decir esta mañana. Ocurre que el local está ubicado en la calle principal de Teotitlán del Valle, un tranquilo pueblo de tejedores de tapetes a media hora de Oaxaca. *Tlamanalli* significa 'Víveres en abundancia' o 'Dios de la comida' en idioma náhuatl. No es un lugar al que se llegue de pasada: hay que tomar un colectivo desde la ciudad hasta un punto ciego en la carretera y desde allí un bus hasta la zona central del pueblo. El público de este conservatorio gastronómico suele estar formado por turistas con sed de aventuras o críticos con ansias de novedad. La gente del pueblo no come allí porque, entre otras cosas, no es un lugar barato. Mendoza ha logrado elevar la cocina zapoteca al estatus de comida gourmet. En su autobiografía —que publicó en octubre del 2011— cuenta que cuando abrió por primera vez, a inicios de los noventa, sus clientes eran los choferes de camión que se desviaban de la carretera en busca de refrigerio. En 2008 las cosas habían cambiado lo suficiente como para recibir en una de sus mesas a un expresidente de Estados Unidos: aquella vez Jimmy Carter probó el mismo potaje que Abigail Mendoza preparará hoy: sopa de flor de calabaza con chepiles y quesadillas.

Mendoza deshoja los chepiles, unas plantas aromáticas de tallo muy delgado. Luego trae unas calabazas del tamaño de una toronja y las corta en cuatro partes. Enseguida pone todo en un fogón a gas. La cocina es amplia y abierta al salón para permitir que los turistas se asomen a ver la preparación. Ella misma diseñó los espacios. Al otro extremo del local, siempre a la vista, están los metates, esa suerte de batán con patas en que las cocineras nativas muelen el maíz. Todo está pensado para que el cliente observe el estilo tradicional de la cocina zapoteca. Mientras machaca la ración precisa de granos para el plato, Mendoza cuenta que durante la preparación del terreno los obreros encontraron un metate prehispánico. Es una piedra oscura, de superficie curva, sin adornos. Le pregunto si lo toma como alguna clase de señal. «A lo mejor», murmura. Ahora lo exhibe como parte del decorado. A veces deja que los turistas lo toquen para acentuar su experiencia prehispánica. Hora de la cocción. Mendoza me ofrece un plato de saltamontes como aperitivo.

—Ayer nomás estaban vivos —dice, y promete que voy a sentir la diferencia con los del mercado.

Y en realidad están muy buenos. El sabor es fresco, como de hierba recién cortada. No sería raro fundar aquí un club de entomólogos gourmet.

La cocinera de trenzas rojas me explica que el método tradicional de preparar los saltamontes es ponerlos vivos en una calabaza vacía, de la cual se extrae la cantidad necesaria para ahogarlos por puñados en un recipiente de agua caliente. «Así termina la vida del chapulín», dice en pleno ajetreo. Mendoza es una vigilante de la tradición. Sobre la mesa de la cocina hay tres trofeos de plata que acaba de recibir por su defensa de las técnicas, ingredientes y recetas indígenas. Se los otorgó un instituto gastronómico del Distrito Federal, adonde viajó hace unos días para ofrecer una charla a los futuros cocineros de México. Las estatuillas, del alto de un puño cerrado, muestran al mismo personaje: un chef con gorro y uniforme, de pie, con los brazos entreabiertos, ligeramente inclinado hacia adelante, como en una actitud de avance o encuentro, o tal vez ambas. La nueva cocina reconoce a la cocina antigua. La cocina antigua se cuida de la nueva. Durante su visita capitalina, un grupo de estudiantes la agasajó con una salsa de chapulines con langostinos. Era una manera de mostrarle su entusiasmo. A ella no le gustó tanto el resultado.

—Le están cambiando el sabor. Le ponen grasa, le ponen aceite, y ya no es el sabor auténtico que acabas de probar —dice.

Para ella no hace falta tanta mezcla. La alta cocina está en el paladar.

La máxima concesión de su restaurante ha sido poner en las mesas una sal alternativa a la típica sal de gusanos de maguey, a pedido de clientes que no estaban dispuestos a probar un condimento que parece sacado de un banquete para extraterrestres. La sola idea de probar insectos triturados aterrorizaba a ciertos comensales. «Se parecen a los gusanos Klingon que se comen en Star Trek», dice el neurólogo Oliver Sacks en su *Oaxaca Journal*. Así que, después de la apreciable y famosa sopa de flor de calabaza con chepiles y quesadillas, Abigail Mendoza me ofrece una ración personal de gusanos. El plato que pone ante mí trae poco más de una docena, tostados y arrugados como pasas secas. Saben a maíz ahumado, de una textura más ligera que la de un trozo de bambú. La cocinera espera el veredicto con una expresión del tipo: dime-si-tengo-o-no-tengo-razón. La cocina antigua reclama sus prerrogativas ante la cocina nueva. El signo más evidente de la diversidad de México son sus ingredientes.

—Ellos dicen que están enseñando la auténtica cocina oaxaqueña, pero yo veo las fotos y me parece que cambian todo: la forma y el sabor —comenta.

Abigail Mendoza ha visto imágenes de la nueva oferta culinaria de Oaxaca, pero no ha probado los platos de los chefs más vanguardistas, los que llevan adelante esta cruzada nacionalista. Según dice, no la han invitado a sus reuniones.

El sabor de la gastronomía latinoamericana 181

Actividades para después de la lectura

Comprensión

I

Paso 1

Escoge la respuesta que te parezca más verdadera.

1. La crónica pretende contar cómo la cocina antigua le está ganando terreno a la cocina nueva.
2. El autor muestra la diversidad de la cocina mexicana al exponer uno de los platos más típicos de todo México.
3. El texto evidencia el hecho de que la gente come alimentos llenos de químicos, que no son sanos, pero no come chapulines, que sí lo son, porque "les da asco".

Paso 2

- Explica tu respuesta con un ejemplo del texto. Elabora lo necesario.

Paso 3

- Comparte oralmente tu respuesta con un compañero.
- Después comparte tu respuesta con el resto de la clase. ¿Está de acuerdo la mayoría?

II

Responde a las siguientes preguntas.

1. ¿Qué costumbre está por extinguirse en el sur de México? (Lns. 1–4)
2. ¿A qué saben los saltamontes según el autor? (Lns. 11–13)
3. ¿Qué pensaba Jacques Dournes acerca del mundo occidental y la comida asiática? (Lns. 25–28)
4. ¿Quién es Amelia Raymundo y por qué es importante para la historia? (Lns. 46–51)
5. ¿Cómo se preparan los saltamontes según Raymundo? (Lns. 62–67)
6. ¿Cuál es el sabor de la hormiga chicatana? (Lns. 85–88)
7. Según el autor, ¿cómo es el comportamiento latinoamericano y a qué se refiere con eso de "melodrama"? (Lns. 110–113)
8. ¿Dónde estaría, según la crónica, la última fuerza de las cocinas latinoamericanas? (Lns. 110 y ss.)
9. ¿Por qué dice el autor que Mendoza es una *performer*? (Lns. 132 y ss.)

Interpretación

1. ¿Te parece válida la observación del autor según la cual comemos alimentos hechos en laboratorios, pero somos incapaces de comernos un bicho? ¿Por qué? (Varias líneas)
2. Comer insectos en esta crónica sigue siendo algo exótico o tabú (21–24). ¿Crees que el autor perpetúa el estereotipo de que en América Latina la gente come insectos y es "salvaje"?

182 *El sabor de la gastronomía latinoamericana*

3. ¿Por qué, en tu opinión, el autor menciona a personajes extranjeros como Humboldt, Dournes, Sacks y Bourdain, al momento de mostrar la gastronomía de Oaxaca? ¿Qué función cumplen estos nombres y por qué piensas que decidió incluirlos? (Varias líneas)
4. Desde la línea 35 hasta la 42 el texto no habla de la gastronomía sino de otro tipo de valores culturales del estado de Oaxaca ¿En qué aporta esta información y por qué se ve obligado el autor a incluirla?
5. En tu opinión, ¿cómo es posible que la hormiga chicatana siga siendo "un sabor exótico incluso entre los compatriotas de Benito Juárez, el primer presidente indígena de América Latina, nacido en Oaxaca"? (Lns. 88–92)
6. La crónica no menciona el hecho de que en Perú, y Ecuador, por dar un ejemplo, se coman animales como el cuy (*guinea pig*). ¿Crees que en realidad comer un cuy es radicalmente diferente de comer un saltamontes? (Varias líneas).
7. Dado que hay que ahogar en agua caliente a los chapulines para matarlos (Lns. 178–180), ¿te parece que se trata de un método cruel que debería ser menos violento?
8. ¿Cuál sería la lectura metafórica de la siguiente cita? "El signo más evidente de la diversidad de México son sus ingredientes" (Lns. 207–208)

Discusión o debate

1. Hay una rama de los estudios culturales que se denomina *Food studies* y que examina la relación entre los alimentos y ciertos aspectos de la experiencia humana. ¿Crees que a través de saber lo que la gente come se puede llegar acceder a significados culturales y sociales a los cuales no podríamos acceder de no ser por los alimentos? ¿Puedes dar un ejemplo?
2. La crónica en realidad muestra un problema muy viejo, aquel de la tradición versus el porvenir; lo nuevo en contra de lo viejo. Dado que la comida es una manifestación cultural de importancia histórica e identitaria, ¿te parece que hay que defender la tradición gastronómica? ¿Puedes dar dos ejemplos de cómo hacerlo? ¿Conoces alguna comida de tu región que ya nadie consuma?
3. Reacciona ante esta cita: "La cocina tradicional de Oaxaca tiene raíces indígenas, como los chapulines o los gusanos, pero la verdad es que en el día a día la gente come papas fritas y pizza más que estos platos tradicionales".
4. La lectura hace que nos replanteemos el significado del término exótico; una categoría que suele ser usada para clasificar a culturas no occidentales. En un mundo cada vez más globalizado en las que las distancias se acortan, qué significa el adjetivo "exótico". ¿Qué es una comida exótica? ¿El término "exótico" tiene connotaciones positivas o negativas?

Ejercicios de gramática

Saber, conocer y reconocer

Saber

1. Saber se usa cuando significa "tener conocimiento de algo como un hecho".

    Ejemplo: Los entomólogos saben que los insectos son una buena opción alimenticia.

El sabor de la gastronomía latinoamericana 183

2. Saber + infinitivo significa "saber hacer algo" (*to know how*).

    Ejemplo: La señora Amelia Raymundo **sabe cocinar** los insectos.

3. 'Saber(se) de memoria' significa saber algo muy bien (*to know by heart*).

    Ejemplo: La señora Abigail Mendoza, quien es una especialista de la comida oaxaqueña, **se sabe de memoria** las recetas que prepara con chapulines.

4. 'Saber a' con referencia a una comida se refiere al sabor de algo (*to taste*).

    Ejemplo: No **sabemos a** qué saben los insectos, pero nos negamos a comerlos.

Conocer

5. Conocer se usa cuando se refiere a "estar familiarizado con algo, una persona o un lugar" (*to be acquainted or familiar*).

    Ejemplo: Anthony Bourdain **conoció** la ciudad de Oaxaca cuando fue a filmar su programa.

6. Conocer(se) para referirse a encontrar a alguien por primera vez (*meet someone for the first time*).

    Ejemplo: Anthony Bourdain y la señora Abigail Mendoza **se conocieron** en Oaxaca cuando el famoso chef fue a la ciudad de Oaxaca.

Reconocer

7. Conocer puede ser también de 'reconocer' (*to recognize*).

    Ejemplo: Pasé junto a la señora Amelia Raymundo, pero no la **reconocí**, pues solo la había visto en fotografías.

Ejercicio 1

Observa las siguientes oraciones tomadas del texto y señala a qué uso de **saber**, **conocer**, or **reconocer** se refiere. Escoge el número a qué se refiere según las oraciones presentadas arribas.
Observa el ejemplo
(7) La nueva cocina reconoce a la cocina antigua. La cocina antigua se cuida de la nueva.

a. ( ) La señora Raymundo no conoce a Bourdain.
b. ( ) pero sabe reconocer los paladares desconcertados, y tiene el gesto amable de hacerme conversación para superar el trance.
c. ( ) Se refiere a la hormiga chicatana, una variedad que alcanza la hercúlea medida de cinco centímetros y que —a decir de Plascencia— sabe también a cacao con cierto matiz ahumado.
d. ( ) "hubiera latas o bolsas de insectos en las tiendas, la gente los consumiría", se quejó en el reportaje la especialista Julieta Ramos Elorduy, la entomóloga más conocida de México.

e. ( ) El plato que pone ante mí trae poco más de una docena, tostados y arrugados como pasas secas. Saben a maíz ahumado, de una textura más ligera que la de un trozo de bambú.

Ejercicio 2

Paso 1. Describe tus preferencias alimenticias al escoger el verbo entre paréntesis que mejor calce y al responder Verdadero o Falso, según tus hábitos de comer.

1. Yo creo que nunca, en mi vida, probaré chapulines u hormigas a pesar de que _____ (sé / conozco) que los insectos son comestibles.
   - Verdadero o Falso

2. En mi último viaje yo probé comida diferente a la que suelo comer, y me _____ (conoció / supo) exquisita.
   - Verdadero o Falso

3. Me gustaría _____ (conocer / saber) cocinar hormigas fritas, o tal vez cuy asado; los seres humanos somos omnívoros, comemos de todo.
   - Verdadero o Falso

4. Si alguien me diera de comer un insecto, no querría _____ (reconocer / saber) qué tipo de insecto sería, porque seguramente me daría asco.
   - Verdadero o Falso

5. Me parece importante entender la dimensión histórica y cultural de la comida, por ejemplo yo nunca _____ (conocí / supe) que los indígenas precolombinos comían insectos y que en la actualidad mucha gente lo hace.
   - Verdadero o Falso

Paso 2. Compara tus respuestas con un compañero. ¿Son similares o no? Responde a las siguientes preguntas:

1. ¿Crees que conoces bien a tu compañero?
   _____

2. ¿Sabes de lo que eres capaz cuando se trata de probar alimentos o bebidas nuevos?
   _____

3. ¿Crees que, como se suele decir sin fundamentos, mucha comida sabe a pollo o es solo un mito?
   _____

4. ¿Sabías que en algunos entrenamientos de supervivencia se le enseña a la gente a comer insectos o plantas que les permitirían sobrevivir por más tiempo en caso de pérdida o emergencia?
   _____

El sabor de la gastronomía latinoamericana 185

5. ¿Sabes preparar algún alimento que algunas personas de otra cultura tal vez lo consideraran "exótico"? Y si no sabes preparar nada, ¿qué comida fuera de lo común quisieras saber cocinar?
   _____

Ejercicio 3

Paso 1. Escribe tres cosas que sabes de los hábitos alimenticios del profesor o de la profesora.
_____
_____
_____

Paso 2. Ahora escribe tres cosas que no sabes que él o ella come o bebe con certeza, pero que crees que son ciertas.
_____
_____
_____

Paso 3. Lee las oraciones a toda la clase y al profesor o profesora, él o ella te dirá si son ciertas o falsas

Paso 4. Finalmente, conversa con la clase y escoge una de las tres posibilidades.

- La clase conoce bien al profesor
- La clase lo conoce poco
- La clase no lo conoce nada

LA SEÑORA DE LAS AREPAS – VENEZUELA

Publicado originalmente en la revista *Marcapasos* (2012)

Marco Bello

Venezuela tiene una larga tradición como un país productor de arepas, se dice que las arepas son parte de la identidad de ese lugar como "una expresión nacional" del sabor. Un dato importante es el origen de este plato tradicional, que se remonta a los indígenas de la región que cultivaban el maíz. Sin embargo, las variaciones de las arepas son demasiadas y por ello, tal vez, lo novedoso de este texto esté en como el autor intenta centrarse en la persona que cocina este platillo de modo artesanal. Retrata muy bien su casa, familia, amigos y sus creencias particulares.

Acerca del autor

Marco Bello (Venezuela) es un fotoperiodista que trabajó para Reuters y que además de escribir documenta sus escritos con imágenes.

Actividades de pre-lectura

Ejercicios de vocabulario

Encuentra la definición que mejor corresponda a la palabra, o grupo de palabras, resaltadas. Utiliza el contexto como ayuda.

1. (…) las disfrutaban como parte de los desayunos en **posadas** y hoteles de Choroní y Puerto Colombia. (Ln. 12)
2. Ernestina le debe mucho a San Juan: uno de sus hijos **nació de pie** y tanto ella como el niño casi mueren. (Ln. 22)
3. Lo sacaron por partes, una **patica**, después la otra, un bracito. (Ln. 25)
4. **Por doquier** hay utensilios y ollas, como en cualquier otra cocina. (Lns. 45–46)
5. Ernestina, pendiente de las ollas, mete la mano y toma un pescado por una **puntica** no sumergida en el aceite y le da vuelta. (Lns. 54–55)
6. Sólo los anchos brazos y la espalda un poco encorvada son las huellas **indelebles** de una vida dedicada a la cocina. (Ln. 65–66)
7. Primero pasa una hoja seca de **mazorca** empapada en aceite por la plancha caliente y luego agarra un puño de harina. (Ln. 98)

II

Paso 1

En parejas, hagan una lista de los beneficios de comer comida típica. Indiquen en la lista cuantas veces a la semana comen este tipo de comida y den tres ejemplos concretos.

_____
_____
_____

Paso 2

Ahora lee este pequeño fragmento y explica en tus propias palabras cómo la comida se vincula con la vida de esta persona. ¿Qué tan importante es para esta persona cocinar? ¿Cuál crees que sea su profesión?

> Ernestina Infante está acostumbrada a madrugar para preparar las mejores arepas en fogón de leña. Si piden diez, serán diez, y si piden trescientas, pues adelante. Sus manos siempre listas al darle ese golpe mágico para saber si están bien tostadas. Devota de San Juan, Ernestina cree que la fe todo lo puede, y con esta premisa ha criado a sus diez hijos y visto crecer a veintiún nietos y trece bisnietos.

_____

_____

_____

Paso 3

Es una paradoja que mientras cada vez hay más programas de televisión sobre la cocina y recetas de cocina menos personas saben cocinar o incluso cocinan en casa. Cada vez se compran más alimentos procesados e incluso las tiendas de autoservicio venden mayormente productos procesados y muy pocos productos frescos. ¿A ti te gusta cocinar? ¿Guardas recetas familiares? ¿Crees que es importante cocinar?

_____

_____

_____

Paso 4

Conversa con un compañero o compañera.
¿Crees que cualquiera de las siguientes posibilidades es factible? ¿Por qué?

1. Se debe volver a cocinar con leña no solo porque es más sabroso el alimento, sino también porque implica una conexión ancestral con los alimentos y la familia aunque puede tener efectos en la contaminación del medio ambiente.
2. Debería obligarse a los colegios a que den comida sana y tradicional a sus estudiantes, porque así conectan más con la tradición y el costo de tener comida mala en la salud de la gente es altísimo para todos.
3. La mejor comida es la artesanal, no la de las empresas grandes, por eso a las empresas grandes habría que tasarlas con un impuesto para que así no vendan mucho y no acaben con la comida tradicional.

III

Ahora lee la crónica. Recuerda que no tienes que entender todo, sino solamente los puntos principales y la organización general del texto. No te detengas para buscar palabras en el diccionario.

La señora de las arepas

1   "Dicen que cuando a una se le cae la comida es porque alguien tiene hambre, y yo digo ¿Señor, quién de mi familia tiene hambre? No me lo dejes pasar hambre". Así es Ernestina Infante. Desde que empezó a hacer arepas[1] y empanadas hace cuarenta y ocho años, con la llegada de su primera hija —la tercera de diez hijos— no puede dejar
5 de estar pendiente que todos los suyos tengan un plato de comida caliente cuando lo necesiten.
   Ernestina sigue una vieja tradición de hacer arepas tostadas en budare[2] a leña. Antes de que ella las preparara, las compraba a tres por medio (25 centavos de bolívar de los viejos). "Ricas que eran", dice. "Aquí casi todas las que hacían arepas así (artesanales)
10 murieron. Creo que sólo quedo yo". Antes los clientes, cuando no las compraban directamente en la calle o la playa, o las disfrutaban como parte de los desayunos en posadas y hoteles de Choroní y Puerto Colombia,[3] se las compraban en su propia casa. Pero ya no está trabajando porque se siente cansada. En su época más agitada, acostumbraba a levantarse en ocasiones a la medianoche para tener listas —a las seis
15 de la mañana— trescientas arepas asadas, cien empanadas y cien arepitas dulces que su esposo llevaba al Hotel Cotoperix de Puerto Colombia. Después de dieciocho años de trabajo en los fogones, se tropezó en su casa y tuvo una fractura en la base del brazo izquierdo que requirió de tres operaciones en siete meses. Ahora sólo cocina para su familia, amigos o cualquier persona que la visite.
20   Al entrar en su casa, lo primero que llama la atención es un San Juan Bautista que creó uno de sus hijos con una rama que cayó de un árbol después de uno de esos torrenciales aguaceros que azotan la zona. Ernestina le debe mucho a San Juan: uno de sus hijos nació de pie y tanto ella como el niño casi mueren. La atendieron Olga Iciarte, la partera[4] del pueblo, y Blas Camilo Sánchez, el enfermero. "Está vivo porque
25 Dios es milagroso. Dios y San Juan. Lo sacaron por partes, una patica, después la otra, un bracito. Se quedó pegado del cuello. Al final salió moradito y lloró a los tres días. ¡Es tremendo! Cumplió treinta y nueve años antier y todavía andaba ayer por allí bebiendo caña".
   El altar está adornado con flores y San Juan, vestido con el característico blanco y
30 rojo. Ernestina es la capitana y presidenta de una de las cofradías[5] que bailan al santo en Choroní, como acostumbran en muchos pueblos de la costa central. No se trata de la Cofradía de la iglesia, sino una formada por ella misma. Todos los 24 de junio le arman la fiesta a San Juan a fuerza de voluntad y con dinero que recogen de rifas, de la venta

---

1 Especie de pan de forma circular, hecho con maíz.
2 Plancha circular, de barro o de hierro, que se utiliza para tostar alimentos.
3 Dos ciudades muy cercanas entre sí que están situadas en la costa norte de Venezuela.
4 Es una mujer que sin cursar estudios formales de medicina ayuda a las mujeres durante el parto.
5 Congregación que forman algunos devotos para ejercitarse en obras de piedad.

El sabor de la gastronomía latinoamericana   189

de arepas y empanadas y del apoyo que les da la Gobernación del estado Aragua. Con el dinero que recaudan, traen una orquesta que instalan en la placita frente a la casa de Ernestina. Allí baila todo el pueblo de Choroní, Puerto Colombia y sus alrededores.

Al fondo de la casa está el comedor. En el centro, una mesa de seis puestos, pequeña para una familia tan grande, pues además de sus diez hijos, Ernestina tiene veintiún nietos y trece bisnietos, más uno que está en camino. La media pared del fondo da hacia el patio y más allá se escucha el río. Todo el espacio se llena de verde en la mañana por la luz que se filtra a través de una reja que no está allí por cuestiones de seguridad sino como sostén de una gran cantidad de matas.

***

La reja que sirve de jardinera en el comedor se extiende —junto con el verdor de la luz— hasta la cocina ubicada a la izquierda. Por doquier hay utensilios y ollas, como en cualquier otra cocina, excepto que estos muestran la huella de los años, del agotamiento que inexorablemente produce el uso. En esta misma cocina, con esos mismos utensilios, les transmitió su pasión a sus hijos. "Mis hijos saben hacer de todo: Se encargan de sus casas, cocinan, hacen conservas, hallacas,[6] tortas".

Al fuego de una de las hornillas se fríen en un sartén las sardinas para el desayuno. Apenas son las nueve de la mañana y ya está montando una olla de presión con pescado guisado para el almuerzo. El olor de los aliños[7] abre el apetito. Ernestina, pendiente de las ollas, mete la mano y toma un pescado por una puntica no sumergida en el aceite y le da vuelta. Cero dolor, años de experiencia. Recién acaba de colar café en una olla sin mango, la cual toma con la mano desnuda para servirme una taza. Sus manos evidentemente curadas por la edad y las innegables quemaduras, son el utensilio que ponen lo más importante a lo que hacen: cariño.

Ernestina es una mujer menuda, de un metro sesenta de altura y tez blanca pero tostada por el sol de la costa y por la brasa del fogón. Lleva el cabello teñido de amarillo en trenzas que se hace desde el cuero cabelludo, lo cual contribuye con la higiene de la comida que prepara y a su vez le da frescura a su rostro. A pesar de tener más de sesenta años, aparenta muchos menos y las arrugas que separan los cachetes de la comisura de los labios son producto más de la mecánica de la risa que un tema de calendario. Sólo los anchos brazos y la espalda un poco encorvada son las huellas indelebles de una vida dedicada a la cocina. No es oriunda de Choroní pero se crió allí. Llegó muy pequeña con sus padres de Maracay[8] y tiempo después, cuando ellos regresaron a la ciudad, ella ya se había enamorado de quien ha sido el padre de sus hijos y con quien tiene un poco más de cincuenta años viviendo. La casa la heredó él de sus padres en 1963. Allí empezó a preparar arepas ese mismo año porque lo que ganaba su marido como pescador no les alcanzaba para vivir.

Para echar a andar el negocio, le consultó a su comadre[9] Luisa, quien le ofreció a uno de sus hijos para que se encargara de las ventas. "Como lo vendía todo, le daba

---

6 Pastel de harina de maíz relleno de carne o de pescado y de otros ingredientes. Se envuelve en hojas de plátano.
7 Condimentos, especies usados para cocinar.
8 Es una ciudad ubicada en la zona norte y central de Venezuela muy cerca de la costa del Caribe. Es la ciudad más importante del estado de Aragua.
9 Comadre: madrina del ahijado de una persona. A veces solo vecina o amiga con quien se tiene más trato de lo normal.

real[10] a él y yo tenía para la casa". Con los años, sus propios hijos la ayudaron con las ventas en la calle; nunca envió a sus hijas a vender. "Vamos a montar las arepas", dice. Y me invita a que pasemos al patio. Allí tiene un espacio cubierto por un pequeño techo de zinc donde tiene el fogón y el caldero de freír sobre un mesón de concreto. La leña encendida cruje al rojo vivo bajo la plancha negra de acero apoyada sobre cuatro bloques. Aún cuando estamos al descubierto en el patio, todo es oscuro —casi negro—, incluso el perro que dormita a la entrada del lugar. Un pequeño espacio entre el techo y la pared de bloques grises sin frisar que colinda con el vecino, deja entrar un poco de luz y permite que escape el humo de la leña ya convertida en brasas. En un gran envase de plástico reposan el kilo y medio de harina de maíz blanco con la que preparará las arepas.

—¿Cuántas arepas harás con toda esa masa?
—Unas 30 quizás…
—¿Para todo el día?
—No, solo para el desayuno. Para mi marido, mis hijos y mis nietos que todavía viven en el pueblo y todos los que vengan. Ya no vendo para la calle, pero tengo muchos clientes. Ahora sufren y me dicen 'tú eras la única que nos vendía barato'— comenta mientras se ríe de ella misma—. Siempre hay gente en mi casa que viene por mis arepas. Para el mediodía hago otra cosa, tostones,[11] tajadas[12]…

***

Primero pasa una hoja seca de mazorca empapada en aceite por la plancha caliente y luego agarra un puño de harina, hace una pequeña bola y empieza el juego del golpeteo de las palmas de las manos mientras la masa va tomando la redondeada forma característica. Repite la operación una y otra vez hasta llenar el budare con unas quince arepas. Espera a que se tuesten por ambos lados y luego las va apilando a un lado sobre el mismo budare.

Antes pilaba[13] el maíz para hacer la harina con la ayuda de su esposo, pero después él se enfermó y no la pudo seguir ayudando. Como hombre de mar, trabajó mucho. Se iba en la noche y regresaba al amanecer hasta que se le desató la diabetes, la misma enfermedad de la que murió la madre de él, el abuelo y una tía. Además tuvo un accidente cerebro vascular que le inhabilitó una mano. "Quizás es una vida comiendo pescado lo que lo ha ayudado, pero no quiere hacer dieta porque él dice 'si como me muero y si no como también'. Uno está aquí porque Él (Dios) quiere".

A medida que las arepas se van asando, las pone a un lado del budare, por debajo, para que se vayan tostando los bordes. Luego las pasa a una reja de metal amarrada a un listón de hierro, directamente a la brasa, bajo el budare, para terminar de cocinarlas. Las saca con un viejo trapo y empieza a rasparle las partes quemadas con una tapa de pote de leche en la que le ha abierto huecos con un punzón. Las golpetea al final —como

---

10 Darle real: darle dinero.
11 Rodaja de plátano verde machacado y frito.
12 La tajada es el plátano maduro (conocido popularmente como maduro), alimento típico de Venezuela, Colombia y otros países.
13 Pilar: descascarar los granos en el pilón, golpeándolos con las manos o algo de madera.

El sabor de la gastronomía latinoamericana 191

se hace tradicionalmente— para reconocer que están asadas por dentro, pero parece que lo hace más por costumbre que por confirmar.

—Ya tengo años metida en este fogón, ya estoy cansada de esto. Estoy pensando en desbaratar todo, poner una habitación aquí para descansar cuando esté más viejita. Me encanta mi trabajo. Los domingos hago hervido de leña[14] aquí en el patio. Cocino para los amigos que me visitan de todas partes. Mi cocina siempre está abierta para la gente, hasta para las personas que no conozco. Dios dijo: "ayuda a tu prójimo como te ayudas a ti mismo".

120

Actividades para después de la lectura

Comprensión

I

Resume en una oración el significado central de la crónica usando tus propias palabras.

_____

Explica por qué, en tu opinión, es importante esta lectura.

_____

II

Responde a las siguientes preguntas.

1. ¿Qué es algo que le angustia a Ernestina sobre la comida y su familia? (Lns. 3–4)
2. ¿En qué se distinguen las arepas de Ernestina de las arepas comunes y corrientes? (Lns. 7–10)
3. ¿Cuál ha sido el problema con las personas que se dedicaban a hacer arepas artesanales en la región donde vive Ernestina? (Lns. 9–10)
4. ¿Por qué dejó de cocinar para vender y ahora solo cocina para familiares y amistades? (Ln. 13)
5. ¿Por qué tiene un San Juan Bautista a la entrada de su casa? (Lns. 20–24)
6. ¿Qué hace la cofradía de Ernestina en junio, todos los años, y por qué? (Lns. 29–34)
7. ¿En qué condiciones cocina Ernestina todos los días y cómo maneja ella la falta de utensilios o comodidades? (Lns. 56–59)
8. Según el autor, el cariño es lo más importante al momento de cocinar, ¿cómo muestra su cariño hacia la cocina Ernestina? (Lns. 54–57)
9. ¿Qué delata la edad de Ernestina según el autor? (Lns. 63–65)
10. ¿Cuántas arepas hace al comienzo del día para el desayuno? ¿Te parece mucho o poco? (Ln. 88)

Interpretación

1. ¿Piensas que las arepas son un alimento sano dado que son fritas y contienen solamente maíz? Si no te lo parece, ¿cuál sería su valor? (Varias líneas)
2. La crónica habla casi más de la señora cocinera que del alimento y su importancia ancestral, de origen precolombino. ¿Por qué crees que hace esto el autor? (Varias líneas)
3. Es evidente que Ernestina es religiosa y que el autor quiere mostrar esta faceta de ella. ¿Crees que la vida espiritual de la señora de las arepas es importante al momento de cocinar? ¿Por qué? (Lns. 20–36)
4. La cocina de Ernestina está llena de utensilios viejos que se utilizan para cocinar sin parar pero, al mismo tiempo, el autor describe: "La media pared del fondo da hacia el patio y más allá se escucha el río. Todo el espacio se llena de verde en la mañana por la luz que se filtra a través de una reja…" (Lns. 39–41). ¿Qué función tiene este contraste de lo verde, y el río, con la cocina siempre oscura y vieja?
5. ¿Te parece que lo más importante de cocinar es el cariño, como dice el autor (Lns. 58–59), o tiene que ver con la habilidad y el modo preciso de saber combinar ingredientes?
6. ¿Es posible que Ernestina en realidad esté cansada de cocinar todo el tiempo para toda su familia y amigos, y que el autor esté escribiendo de forma romántica sobre ella? (Varias líneas)
7. ¿Crees que el hecho de que las manos de Ernestina ya no se quemen (Lns. 54–56) se pueda interpretar como una forma no tan ideal de cocinar por años, dada la carencia de recursos económicos, y no como una forma artesanal ni bonita de hacerlo? ¿Por qué?
8. ¿Qué papel tiene el marido de Ernestina en la crónica? ¿Le ayuda o no? ¿Cuál parece ser el lema de vida de él con respecto a la comida? (Lns. 104–110)

Discusión o debate

1. La crónica más que hablar de comida habla de la señora que las hace, y en este sentido es una crónica sin mucha importancia o información verdadera sobre la cultura de Venezuela con respecto a su gastronomía.
2. Reacciona ante esta cita: "Es interesante como la preparación de alimentos, en América Latina, parece vincularse con cierta conciencia de clase y de género: por lo general una mujer de orígenes humildes que aprendió a cocinar con su familia y que llega a preparar los alimentos con la mejor sazón".
3. Ernestina dice que está harta de su trabajo pero, al mismo tiempo, que le encanta (Lns. 119–124). ¿A qué se debe esta contradicción, en tu opinión? ¿Puedes dar un ejemplo de algo similar que te haya ocurrido a ti o a alguien que conozcas de cara a algo que te cansa pero que te gusta mucho?

Ejercicios de gramática

Los diminutivos

Lee el siguiente párrafo tomado de la lectura y presta atención a las palabras en diminutivo:

El sabor de la gastronomía latinoamericana

"Está vivo porque Dios es milagroso. Dios y San Juan. Lo sacaron por partes, una **patica**, después la otra, un **bracito**. Se quedó pegado del cuello. Al final salió **moradito** y lloró a los tres días".

La señora Ernestina Infante está describiendo a un bebé y por eso usa diminutivos. Sin embargo, los diminutivos se usan más que para comunicar que algo es pequeño.

Los diminutivos suelen ser unas terminaciones que se les agrega a los sustantivos, a los adjetivos e incluso a los adverbios. Aunque de forma literal significa que algo es pequeño, en realidad son usados por los hispanohablantes para indicar sobre todo intimidad o afecto hacia lo nombrado. Por ejemplo, 'un cafecito' no solo indica un café pequeño, sino que el hablante quiere demostrar afecto.

Las terminaciones del diminutivo más comúnmente usadas son –ito/a, pero también se usa –ico/a en regiones de España, Colombia, Costa Rica, Cuba, República Dominicana y Venezuela.

La formación del diminutivo suele ser compleja, pero hay unas reglas que suelen ser consistentes, por ejemplo:

1. Si la palabra termina en vocal, esta se quita para agregar la terminación del diminutivo:

    casa > cas + –ita = **casita**
    momento > moment + –ico = **momentico**

2. El diminutivo –*cito*/a se emplea en palabras que terminan en –*e* y alos de más de una sola sílaba que terminan en –*n* o –*r*:

    café > **cafecito**
    café > **cafecico**
    pan > **pancito** aunque también hay personas que prefieren **panecito**

3. Se usa el diminutivo –*ecito* o –*ecico* en palabras que contienen los diptongos ie o ue.

    puerta > **puertecita**
    viento > **vientecito**

En ocasiones estas palabras tienen más de un diminutivo: **puertecita** y **puertita**.

Ejercicio

Paso 1

Escribe el diminutivo de los sustantivos que aparecen a continuación:

Sol	Árbol	Candado	Cuaderno
Libro	Escritorio		

Paso 2
¿Todos estos sustantivos siguen las reglas explicadas en las páginas anteriores? Explica cada caso.

9 Personajes latinoamericanos

LA SEGUNDA BACHELET – CHILE

Publicada originalmente la revista *Etiqueta Negra* (2014)

Patricio Fernández

La igualdad de género es una de las tareas pendientes de Latinoamérica, la cual se ve reflejada en los ámbitos económicos, sociales, culturales y políticos. Es precisamente sobre este último ámbito de lo que se trata el artículo siguiente, el cual habla sobre una de las diez mujeres presidentas latinoamericanas que han gobernado esta región en 40 años.

A continuación, vas a leer un perfil sobre Michelle Bachelet, una médica chilena que llegó a ser presidenta de su país en dos periodos, el primero de 2006 a 2010 y el segundo de 2014 a 2018. Fue la primera presidenta de la ONU Mujeres, un organismo de las Naciones Unidas dedicado a la atención de las mujeres.

Su padre era un militar que murió en prisión al ser detenido por las fuerzas del General Pinochet. La madre de Bachelet y ella fueron torturadas antes de abandonar Chile para exiliarse en Australia y, posteriormente, la República Democrática Alemana. En 1979 regresó para unirse a los movimientos políticos opuestos al general Augusto Pinochet. Con el regreso de Chile a la democracia en 1990, fue ministra de Salud en el año 2000, lo que marcó el inicio de su camino a la presidencia del país.

Esta crónica se centra en el momento en el que Michelle Bachelet se prepara a asumir su segundo mandato presidencial, de 2014 a 2018.

Acerca del autor

Patricio Fernández (Chile, 1969) es un periodista y escritor autor de libros de periodismo y ficción. En 1998 después de la detención del dictador Augusto Pinochet en Londres, Inglaterra creó el semanario *The Clinic* y el sitio Internet con el mismo nombre, que hace referencia a la clínica en la que estuvo detenido el dictador hasta su extradición a Chile.

Actividades de pre-lectura

Ejercicios de vocabulario

Relaciona el significado con las palabras.

1. ( ) Desconfianza	a. No estar presente.
2. ( ) Ausencia	b. Calmar algo a alguien; moderar.
3. ( ) Cuajando	c. Confusamente y sin orden, en dispersión; en exceso y sin orden.
4. ( ) Morigerar	d. Que no cree en las personas; que no tiene confianza.
5. ( ) Desbandada	e. De forma figurada se dice de algo que llega a suceder.

Paso 1

1. ¿Ha habido una mujer presidenta en tu país? ¿Crees que el hecho de que una mujer llegue a ser presidenta de un país es un logro para esa sociedad?
2. ¿Qué puede aportar a un país una mujer presidenta? ¿Qué aportan las mujeres a la política o a los puestos de poder?
3. En algunos países se pide que haya igual número de mujeres y hombres en ciertos puestos de liderazgo en un país, ¿cuál es tu idea con respecto a esto?
4. ¿Sabes qué es la equidad de género? ¿Por qué es importante conseguirla? Si no lo sabes, busca qué es y contesta las preguntas.

Paso 2

Ahora lee la crónica. Recuerda que no tienes que entender todo, sino solamente los puntos principales y la organización general del texto. No te detengas para buscar palabras en el diccionario.

La segunda Bachelet

1   El defecto que más le destacan a Bachelet es su desconfianza.

Cuando Michelle Bachelet ganó las elecciones presidenciales por primera vez, el 11 de diciembre de 2005, miles de mujeres llenaron la Alameda, la principal avenida del centro de Santiago,[1] luciendo bandas tricolores, como si todas ellas hubieran llegado
5   al poder. Nunca antes una mujer había sido presidenta de Chile. El discurso de género fue importante durante esa campaña. Su corte de pelo se puso de moda: comenzó a hablarse de las *bachimelenas*[2] para referirse a quienes, igual que ella, usaban el cabello chuzo[3] y corto, como un casco de coirones.[4] Se trataba de una mujer separada, con hijos de distintos hombres, que había sufrido la tortura y el exilio, hija de un padre muerto a
10 manos de la dictadura. Fue un triunfo altamente simbólico.

Seis años antes, cuando el presidente Ricardo Lagos[5] le ofreció ser ministra de Salud, casi nadie sabía de ella. La doctora Bachelet había llevado la vida de una militante de base del Partido Socialista y, para entonces, trabajaba en uno de los servicios de ese ministerio. Lagos apenas la ubicaba; su nombre se lo dio el partido cuando, recién electo,
15 pidió que le recomendaran mujeres para los ministerios. Ella pertenecía a esa ala de La Concertación —la alianza de centro izquierda, en el poder desde la recuperación de la democracia en 1990— inconforme con los avances y críticas de los consensos alcanzados con la derecha. Para finales del gobierno de Lagos, el cuarto de los concertacionistas, la coalición ya lucía gastada. Parecía que una elite transversal se hubiera enquistado en
20 la toma de decisiones. Los cambios en el país, desde fines de la dictadura pinochetista hasta entonces, fueron inmensos. La pobreza había bajado del cuarenta a cerca de un catorce por ciento. La capital se llenó de restaurantes. Aumentó el consumo de drogas. Los homosexuales (hasta 1999 la sodomía estaba penada)[6] comenzaron a pasear de la mano. Coincidiendo con la explosión de las comunicaciones cibernéticas, Chile
25 salió de su enclaustramiento. Gobernaba la centro izquierda, pero seguía siendo el prototipo neoliberal.[7] Se hicieron todos más ricos, pero algunos demasiado más que otros. La riqueza continuó su camino de concentración en poquísimas manos, mientras las seguridades sociales seguían reinando por su ausencia. Este malestar aún no se

---

1 Santiago de Chile, la capital de Chile.
2 Bachimelena: Palabra formada por la combinación de Bachelet, el apellido de Michelle Bachelet, y melena, que significa cabello abundante, generalmente lacio.
3 Puntiagudo.
4 Planta de hojas duras y punzantes.
5 Ricardo Lagos fue un presidente chileno que gobernó de 2000 a 2006. Es un abogado y economista que ganó las elecciones bajo una coalición de distintos partidos de centro-izquierda llamada Concertación de Partidos por la Democracia. Fue una de las grandes figuras políticas opositoras a la dictadura de Augusto Pinochet.
6 Se refiere a la homosexualidad.
7 El neoliberalismo es una corriente económica que busca, principalmente, que el sector privado tenga un papel más importante en la sociedad. El neoliberalismo busca que el Estado participe menos, por ello propone una privatización de servicios que son tradicionalmente otorgados por el Estado mediante los impuestos, tales como la educación, la salud, el sistema de pensiones, etc. En América Latina ha sido el paradigma económico vigente a partir de la década de los ochenta.

manifestaba con la energía que lo vimos estallar más tarde, cuando ella irrumpió como
candidata a comienzos de 2005.

La primera Bachelet no representó un cambio en la línea económica ni tampoco
una reforma importante en las instituciones políticas, todavía muy teñidas por el
autoritarismo pinochetista. Creó un pilar solidario en el sistema de pensiones que le
dio una base a los que no recibían nada, pero no tocó la administración privada de
las jubilaciones. Ella simbolizó, de alguna manera, la reconciliación de la sociedad
chilena, una especie de sanación, un cierto bálsamo materno. Su popularidad, en
efecto, se vio catapultada por un hecho revelador: ella, la hija de un militar asesinado
por sus pares, recién nombrada ministra de Defensa (2002) se subió a un tanque
anfibio *mowag*, con medio cuerpo afuera, sonriente y rodeada de soldados en
tenida[8] de campaña, para recorrer ciertas poblaciones anegadas por un temporal.
La imagen, capturada por la prensa, produjo un efecto impresionante en sus índices
de aprobación. ¿Qué tuvo esa fotografía que terminó cuajando en Michelle Bachelet
las aspiraciones de tanta gente? ¿El encuentro de una historia quebrada, la placidez
de una sonrisa en medio de gestos adustos, la posibilidad de cambiar el tono, el fin
de la guerra…? No llegaba a La Moneda[9] un político como el resto, sino alguien
mucho más cercano y espontáneo. No hay quien conozca a Bachelet que hable mal
de ella como persona. Es compleja, la mayor parte de los seres humanos lo son, pero
no tiene dobleces. El defecto que más le destacan es su desconfianza. Y la verdad es
que razones tiene de sobra para desconfiar, porque desde que a su padre lo mataron
los propios compañeros de armas y hasta un novio suyo que fue funcional a los
torturadores, de traiciones ha sabido.

Durante su primer periodo no le fue fácil gobernar. Resintió el machismo de los
grandes señores de la política y la fuerza de los intereses partidarios. Durante los
primeros años de su mandato, sus cercanos acusaron "un feminicidio político". Ella
no era, por otra parte, una maestra en el arte del tejemaneje[10] de los hilos del poder.
Las ínfulas renovadoras con las que comenzó su gobierno 2028—caras nuevas, paridad
de género— a medida que pasaba el tiempo fueron cediendo cupos a la experiencia
de los viejos zorros. No se trató de una administración especialmente transformadora.
Vivió la primera gran explosión del movimiento estudiantil, entonces conocido como
"El Pingüinazo"[11] —eso parecen los escolares de uniforme: pingüinos—. Ya entonces
pedían lo mismo por lo que volvieron a protestar, con multiplicadas energías, cinco
años más tarde. Terminó, sin embargo, con una aprobación impresionante, cercana
al ochenta por ciento. No supo —¿o no era posible?, ¿o no intentó lo suficiente?—,

---

8 En tenida de campaña: En uniforme militar.
9 El Palacio de la Moneda o, simplemente, La Moneda es la residencia oficial de los presidentes chilenos. Recibe ese nombre porque el edificio iba a albergar originalmente la Casa de Moneda chilena. El presidente Salvador Allende murió en ese edificio cuando sucedió el golpe militar el 11 de septiembre de 1973.
10 Palabra coloquial que quiere decir los enredos que se usan para conseguir algo.
11 Se refiere a la primera gran movilización estudiantil de 2006 en Chile que pedía el derecho a la educación, principalmente el mantenimiento de la educación gratuita. Estuvo liderada principalmente por estudiantes jóvenes del nivel secundario, que comprende la edad de los 14 a los 18 años de edad. Recibió el nombre de Revolución Pingüina porque el uniforme escolar exigido en este nivel escolar consiste de una camisa blanca y una chaqueta gris para hombres y mujeres, a las que se agrega un pantalón gris para los hombres y un vestido azul marino para las mujeres.

traspasar a Eduardo Frei,[12] una carta vieja de la vieja Concertación, su todavía fresca popularidad. Y, así las cosas, el año 2009 ganó la derecha.

En una entrevista que le hice al final de su primer gobierno, Michelle Bachelet me dijo: "Lo que más me gustó fue conocer las casas de los chilenos por dentro". Lo decía sin una pizca de ingenuidad. Entendía que la relación de la gente con sus autoridades había cambiado y buena parte de los dirigentes de su propio sector no lo querían comprender. Hartos de los acuerdos cupulares,[13] los ciudadanos aspiraban ser escuchados.

A comienzos del gobierno de Sebastián Piñera,[14] Bachelet asumió en Nueva York la dirección ejecutiva de la recién creada ONU Mujeres,[15] en calidad de secretaria adjunta de Naciones Unidas. Según ella, se fue de Chile para facilitar el surgimiento de nuevos liderazgos, lo que no sucedió con la fuerza que esperaba. Durante su ausencia, en cambio, despertaron los movimientos sociales. Las protestas no apuntaban solamente al actual gobierno de derecha, sino también a las políticas de La Concertación. El año 2011 cientos de miles de personas marcharon reclamando educación gratuita y de calidad, respeto por el medio ambiente y por las comunidades locales a la hora de implementar proyectos energéticos, matrimonio igualitario, un nuevo trato con el pueblo mapuche[16] y mayor autonomía para las regiones. En ninguna de estas causas se echaba de menos a los gobiernos anteriores. Prácticamente no hubo político conocido que se asomara por esas manifestaciones porque hubiera sido blanco de abucheos e insultos. Empezó a sonar fuerte la demanda por una nueva constitución. La institucionalidad imperante —aunque con correcciones, heredada de tiempos de la dictadura—, no estaba a la altura de las nuevas demandas democráticas. No es fácil dar con las razones precisas que permitieron, mientras todo esto sucedía, que el nombre de una lejana Michelle Bachelet siguiera creciendo en las encuestas. Ella no daba entrevistas ni hacía declaraciones, pero, literalmente, brillaba por su ausencia. Buena parte de los reclamos apuntaban a su gobierno, no obstante lo cual mantenía la confianza de la ciudadanía. La Bachelet que volvió a enfrentar esta nueva elección presidencial, sin embargo, ya no era la misma. Y el país, ciertamente, tampoco.

Es bastante claro que un ciclo de nuestra historia, en Chile, ha llegado a su fin. El 2013 se cumplieron cuarenta años del golpe de estado de Pinochet[17] y veinticinco desde

---

12 Eduardo Frei fue presidente de Chile durante el periodo entre 1964 a 1970 y, posteriormente, fungió como presidente del Senado en 1973. El Partido Demócrata Cristiano de Nicanor Frei apoyó el golpe de Estado cuando aconteció en 1973, pero posteriormente se volvió crítico del General Pinochet.
13 Cupulares: de cúpula, es decir el conjunto de los máximos dirigentes.
14 Sebastián Piñera es un inversionista y empresario chileno que ha sido presidente de Chile en dos ocasiones, la primera en el periodo comprendido entre 2010 a 2014 y en el segundo en el periodo de 2018 a 2022. En 2010 fue el primer presidente de derecha elegido en Chile desde 1958. Pertenece al partido de centro-derecha Renovación Nacional.
15 La ONU Mujeres es una organización dedicada a la igualdad de género y el empoderamiento de las mujeres. La ONU Mujeres fue formada en 2010 y Michelle Bachelet fue su primera directora general.
16 El pueblo mapuche es un pueblo indígena de Sudamérica que habita el sur de Chile y partes del sur de Argentina, en lo que corresponde a la región de la Patagonia argentina. Está constituido por grupos indígenas diferentes que hablan la lengua mapuche o mapudungún. En la actualidad existen movimientos de resistencia cultural para conseguir el reconocimiento hacia su cultura, así como problemas por la propiedad de la tierra.
17 El golpe militar de Augusto Pinochet sucedió el 11 de septiembre de 1973 mediante la acción conjunta de la Armada, la Fuerza Aérea y el Ejército con el fin de derrocar al presidente socialista Salvador Allende, quien fue el primer político de orientación marxista que accedió al poder mediante elecciones democráticas.

que el no ganara en el plebiscito[18] con que terminó su gobierno. Las demandas de hoy no son las de los años noventa. Si entonces lo que se exigía era saldar las deudas de la dictadura, en esta nueva etapa se le están cobrando a la democracia. Durante todo este tiempo en Chile se festejó la energía individual y el emprendimiento privado como valores supremos. Diría que hoy acá nadie duda de la necesidad e importancia del mercado. Hechos sucesivos, sin embargo, fueron dejando a la luz que en esta carrera había trampas inaceptables. Los accionistas mayoritarios se aprovechaban de los minoritarios, las grandes cadenas de farmacias se ponían de acuerdo para subir los precios de los remedios; La Polar, la más popular de las multitiendas, les cobraba a sus deudores pobres intereses descomunales. Chile se llenó de universidades privadas que hallaron un nicho de negocio en la promesa de un título profesional para los hijos de quienes nunca lo tuvieron. Hoy son muchos los obreros endeudados por querer mejorar el estatus de su descendencia. Pero muchas de esas universidades, movidas por el lucro y no por el amor al saber, estaban dando cartones vacíos, y el Estado avalando los préstamos que oxigenaban su estafa. En las escuelas quedó demostrado que se vivía una segmentación quirúrgica. Los pobres estudiaban con los pobres, los menos pobres con los menos pobres, la clase media con la clase media, y así sucesivamente, hasta la cima gloriosa de los privilegiados. El movimiento estudiantil tomó esa fuerza gigantesca, porque para todos era claro que allí estaba el germen y la más nítida fotografía de nuestra desigualdad. Bachelet, apenas llegó, aseguró suscribir todos estos reclamos. "De haber estado acá, me dijo, me hubiera gustado marchar".

Tres fueron los ejes de su segunda contienda presidencial, la que el quince de diciembre ganó con un sesenta y dos por ciento de las preferencias: reforma tributaria, educación gratuita y de calidad, y nueva constitución. Esta vez no fue sencillamente su encanto el motor de la campaña. Supo encarnar mejor y con más realismo lo que la población reclamaba: una mayor intervención del Estado, sin necesariamente estatizar. Regresó bastante más formal: la *bachimelena* dio paso a un corte aerodinámico, cambió las ropas sueltas por trajes de dos piezas y ajustados, y estuvo menos tallera y festiva.

Dio por superada La Concertación y constituyó una alianza más amplia, desde la Democracia Cristiana al Partido Comunista, hoy conocida como La Nueva Mayoría. Estableció lazos con los principales dirigentes del movimiento estudiantil, varios de los cuales llegaron al parlamento. Camila Vallejo,[19] su rostro más emblemático, fue electa diputada haciendo campaña junto a ella.

Por estos días se espera que haga público su gabinete. Entonces podrá verse con más claridad la estrategia que elija para llevar a cabo sus promesas a partir del once de marzo, cuando asuma. Michelle Bachelet es de izquierda, pero pragmática. No juró transformaciones imposibles y en varias de sus intervenciones —que no fueron demasiadas, porque llegó más hermética y calculadora que nunca—, procuró morigerar las expectativas desbandadas. Sabe que sus ministros no pueden repetir una foto del pasado. Hará esfuerzos por incorporar rostros nuevos. Pero ya fue presidenta una

---

18 El plebiscito chileno del 5 de octubre de 1988 se llevó a cabo con el fin de determinar si el general Augusto Pinochet se mantendría en el poder por otros ocho años. El resultado fue un No por un 56%, lo que terminó con 16 años y medio de gobierno dictatorial de Augusto Pinochet.
19 Camila Vallejo es una joven política comunista chilena. Su carrera política se inició cuando fue dirigente estudiantil de la Federación de Estudiantes de la Universidad de Chile entre 2010 y 2011. En las elecciones parlamentarias de 2013 fue elegida diputada.

vez y sabe también que las habilidades políticas no se improvisan, y que su manejo en esta área deberá ser mayor que a comienzos de su presidencia anterior. Son muchas las diferencias que deberá administrar al interior mismo de su coalición de gobierno, sin considerar todavía esa ciudadanía activa y lejana a los partidos que difícilmente acallará sus exigencias cuando las vea contradichas. Los ajustes por realizar no son menores. Lo que se espera de ella, en el fondo, es algo parecido a un nuevo pacto. El problema de Chile hoy no es precisamente la pobreza, sino la inmensa desigualdad instalada en todos los ámbitos: el económico, el social, el cultural y el político. Más allá de su traducción a las discusiones concretas, es eso lo que esconde el compromiso de una nueva constitución: un acuerdo que permita dar un salto democratizador, acorde a los tiempos y a los nuevos deseos de la comunidad. El reto no es pequeño. Veremos cómo le va.

Actividades para después de la lectura

Comprensión

Responde a las siguientes preguntas.

1. ¿Cuáles fueron algunos de los cambios que tomaron lugar en Chile entre el fin de la dictadura de Pinochet y el final del gobierno de Lagos? (Lns. 19–27)
2. ¿Qué sucedió para que aumentara la popularidad de Michelle Bachelet cuando era presidenta? (Lns. 35–40)
3. ¿Cuáles son los dos acontecimientos que le sucedieron a Michelle Bachelet que le llevaron a no confiar en las personas? (Lns. 48–51)
4. ¿Qué pedían los miles de personas que marcharon en 2011? (Lns. 76–80)

Interpretación

1. ¿Qué fue lo que más le gustó hacer a Michelle Bachelet como presidenta? Según tú, ¿qué dice esto del carácter de la señora Bachelet? (Lns. 66–69)
2. Después de leer la crónica en su totalidad, ¿por qué el escritor seleccionó ese título para el texto?

Discusión o debate

1. En 2013 cuando se cumplieron 40 años del golpe de Estado de Augusto Pinochet mucho había cambiado para bien en Chile; sin embargo, algunos cambios no eran justos, por ejemplo, el hecho de que los padres se tenían que endeudar para pagar universidades privadas que no eran de calidad. ¿Debe ser la universidad gratuita y accesible a todos los que estén capacitados para asistir a ella? ¿Por qué?
2. El autor sostiene al final de la crónica que el problema principal de Chile es la desigualdad económica, social, cultural y política. ¿Cuáles son algunas de las ventajas y desventajas de la desigualdad en las sociedades? ¿Crees que puede existir mucha desigualdad en un país o sociedad?

Ejercicios de vocabulario

Diferencias en el vocabulario en América Latina

El español es una de las lenguas más habladas del mundo según el número de nativo hablantes. De hecho, el español es la segunda lengua con el mayor número de hablantes solamente superada por el chino. La expansión del español para convertirse en una lengua internacional se dio principalmente cuando los españoles colonizaron diversos territorios fuera de la península a partir del siglo XV y XVI. En la actualidad, "En la actualidad," el español se habla en Europa, en España; en África, en Guinea Ecuatorial, y en América Latina, donde el español por mucho concentra el mayor número de nativo hablantes. En América Latina, el español se habla, por número de hablantes, en México, Colombia, Argentina, Venezuela, Perú, Chile, Ecuador, Guatemala, Cuba, Bolivia, República Dominicana, Honduras, El Salvador, Paraguay, Nicaragua, Costa Rica, Puerto Rico, Panamá y Uruguay, a la que hay que agregar la numerosa población hispanohablante que vive en los Estados Unidos.

El hecho de que en tantos países se hable el español ocasiona que esta sea una lengua pluricéntrica. A pesar de la unidad de la lengua española en el mundo, es natural que haya diversidad, la cual se presenta, principalmente, en la pronunciación y el vocabulario.

En este texto se encuentran algunas palabras propias del español argentino y chileno, como las siguientes que tienen que ver con el cuerpo, específicamente el pelo, chuzo; la vegetación, coirones, de coirón, y la tenida de campaña, que tiene que ver con la ropa. Une las siguientes palabras que tienen que ver con la ropa con la palabra que significa lo mismo en otra diferente variedad dialectal del español. Si no sabes cuál es la respuesta correcta, busca en Internet, en diccionarios o pregúntales a tus compañeros.

I.

1) falda	a) anteojos
2) chaqueta	b) cierre, zíper
3) calcetines	c) brasier (Argentina)
4) sostén	d) medias (Argentina, Colombia, entre otros)
5) gafas	e) pollera (Argentina)
6) cremallera	f) campera (Argentina)

II.

1) chaqueta	a) ojotas (Argentina), chalas (Chile)
2) uniforme	b) jersey (España), pulóver (Argentina)
3) chanclas	c) buzo (Uruguay, Argentina, Ecuador y Colombia)
4) camiseta	d) tenida (Chile, Perú, Bolivia)
5) suéter	e) remera (Argentina)
6) suéter deportivo con capucha	f) chamarra

UN FIN DE SEMANA CON PABLO ESCOBAR – COLOMBIA

Publicada originalmente en la revista *El Malpensante* (2003)

Juan José Hoyos

Esta crónica relata la vez que el periodista entrevistó a Pablo Escobar, tal vez el más famoso narcotraficante latinoamericano de todos los tiempos. En ella se muestra la inherente corrupción política no solo de Colombia, sino también aquella de los Estados Unidos y de varios estratos sociales (periodistas, militares, campesinos, etcétera). El texto sorprende también porque la esposa y el hijo del autor también van a conocer a Escobar e incluso se hospedan en su hacienda. Es interesante también entender cuáles fueron las condiciones que permitieron que se creara un personaje como Escobar en Colombia y el porqué de su forma de operar: la guerra contra las drogas, la cantidad de dinero invertido en sobornos, el terror de fin del siglo XX, entre otras cosas.

Acerca del autor

Juan José Hoyos (Colombia, 1953) es periodista y escritor; es considerado uno de los grandes cronistas de nuestra época. Fue profesor de periodismo en la Facultad de Comunicaciones de la Universidad de Antioquia y trabajó como editor en la colección de periodismo de la editorial de la misma universidad.

Ha publicado novelas y libros de reportajes, entre los cuales consta *El oro y la sangre*, ganador en 1994 del Premio Nacional de Periodismo Germán Arciniegas. También ha publicado libros sobre periodismo narrativo rigurosamente investigados.

Actividades de pre-lectura

I

Ejercicios de vocabulario

Encuentra la definición que mejor corresponda a la palabra resaltada, utiliza el contexto.

1. Pablo Escobar consiguió un **ejército** de trabajadores para plantar palmas y árboles exóticos por el borde de todas las carreteras de la hacienda. (Lns. 53–54)
2. Los animales alcanzaron a ser más de 200. Cuando el Instituto Colombiano Agropecuario (ICA) se los **decomisaba**, por no tener licencia sanitaria, Escobar enviaba un amigo a los **remates**. (Lns. 62–64)
3. La policía española recibió informaciones de **infiltrados** en el mundo de la droga según las cuales el principal capo del narcotráfico colombiano se hallaba hospedado en un hotel de Madrid. (Lns. 75–78)
4. Por los uniformes y las **insignias** que habían dejado al borde de la piscina me di cuenta de que eran dos coroneles del ejército. (Lns. 165–167)

Personajes latinoamericanos 203

5. Adentro, silencio e intimidad para su familia y para la gente que quisiera **recogerse** a descansar. (Lns. 198–199)
6. Son como cuatro [haciendas], de ellas, por supuesto la niña **mimada** era Nápoles. (Lns. 212–213)
7. Pablo Escobar habló de su proyecto de erradicar los **tugurios** del basurero de Moravia, en Medellín, y construir un barrio sencillo, pero decente, para los tugurianos. (Lns. 256–257)
8. **A renglón seguido** Pablo Escobar tomó en sus brazos a mi hijo Juan Sebastián e insistió en que les tomara una foto. (Lns. 350–351)
9. … hasta el día en que fue **acribillado** a balazos por un comando del Cuerpo Élite de la Policía. (Lns. 392–393)

II

Paso 1

Piensa en la mafia, o en cualquier tipo de organización criminal organizada. ¿Qué es lo que primero viene a tu mente? Escríbelo.

_____

_____

Ahora piensa en un político importante, sea de tu país o de otro país. ¿Qué es lo que primero viene a tu mente? Escríbelo.

_____

_____

Paso 2

Comparte tus ideas con un compañero. Juntos, intenten responder a las siguientes preguntas.

¿Crees que la política y la delincuencia organizada están vinculadas de alguna forma?

_____

_____

_____

Menciona dos desventajas y una ventaja de estar en una posición de poder.

_____

_____

_____

¿Les parece que un criminal puede hacer buenas acciones al estar en una posición de poder? Es decir, ¿si un delincuente realiza acciones buenas, lo convierte en buena persona? ¿Son justificables las acciones de un delincuente si termina haciendo obras buenas con el producto de lo robado?

_____

_____

¿Por qué crees que la sociedad tiene interés, y hasta cierto punto admira, la vida de delincuentes famosos, por ejemplo, Al Capone, Pablo Escobar, el Chapo Guzmán, etc.? ¿Qué dice esto de la sociedad?

_____

III

Indica si estás de acuerdo o no con las siguientes oraciones.

	Estoy de acuerdo	No estoy de acuerdo
1. La política siempre tiene un lado perverso.	___	___
2. Hay banqueros corruptos que pueden ser peores que los narcotraficantes.	___	___
3. Todos los criminales tienen un lado bueno que se muestra con su familia, o con otra gente por la cual tienen afecto.	___	___
4. Los criminales aparecen como una construcción mediática pero en realidad son personas normales que no tuvieron oportunidades.	___	___
5. Me parece normal que los criminales sean famosos.	___	___

IV

Ahora lee la crónica. Recuerda que no tienes que entender todo, sino solamente los puntos principales y la organización general del texto. No te detengas para buscar palabras en el diccionario.

Un fin de semana con Pablo Escobar

Era un sábado de enero de 1983 y hacía calor. En el aire se sentía la humedad de la brisa que venía del río Magdalena. Alrededor de la casa, situada en el centro de la hacienda, había muchos árboles cuyas hojas de color verde oscuro se movían con el viento. De pronto, cuando la luz del sol empezó a desvanecerse, centenares de aves blancas comenzaron a llegar volando por el cielo azul, y caminando por la tierra oscura, y una tras otra, se fueron posando sobre las ramas de los árboles como obedeciendo a un designio desconocido. En cosa de unos minutos, los árboles estaban atestados[1] de aves de plumas blancas. Por momentos, parecían copos de nieve que habían caído del cielo de forma inverosímil y repentina en aquel paisaje del trópico.

Sentado en una mesa, junto a la piscina, mirando el espectáculo de las aves que se recogían a dormir en los árboles, estaba el dueño de la casa y de la hacienda, Pablo Escobar Gaviria, un hombre del que los colombianos jamás habían oído hablar antes de las elecciones de 1982, cuando la aparición de su nombre en las listas de aspirantes al Congreso por el Partido Liberal desató una dura controversia en las filas del Nuevo Liberalismo, movimiento dirigido entonces por Luis Carlos Galán Sarmiento.

—A usted le puede parecer muy fácil —dijo Pablo Escobar, contemplando las aves posadas[2] en silencio sobre las ramas de los árboles. Luego agregó mirando el paisaje, como si fuera el mismo dios—: No se imagina lo verraco[3] que fue subir esos animales todos los días hasta los árboles para que se acostumbraran a dormir así. Necesité más de cien trabajadores para hacer eso… Nos demoramos varias semanas.

Pablo Escobar vestía una camisa deportiva muy fina, pero de fabricación nacional según dijo con orgullo mostrando la marquilla[4]. Estaba un poco pasado de kilos pero todavía conservaba su silueta de hombre joven, de pelo negro y manos grandes con las que había manejado docenas de autos cuando junto con su primo, Gustavo Gaviria, competía en las carreras del autódromo de Tocancipá y de la Plaza Mayorista de Medellín.

—Todo el mundo piensa que uso camisas de seda extranjeras y zapatos italianos, pero yo sólo me visto con ropa colombiana —dijo mostrando la marca de los zapatos.

Se tomó un trago de soda para la sed porque la tarde seguía muy calurosa y luego agregó:

—Yo no sé qué es lo que tiene la gente conmigo. Esta semana me dijeron que había salido en una revista gringa… Creo que, si no me equivoco, dizque era la revista *People*… o *Forbes*. Decían que yo era uno de los diez multimillonarios más ricos del mundo. Les ofrecí a todos mis trabajadores y también a mis amigos diez millones de pesos por esa revista y ya han pasado dos semanas y hasta ahora nadie me la ha traído… La gente habla mucha mierda.

---

1 Llenos.
2 Paradas.
3 En Colombia forma coloquial de decir algo complejo, difícil, que requiere de valor.
4 Etiqueta en la cual consta la marca de la ropa.

Pablo Escobar hablaba con seguridad, pero sin arrogancia. La misma seguridad con la que en compañía de su primo se montó en una motocicleta y se fue a comprar tierras por la carretera entre Medellín y Puerto Triunfo, cuando aún estaba en construcción la autopista Medellín-Bogotá. Después de comprar la enorme propiedad, situada entre Doradal y Puerto Triunfo, casi a orillas del río Magdalena, empezó a plantar en sus tierras centenares de árboles, construyó decenas de lagos y pobló el valle del río con miles de conejos comprados en las llanuras de Córdoba y traídos hasta la hacienda en helicópteros. Los campesinos, aterrados, dejaron durante un tiempo de venderle tantos conejos porque a un viejo se le ocurrió poner a correr el rumor de que unos médicos antioqueños habían descubierto que la sangre de estos animales curaba el cáncer. Escobar mandó a un piloto por el viejo y lo trajo hasta la hacienda para mostrarle lo que hacía con los animales: soltarlos para que crecieran en libertad. Ahora había conejos hasta en Puerto Boyacá, al otro lado del Magdalena.

Igual que con los conejos, Pablo Escobar consiguió un ejército de trabajadores para plantar palmas y árboles exóticos por el borde de todas las carreteras de la hacienda. Las carreteras daban vueltas, e iban y venían de un lugar a otro de forma caprichosa porque ya Escobar tenía en mente la construcción de un gran zoológico con animales traídos de todo el mundo.

Él mismo, durante muchos meses, dirigió la tarea de poblar su tierra con canguros de Australia, dromedarios del Sahara, elefantes de la India, jirafas e hipopótamos del África, búfalos de las praderas de Estados Unidos, vacas de las tierras altas de Escocia y llamas y vicuñas del Perú. Los animales alcanzaron a ser más de 200. Cuando el Instituto Colombiano Agropecuario (ICA) se los decomisaba, por no tener licencia sanitaria, Escobar enviaba un amigo a los remates. Allí los compraba de nuevo y los llevaba de regreso a la finca en menos de una semana.

Durante varios años, Pablo Escobar dirigió personalmente las tareas de domesticar todas las aves, obligándolas con sus trabajadores a treparse[5] a los árboles por las tardes cuando caía el sol. Cosas parecidas hizo con los demás animales, tratando de cambiar la naturaleza y hasta sus hábitos. Por ejemplo, a un canguro le enseñó a jugar fútbol y mandó a traer desde Miami, en un avión, a un delfín solitario envuelto en bolsas plásticas llenas de agua y amarrado con sábanas para evitar que se hiciera daño tratando de soltarse. Luego, lo liberó en un lago de una hacienda situada entre Nápoles y el Río Claro.

En esa época, Pablo Escobar era representante a la Cámara (…) y era fácil obtener una entrevista con él. Escobar se codeaba de tú a tú con todos los políticos de entonces y hasta había sido invitado a España por el presidente electo de ese país, Felipe González.[6] En ese viaje lo acompañaron varios parlamentarios colombianos de los dos partidos. La policía española recibió informaciones de infiltrados en el mundo de la droga según las cuales el principal capo del narcotráfico colombiano se hallaba hospedado en un hotel de Madrid. Por este motivo, fuerzas especiales allanaron el edificio y detuvieron por un rato a varios asustados congresistas del Partido Conservador, que se habían acostado temprano. Los senadores, ya vestidos de pijamas, fueron requisados minuciosamente junto con sus equipajes. Mientras tanto Pablo Escobar tomaba champaña con varios amigos y periodistas colombianos en la suite presidencial adonde los había invitado Felipe González.

La entrevista con Pablo Escobar la ordenó Enrique Santos Calderón, columnista del periódico El Tiempo y en esa época director de la edición dominical. La conseguí con la ayuda de un locutor de radio de Medellín que tenía un programa muy popular y que

---

5 Subirse.
6 Felipe González: Presidente español por trece años consecutivos, entre 1982 y 1996.

había empezado a trabajar con Escobar como jefe de prensa. El locutor organizó un almuerzo en el hotel Amarú (…).

Después del almuerzo, Pablo Escobar me hizo saber a través de su jefe de prensa, Alfonso Gómez Barrios, que me esperaba en la hacienda Nápoles, en Puerto Triunfo, durante el próximo fin de semana. Los guardaespaldas de Escobar me llamaron al día siguiente y me propusieron encontrarnos en la población de San Luis, adonde yo tenía que viajar para acompañar al entonces gobernador de Antioquia, Nicanor Restrepo Santamaría, a la inauguración de la escuela Juan José Hoyos, que lleva ese nombre en memoria de mi abuelo, un maestro de escuela del oriente de Antioquia.

—¿Cómo hago para encontrarlos si yo no los conozco? —les pregunté a los guardaespaldas de Escobar.
—Tranquilo que nosotros lo encontramos a usted…

Yo, por supuesto, no estaba tranquilo. Había tenido noticias sobre la amabilidad con que Escobar atendía a los periodistas, pero también sabía que todos sus empleados temblaban de miedo cuando él les daba una orden.

Llegué a San Luis poco después del mediodía del sábado. Mientras el gobernador pronunciaba su discurso inaugurando la escuela me di cuenta, muy asustado, de que mi hijo Juan Sebastián, de apenas dos años de edad, había desaparecido. Abandoné el acto y en uno de los corredores de la escuela encontré a un hombre moreno y de apariencia dura cargando a mi hijo. El hombre me miró con una sonrisa. Tenía cara de asesino. Nadie tuvo que explicarme que era uno de los guardaespaldas de Pablo Escobar.

De inmediato fui a buscar a Martha, mi esposa, y le dije que ya habían llegado por nosotros. En menos de un minuto abordamos mi carro, un pequeño Fiat 147 que los hombres de Escobar miraron con desprecio. Ellos subieron a una camioneta Toyota de cuatro puertas, con excepción del hombre con la cara de asesino. Él nos dijo que quería acompañarnos en mi carro para que no nos fuéramos a embolatar.[7]

Cuando encendí el motor del auto y vi por el espejo retrovisor la camioneta Toyota con esos tres hombres, todos armados, me di cuenta de que estaba temblando. El hombre con cara de asesino trató de serenarme.[8]

—Tranquilo, hermano, que usted va con gente bien…

En seguida abrió un morral[9] que llevaba sobre sus piernas y sacó un teléfono satelital… ¡Un teléfono satelital en esos tiempos en los que en Colombia ni siquiera se conocían los teléfonos celulares!

—Aló, patrón. Aquí vamos con el hombre. Todo ok. Estamos llegando en media hora.

Cuando cruzamos el alto de La Josefina y empezamos a descender hacia el valle del Río Claro me fui tranquilizando poco a poco viendo por el espejo retrovisor cómo mi

---

7 En Colombia significa perderse.
8 Calmarse.
9 Mochila.

hijo jugaba con su madre. Sin embargo, para controlar mejor los nervios le propuse al hombre de la cara de asesino que paráramos en algún lado y nos tomáramos una copa de aguardiente.[10]

—Hágale usted tranquilo, hermano, que yo no puedo. Si le huelo a aguardiente al patrón, me manda a matar.

Nos detuvimos un par de minutos en una fonda junto al Río Claro. Yo bajé solo del carro y me tomé dos tragos. (…)
   Llegamos a la hacienda Nápoles cuando ya iban a ser las cuatro de la tarde. La primera cosa que me impresionó fue la avioneta que estaba empotrada[11] en un muro de concreto, en lo alto de la entrada. La gente, que siempre habla, decía que ésa era la avioneta del primer kilo de cocaína que Escobar había logrado meter a los Estados Unidos. Después me impresionaron los árboles alineados en perfecto orden a lado y lado de una carretera pavimentada y sin un solo hueco. Empezamos a ver los hipopótamos, los elefantes, los canguros y los caballos que corrían libres por el campo verde. Mi hijo le dio de comer a una jirafa a través de la ventanilla del auto, con la ayuda del guardaespaldas. A medida que nos adentrábamos en la hacienda íbamos cruzando puertas custodiadas por guardianes. En cada puerta, el guardaespaldas mostraba una tarjeta escrita de su puño y letra[12] por el patrón. Con la tarjeta, las puertas se abrían de inmediato como obedeciendo a un conjuro mágico. Junto a una de las últimas había un carro viejo montado en un pedestal.[13] Era un Ford o un Dodge de los años treinta y estaba completamente perforado por las balas.

—¿De quién es ese carro? —le pregunté al hombre con cara de asesino.
—Lo compró el patrón…. Era el carro de *Bonnie and Clyde*.

Después de atravesar la última puerta cruzamos un bosque húmedo lleno de cacatúas negras traídas del África y otros pájaros exóticos cazados en todos los continentes. Al final estaba la entrada a la casa principal de la hacienda. Bajé del carro, otra vez asustado, y alcé a mi hijo en brazos. Martha abrió la maleta del Fiat y bajó el equipaje. Pensábamos quedarnos dos días de acuerdo con la invitación de Escobar.
   Lo primero que encontré caminando hacia la casa fue una ametralladora montada sobre un trípode. Me dijeron que era un arma antiaérea. Más adelante había un toro mecánico que un técnico traído desde Bogotá estaba reparando. En la piscina, dos hombres se bañaban. Uno de ellos estaba un poco entrado en años. Por los uniformes y las insignias que habían dejado al borde de la piscina me di cuenta de que eran dos coroneles del ejército.
   En ese momento apareció Pablo Escobar. Me saludó con una amabilidad fría, pero llena de respeto por mi oficio y por el periódico para el cual trabajaba. Estaba recién

---

10 Bebida alcohólica destilada y diluida en agua.
11 Metida en la pared.
12 De puño y letra: escrita a mano por su mismo autor.
13 Objeto sólido que por lo general se usa para sostener estatuas o columnas.

motilado[14] y lucía un bigote corto. En su cara, en su cuerpo y en su voz aparentaba tener aproximadamente unos 33 años.

Me invitó a sentarme en una de las sillas que bordeaban la piscina donde los coroneles seguían disfrutando de su baño.

Junto a la mesa donde empezamos a hablar había un traganíquel[15] marca Wurlitzer, lleno de baladas de Roberto Carlos. La que más le gustaba a Escobar era "Cama y mesa". Desde que eran novios, él se la dedicaba a su esposa, María Victoria Henao. Ella estaba sentada en otra mesa, a dos metros de la nuestra, acompañada sólo por mujeres. Entonces me di cuenta de que todos los hombres y las mujeres estábamos sentados aparte los unos de los otros.

Por los corredores de la casa, un niño de gafas pedaleaba a toda velocidad en su triciclo. Era Juan Pablo, el hijo de Escobar. De vez en cuando, una que otra garza blanca llegaba sin miedo hasta el borde de la piscina a tomar agua con su largo pico. En la mitad de la piscina había una Venus de mármol. En un estadero[16] cubierto que podía verse desde la piscina había 3 o 4 mesas de billar cubiertas con paños verdes. Varios pavos chillaban junto a la puerta del bar donde un mesero joven vestido de blanco preparaba los primeros cocteles de la noche.

Desde donde estábamos también se divisaba un comedor enorme de unos 20 o 25 puestos. Los pájaros saltaban sobre la mesa comiéndose las migajas de pan que la gente había dejado sobre los manteles.

Mirando desde la piscina, las únicas partes visibles de la casa eran el comedor, los corredores y los salones de juego. A un costado del comedor había un gran cuarto de refrigeración donde se guardaban las provisiones para los habitantes de la hacienda. El resto estaba detrás: dos pisos aislados del área social de la piscina, donde se hallaban las habitaciones. El cuarto de Escobar, totalmente separado del resto de la casa, estaba en el segundo piso, en el ala derecha. Los demás cuartos estaban en el ala izquierda. La casa no era excesivamente lujosa. Parecía expresamente construida para las necesidades de Escobar: afuera, alrededor de la piscina, espacios generosos para atender a los invitados. Adentro, silencio e intimidad para su familia y para la gente que quisiera recogerse a descansar.

De pronto se hizo el milagro del que ya hablé: las aves empezaron a subir a los árboles y un resplandor blanco iluminó la casa y sus alrededores.

El primer tema que tratamos esa tarde tenía que ver con política y me reveló de inmediato la agudeza[17] de la mente de Pablo Escobar:

—Ese güevón[18] de Carlos Lehder la está cagando con el tal Movimiento Latino… Cree que se puede hacer política con arrogancia.

Mientras hablábamos, Pablo Escobar no fumaba ni bebía ningún licor. Como yo insistí en que la entrevista no era para hablar de política pasamos a otro tema, el de la hacienda.

—Las haciendas… —me corrigió—. Porque son como cuatro…

---

14 Cortado el pelo.
15 Aparato automático que funciona para poner música cuando se inserta una moneda.
16 En Colombia se le llama estadero al porche, es decir a un espacio cubierto, o no, adjunto a un edificio o casa.
17 Lucidez, inteligencia.
18 Forma coloquial de designar a una persona tonta.

De ellas, por supuesto la niña mimada era Nápoles. Allí tenía el zoológico, el ganado, los aviones, el helicóptero y una impresionante colección de carros antiguos que había ido comprando a lo largo de su vida. Cuando visitamos el garaje donde los guardaba vi también varios autos deportivos cubiertos con lonas y unas 50 o 60 motos nuevas. Aproveché el tema de los autos para preguntarle por el carro de *Bonnie and Clyde*.

—Eso es pura mierda que habla la gente. Ése es un carro viejo que me conseguí en una chatarrería en Medellín. Otros dicen que era de Al Capone…
—¿Y los tiros?
—Yo mismo se los pegué con una subametralladora.

Cuando cayó la noche, Pablo Escobar me dio un paseo por toda la finca manejando un campero[19] Nissan descubierto. Me dijo que su lugar preferido era un bosque nativo que él no había dejado tocar de ningún trabajador. Me contó cómo había arborizado planta por planta toda la hacienda. Me mostró unas esculturas enormes, de concreto, en las que trabajaba un artista amigo. Pensaban hacer dos enormes dinosaurios cerca de uno de los lagos. Me llevó también al lago de los hipopótamos y me mostró un letrero lleno de humor negro que él mismo había mandado a pintar. Ya no recuerdo la frase pero hablaba de la pasividad y de la peligrosidad de estos animales. También me mostró desde afuera una plaza de toros recién terminada.

Ya muy entrada la noche, Pablo Escobar me invitó a conocer un proyecto hotelero que según él iba a transformar la región de Puerto Triunfo. Era un pequeño pueblo blanco de estilo californiano, situado cerca de la hacienda, junto al poblado de Doradal. Para abandonar la hacienda, Escobar llamó a uno de sus guardaespaldas y le pidió que nos acompañara. Volví a sentir miedo: el elegido había sido el hombre con la cara de asesino.

Llegamos a la aldea de Doradal cuando iban a ser las nueve de la noche. Nos sentamos en el bar y pedimos una botella de aguardiente. El guardaespaldas con la cara de asesino miró a su patrón con asombro. Él nos sirvió el primer trago. En ese momento descubrí que a unos metros había una mesa en la que dos viejos amigos míos conversaban con un par de mujeres hermosas. Uno de ellos me descubrió mirándolas y entonces gritó:

—¿Qué estás haciendo por aquí?

Yo fui a saludarlos. Los dos vivían en Bogotá y por la alegría que reflejaban en sus caras pensé enseguida que andaban volados[20] de sus mujeres. Cuando regresé a la mesa, Pablo Escobar me preguntó quiénes eran mis amigos. Yo le dije:

—Son periodistas.

Él propuso que juntáramos las mesas. Quería hacer política. Tenía que hablar con los periodistas. Entonces empezó una de las conversaciones más memorables que yo he tenido en la vida.

---

19 Vehículo todo terreno, en este caso descapotable.
20 Escapados o escondidos de sus esposas.

Personajes latinoamericanos 211

Pablo Escobar habló de su proyecto de erradicar los tugurios del basurero de Moravia, en Medellín, y construir un barrio sencillo, pero decente, para los tugurianos. Después se enfrascó[21] en un montón de recuerdos personales: su paso por el Liceo de la Universidad de Antioquia, donde se robaba las calificaciones de los escritorios de los profesores para que ninguno de sus amigos perdiera las materias. Habló de su primer discurso durante una huelga[22]. Fue en el teatro al aire libre de la Universidad de Antioquia.

El guardaespaldas con la cara de asesino se animó a recordar la misma época, cuando los dos eran estudiantes revolucionarios, antiimperialistas, antigobiernistas... Más adelante Pablo Escobar volvió a hablar de política. Dijo que estaba tratando de conformar un movimiento popular y ecológico que iba a cambiar la forma de hacer las campañas electorales en Antioquia y en el país.

Cuando la botella iba por la mitad yo me atreví a poner sobre el tapete[23] el tema vedado: el asunto de las drogas. Pablo Escobar ni siquiera se inmutó[24] y empezó a contarnos en forma animada cómo hacía su gente para contrabandear cocaína hacia los Estados Unidos de América.

En esa parte de la conversación donde, por supuesto, no hubo grabadoras ni libretas de apuntes, Pablo Escobar se puso a dibujar sobre un papel el radio de acción del radar de un avión Awac de los que empleaba la DEA para detectar los vuelos ilegales que entraban a la Florida procedentes de Colombia.

—Las rutas de esos aviones —dijo, refiriéndose a los Awac— también tienen precio... Ya hemos comprado varias. Pero lo mejor es entrar a la Florida un domingo o un día de fiesta, cuando el cielo está repleto de aviones. Así no lo puede detectar a uno ni el hijueputa...

El tema de la conversación nos emocionó a todos. Entonces le dije a Pablo Escobar que yo quería escribir esa historia y también escribir la historia de cómo había empezado el problema del narcotráfico en Colombia.

—Pero hay que escribirla como hacen los periodistas gringos, contando las cosas con pelos y señales —dijo él con tono enérgico—. Porque si usted la va a contar como la cuentan los periodistas colombianos, no vale la pena. Aquí los periodistas no son sino lagartos y lambones.[25] Lo que hace que estoy en el Congreso, los redactores políticos no se me arriman sino a preguntarme pendejadas con una grabadora en la mano y a pedirme plata.

Yo insistí en el tema. Le dije que quería escribir un libro como *Honrarás a tu padre*, de Gay Talese, un bello reportaje sobre una familia de la mafia italiana en Estados Unidos. Insistí en que quería contar cómo había empezado la historia de la mafia en Medellín. (...)

A partir de ese momento la conversación se volvió mucho más abierta y más animada y en la medida en que Pablo Escobar veía que no estábamos tomando notas, se sentía

21 Se concentró.
22 Interrupción colectiva de actividades para protestar por algo.
23 Poner sobre el tapete: empezar a hablar de un tema controversial.
24 No se vio afectado.
25 Forma coloquial para decir a una persona que es servil y aduladora.

cada vez más tranquilo. Por eso contó muchas cosas más que todavía no se pueden publicar en ningún periódico. Mientras tanto, el guardaespaldas con la cara de asesino daba cuenta de la botella de alcohol. Nosotros lo secundábamos a un ritmo un poco más lento. A las dos de la mañana ya todos estábamos borrachos y entusiasmados, pero el más borracho de todos era el guardaespaldas, que se había dormido encima de una mesa. Pablo Escobar y yo lo cogimos de los brazos y lo montamos al carro. Afortunadamente, el hombre era delgado. Escobar encendió el campero y el tipo se derrumbó sobre la banca de atrás.

Cuando íbamos por el camino, Pablo Escobar dijo algo que me dejó helado:

—Escribí[26] el libro. Salite[27] del periódico. Yo te doy una beca. (…)

Al día siguiente, muy temprano, la casa volvió a animarse. En el aeropuerto de la hacienda se oían aterrizar y despegar los aviones. Por los preparativos en la cocina parecía que los invitados de ese día eran muchos y muy importantes. (…)

El primero que llegó a Nápoles ese día fue el senador Alberto Santofimio Botero. Media hora después llegaron en su orden los congresistas Ernesto Lucena Quevedo, Jorge Tadeo Lozano y Jairo Ortega Ramírez.[28] (…)

Pablo Escobar no salió a recibirlos sino hasta las dos de la tarde. Cuando se acercó a la mesa donde los congresistas conversaban y bebían en forma animada, todos sin excepción se levantaron como si fuera el 20 de julio[29] y el presidente de la república acabara de hacer su entrada al Salón Elíptico del Capitolio Nacional.

Una hora después, una caravana de carros partía de Nápoles hacia una de las fincas de Escobar situada cerca del Río Claro. La casa era una cabaña de troncos construida alrededor de un lago donde el delfín que él había mandado traer desde Miami lloraba y daba vueltas asomándose de vez en cuando a mirar la concurrencia que lo observaba como si fuera un animal del otro mundo.

Después de una corta visita a la finca del delfín, la caravana de carros se dirigió hacia otra finca situada sobre la margen izquierda del Río Claro. Era otra cabaña de madera escondida en medio de un bosque tupido.[30] Los trabajadores de Pablo Escobar iban y venían por la casa y sus alrededores preparando un fogón[31] donde se iba a asar media res[32] para todos los invitados. De pronto, uno de los guardaespaldas de Escobar bajó por el río manejando un extraño bote que parecía un caballo de agua dulce. (…)

Pablo Escobar ordenó que el bote se arrimara a la orilla y se montó en él como un jinete avezado. Uno de sus hombres le cubrió las orejas con unos tapones de corcho para que el ruido del motor de la hélice no lo ensordeciera. Los congresistas fueron invitados a abordar el aparato. Ellos lo hicieron en orden: primero Santofimio, después Lucena y por último Jairo Ortega. Tadeo Lozano se quedó en la orilla. Apenas me vio observándolos desde la orilla, Escobar me hizo señas con la mano para que les

---

26 "Escribí" por "escribe"; en Colombia también se usa el voseo.
27 "Salite" por "sal", también es el uso del voseo.
28 Todos son políticos colombianos locales de cierta influencia. En este caso el autor muestra como ellos estaban ligados a Escobar, y por ende al narcotráfico y al crimen organizado.
29 Se refiere al 20 de julio de 1810, fecha en la que se celebra la independencia de Colombia.
30 Espeso, lleno de árboles.
31 Fuego controlado, por lo general para asar o cocinar algo.
32 Media vaca.

tomara una foto. Yo disparé mi cámara, entre sumiso y regocijado.[33] Los congresistas se asustaron cuando vieron la cámara. Pablo Escobar les dio un paseo por el río. Cuando regresaron, llamó aparte a Alberto Santofimio Botero y le dijo:

—Venga, doctor, le presento a un amigo. Él es periodista de *El Tiempo*.

Santofimio me dio la mano a regañadientes,[34] tragando saliva y sin mirarme a la cara.

—¿Y usted qué está haciendo por aquí, hombre? —me preguntó con un gesto de disgusto.

Yo le contesté:

—Lo mismo que usted, doctor...

A renglón seguido Pablo Escobar tomó en sus brazos a mi hijo Juan Sebastián e insistió en que les tomara una foto. El asado terminó poco después de las cinco de la tarde. Me despedí de Escobar y de su guardaespaldas con cara de asesino y regresé directamente a Medellín sin volver a la hacienda Nápoles, donde los aviones iban a recoger a los congresistas y al resto de los invitados.

Al día siguiente fui a la oficina del periódico y llamé por teléfono a Enrique Santos Calderón.

—¿Cómo le fue? —me preguntó.
—Muy bien —le contesté entusiasmado. En forma breve le conté algunos episodios de la historia. Él se rio cuando escuchó ciertos pasajes. Después me dijo:
—Yo creo que podríamos publicar el reportaje el próximo domingo.

Esa misma tarde la revista *Semana* empezó a circular con un reportaje sobre Pablo Escobar titulado "Un Robin Hood paisa".[35] La nota era producto de la ofensiva de relaciones públicas que habían comenzado a desplegar los hombres de Escobar y destacaba las cualidades humanas y filantrópicas del nuevo congresista antioqueño elegido en las listas del Movimiento de Renovación Liberal. El escritor del texto decía, poco más o poco menos, que los pobres de Medellín por fin habían encontrado su redentor.

Al día siguiente toda la prensa del país se fue en contra de *Semana*. Un día después, en su editorial, Hernando Santos, en el periódico *El Tiempo*, recriminó a *Semana* en términos muy duros y dijo que reportajes como ése sólo contribuían a glorificar a los capos del narcotráfico.

Al mediodía recibí una llamada urgente de Enrique Santos Calderón.

—Olvídate del reportaje con Pablo Escobar... ¡Y te pido por favor que jamás le vayas a mencionar este asunto a mi papá!

---

33 Alegre, con gusto.
34 Con disgusto o con asco.
35 Paisa es una región del noroeste colombiano (departamentos de Antioquia y Caldas, entre otros) cuyas ciudades principales son Medellín y Manizales. Es una suerte de abreviación de la palabra paisano (campesino).

Mi reportaje nunca fue publicado y quedó convertido en unas cuantas notas apuntadas en una libreta que luego perdí. Las fotos de los congresistas quedaron muy bien. Yo las guardé celosamente durante varios años.

Mientras tanto en el país las cosas de la política se volvieron cada vez más sórdidas debido al dinero que entraba a montones a las arcas de los partidos por cuenta de los traficantes de drogas. Durante el gobierno de Belisario Betancur, la situación se tornó más tensa cuando el ministro de Justicia Rodrigo Lara Bonilla decidió enfrentarse públicamente con Escobar, luego de ser acusado de recibir dinero de la mafia. Un tiempo después, Lara Bonilla fue asesinado y un juez de la república dictó auto de detención contra Pablo Escobar y otros capos del narcotráfico por su posible participación en el asesinato del ministro.

Desde entonces, Escobar desapareció de la vida pública. Aunque lo intenté varias veces, con la idea de que me contara unas cuantas historias más, no pude volver a verlo. Luego vinieron la pelea con el cartel de Cali, las bombas, los asesinatos de policías y toda esa larga historia de terror que rodeó a Escobar por el resto de su vida, hasta el día en que fue acribillado a balazos por un comando del Cuerpo Élite de la Policía Nacional, el 2 de diciembre de 1993, un día después de su cumpleaños.

Actividades para después de la lectura

Comprensión

I

Paso 1

Escoge la respuesta que te parezca más verdadera.

1. La crónica pretende mostrar una faceta desconocida de Escobar, el capo de las drogas, desde su intimidad.
2. El autor quiere que los lectores sepan que Escobar fue una persona normal además de ser un criminal temido y terrorífico.
3. La crónica en realidad es una anécdota de un periodista cualquiera que pudo entrevistar a Escobar. Su valor radica en que es una de las pocas entrevistas que hay del narco.

Paso 2

- Explica tu respuesta con un ejemplo del texto. Elabora lo necesario.

Paso 3

- Comparte oralmente tu respuesta con un compañero.
- Después comparte tu respuesta con el resto de la clase. ¿Está, la mayoría, de acuerdo?

Personajes latinoamericanos 215

II

Responde a las siguientes preguntas de comprensión.

1. ¿Qué ropa vestía Escobar cuando el periodista lo conoció y por qué le parece importante? (Lns. 23–27)
2. ¿Para qué necesitaba tantos conejos Escobar y cuál fue el problema con los campesinos que no querían vendérselos? (Lns. 47–52)
3. Además de canguros y otros animales exóticos de distintas partes del mundo, ¿qué animal llevó a su finca desde EE. UU.? (Lns. 65–71)
4. ¿Qué pasó cuando Escobar fue a España invitado por el presidente en aquella época, Felipe González? (Lns. 72–83)
5. ¿Cómo encontró, el autor, a su hijo de dos años después de que desapareció? (Lns. 103–109)
6. ¿Cómo pasaba el carro del periodista los controles para llegar a la finca de Escobar? (Lns. 147–151)
7. ¿Cuál es la historia del carro de *Bonnie and Clyde* y cómo se hicieron los agujeros de ametralladora? (Lns. 148–154 y 216–221)
8. ¿Cómo confesó Escobar que traficaba drogas a los EE. UU.? (Lns. 262–290)
9. ¿Qué le dice Escobar al periodista después de la borrachera? (Lns. 306–308)
10. ¿Con quién se encuentra el autor de la crónica en el bote? (Lns. 331–339)
11. ¿Qué pasó con la revista *Semana* y cuáles fueron las consecuencias? (Lns. 363–377)
12. ¿Cuántos años pasaron desde la entrevista hasta la muerte de Escobar? (Lns. 1 y 389–394)

Interpretación

1. ¿Cómo interpretas el hecho de que Escobar contratara a más de cien trabajadores para enseñar a las aves a dormir en los árboles, algo que no les es natural? (Lns. 17–21)
2. ¿Qué te dice el hecho de que poblara el valle con miles de conejos, trayéndolos en helicóptero de otros lugares? (Lns. 47–50)
3. ¿Cómo es posible, en tu opinión, que Felipe González, el presidente de España en aquel momento, hubiera invitado a Pablo Escobar? (Lns. 72–82)
4. ¿Qué piensas del hecho de que el periodista tenga que beberse unas copas de aguardiente antes de conocer a Escobar y que, al mismo tiempo, decida llevar a su esposa e hijo a una entrevista tan peligrosa? (Lns. 115–125 y 136–137)
5. ¿Qué te parece que en la piscina de Escobar haya dos coroneles del ejército colombiano "disfrutando"? (Lns. 172–173)
6. ¿Puedes nombrar una forma como el mito de Pablo Escobar se manifiesta en la crónica?
7. ¿Crees que el autor muestra a Escobar de un modo crítico o de un modo amigable? Sea cual sea tu respuesta, ¿cuál sería el motivo para mostrarlo así?
8. Según Escobar la DEA es corrupta porque hay gente que vende las rutas de los aviones de vigilancia para poder traficar la droga a los EE. UU. ¿Crees que esto es una invención suya o es real? ¿Cómo te sientes al respecto? (Lns. 271–279)
9. ¿Por qué crees que el hijo del cronista, Juan Sebastián, aparece dos veces en el texto? Es decir: el texto podría no mencionar a su hijo pero el autor escoge hacerlo no solo

una sino dos veces. ¿Cuál es la función del niño y cuál la intención del cronista? (Lns. 158 y 350)
10. ¿Cuál es, en tu opinión, el motivo por el cual el reportaje de Escobar nunca se publicó? (Lns. 374–387)

Discusión o debate

Reacciona ante las siguientes oraciones. Piensa si estás de acuerdo o no y por qué.

1. Escobar era una especie de Robin Hood criollo, lo cual es bueno porque realmente marca una diferencia con relación a los políticos tradicionales.
2. Me parece muy absurdo que un criminal tan desalmado tenga tanta importancia para la prensa y la gente. Los medios, y la población en general, debería intentar olvidar a este personaje y no darle nada de importancia tomando en cuenta el daño que personas como él crean en la sociedad, miles de jóvenes muertos, familias destruidas, corrupción en la sociedad, etc.
3. Es evidente que Escobar era un tipo inteligentísimo y que tenía un don para manejar su negocio. Realmente admiro a personas como él.

Ejercicios de gramática

Pronombres relativos

Lo que, lo cual, cuyo

a) El uso de **lo que**

Los pronombres relativos **lo que** y **lo cual** se refieren a ideas completas en lugar de a un sustantivo específico. Observa los siguientes ejemplos tomados del texto:

—Yo no sé qué es **lo que** tiene la gente conmigo.
  Escobar mandó a un piloto por el viejo y lo trajo hasta la hacienda para mostrarle **lo que** hacía con los animales: soltarlos para que crecieran en libertad.

El pronombre **lo que** se usa en ocasiones al principio de la oración, como en los siguientes ejemplos:

Lo que hace que estoy en el Congreso, los redactores políticos no se me arriman sino a preguntarme pendejadas con una grabadora en la mano y a pedirme plata.

Por lo general **lo que** se traduce al inglés en '*what*'.

b) El uso de **lo cual**

También es un pronombre relativo que sustituye ideas completas en lugar de sustantivos específicos, sin embargo, **lo cual** solo puede usarse para referirse a algo que ha sido mencionado anteriormente en la misma oración. Por lo tanto, no puede aparecer al comienzo de la oración.

Observa el siguiente ejemplo que reproduce una de las preguntas de comprensión:

> Escobar era una especie de Robin Hood criollo, **lo cual** es bueno porque realmente marca una diferencia con relación a los políticos tradicionales.

Ese pronombre **lo cual** sustituye a toda la oración anterior: "Escobar era una especie de Robin Hood criollo". En este caso, **lo cual** se traduce al inglés como '*which*'.

c) El uso de **cuyo/a**

Es un pronombre posesivo. Al igual que la posesión en español, concuerda con el sustantivo que lo sigue, por lo tanto, puede ser masculino, femenino, singular y plural: **cuyo**, **cuya**, **cuyos** y **cuyas**.

Observa el siguiente ejemplo tomado del texto:

> Alrededor de la casa, situada en el centro de la hacienda, había muchos árboles **cuyas** hojas de color verde oscuro se movían con el viento.

En este caso, el pronombre relativo **cuyas** concuerda con el sustantivo hojas y por ello el pronombre posesivo es femenino y plural: **cuyas**.

Ejercicio 1

Usa el pronombre **lo que**, **lo cual**, **cuyo/a** o **cuyos/as** según sea el caso.

1. _____ más le gustaba a Pablo Escobar cuando estaba en su hacienda era observar los cientos de aves blancas que llegaban a posarse al mismo tiempo en los árboles.
2. Pablo Escobar, _____ ropa era siempre colombiana, se preocupaba mucho por la calidad de su ropa.
3. Pablo Escobar apareció en las revistas norteamericanas *People* y *Forbes*, _____ le gustó mucho porque era publicidad para él.
4. El periodista que visitó la hacienda del narcotraficante tenía mucho miedo de ir allá, _____ es totalmente comprensible.
5. El periodista, _____ familia lo acompañó a la hacienda del narcotraficante, puso en peligro su vida y la de su familia vida por realizar su trabajo.

Ejercicio 2

Haz oraciones con los pronombres relativos **lo que**, **el cual** y **cuyo/a** y **cuyos/as** basadas en la lectura.

1. _____
2. _____
3. _____
4. _____
5. _____

LA FOKIN IZQUIERDA – MÉXICO / CUBA / PUERTO RICO

Publicado originalmente en la revista *Gatopardo* (2010)

Diego Enrique Osorno

La región del Caribe ha sido sumamente fértil para la música. De hecho, una buena parte de la llamada "música latina" o "música tropical", por la que Latinoamérica es conocida en todo el mundo, o ha surgido en esta zona o ha sido influenciada por música de ahí, tal es el caso del son, el cha cha cha, la rumba, la salsa, la cumbia, la bachata, el merengue y, en la actualidad, el reggaetón. La interacción de la influencia europea, indígena y, sobre todo, la africana ha sido el principal catalizador de esta prolífica producción musical.

El reggaetón, una combinación de hip-hop, rap, reggae y ritmos latinos, ha conquistado en poco tiempo la escena de la música popular juvenil en el mundo hispanohablante. En un mundo globalizado en el que el inglés es el idioma que asegura que los productos culturales serán consumidos en todo el mundo (tales como la música, el cine o la literatura), el reggaetón ha conseguido posicionarse en el mundo a pesar de que se canta en español. Criticado por ser un género cuyas letras reflejan por lo general misoginia y machismo, Calle 13 ha sido un grupo que ha buscado una mayor elaboración en las letras, las cuales buscan reflejar la complejidad política y cultural de su país, Puerto Rico, y de América Latina en general. La canción Latinoamérica, la cual se canta en español, francés y portugués es un buen ejemplo de ello.

Acerca del autor

Diego Enrique Osorno es (México, 1980) un reportero y escritor mexicano denominado, según la Fundación de Periodismo García Márquez, uno de los Nuevos Cronistas de Indias. Ha recibido reconocimientos como el Premio Latinoamericano de Periodismo, el Premio Internacional de Periodismo de la revista Proceso y el Premio Nacional de México 2013, el cual dedicó al Ejército Zapatista de Liberación Nacional (EZLN). Algunos de sus libros son *La Guerra de los Zetas* (2012) y *Contra Estados Unidos* (2014). Su texto más reciente es *Slim. Biografía política del mexicano más rico del mundo*.

Actividades de pre-lectura

I

Ejercicios de vocabulario

Relaciona el significado de las palabras en negritas con las definiciones que se te ofrecen abajo. Trata de determinar su significado mediante el contexto.

( ) El nombre de Calle 13 es el de la vialidad del **fraccionamiento** El Conquistador, donde vivía René Pérez, y donde él y Eduardo planearon durante su adolescencia el tipo de banda que querían formar algún día.

( ) La intención era cantar lo que ellos quisieran, pero también era poder entrar a los barrios de Puerto Rico que estaban **enfebrecidos** con la música de Daddy Yankee,

( ) El día que arribaron por primera vez, mientras Eduardo escuchaba música rara que había conseguido en la calle, René se subió a la **azotea** de un edificio del centro de la ciudad y miró el horizonte de lucecitas encendidas caída la noche.

Personajes latinoamericanos 219

( ) René suele llamarles **arrodillados** a los que están a favor de que Puerto Rico siga siendo una colonia estadounidense, pero el cantante sabe que la desinformación y el miedo son las cosas que impiden que crezca la causa independentista en la isla.

a) Formado a partir de la palabra fiebre. En sentido metafórico se usa para señalar algo o alguien que crea pasión o emociona vivamente.
b) La parte superior de un edificio que suele usarse para múltiples fines.
c) Conjunto residencial que aglutina muchas viviendas, en ocasiones suelen ser privadas y tener entradas con personal de seguridad.
d) Inclinarse de forma que las rodillas toquen el suelo. Suele considerarse una posición de sumisión frente a algo o alguien al no estar de pie.

II

Paso 1

¿Qué tipo de música escuchas en español? ¿Te gusta la música comercial o prefieres música independiente? ¿Qué es lo que te lleva a escuchar cierto tipo de música, el ritmo, el tipo de música, las recomendaciones de tus amigos, las redes sociales, etc.?

Paso 2

Cuando escuchas música, ¿pones atención a la letra de las canciones? ¿Qué tipo de letras de canciones te gustan?

Paso 3

¿Crees que los músicos, actores, escritores, tienen un compromiso social? ¿Deben de hablar de política en sus canciones? ¿Por qué la música es tan importante en las sociedades?

Ahora lee la crónica. Recuerda que no tienes que entender todo, sino solamente los puntos principales y la organización general del texto. No te detengas para buscar palabras en el diccionario.

La Fokin Izquierda

(…)
2. Sobre el hecho de que ya que se tiene el micrófono en la mano debe hacerse algo más que mover las nalgas

El nombre de Calle 13 es el de la vialidad del fraccionamiento El Conquistador, donde vivía René Pérez, y donde él y Eduardo planearon durante su adolescencia el tipo de banda que querían formar algún día. Para ingresar a este barrio ubicado en Trujillo Alto, un municipio conurbado de San Juan que está en las colinas húmedas de Puerto Rico, había que detenerse en una caseta de seguridad en la que Eduardo se identificaba como visitante, mientras que René lo hacía como residente. De ahí ambos retomaron los sobrenombres con los que ahora se identifican ante su público. Residente y Visitante se conocen desde pequeños, cuando el papá de Eduardo se casó con la mamá de René y todos emprendieron un proyecto de vida común. Aunque el matrimonio entre los padres de ambos no duró muchos años, la amistad se mantuvo. René y Eduardo se ven como auténticos hermanos y así piden que se les llame. Cuando René se reunió en agosto de 2007 con el presidente Daniel Ortega para hablar de la realidad social de Latinoamérica, el éxito de Calle 13 era impresionante. La banda había ganado tres premios Grammy con su primer disco, y cantantes como Beyoncé y Nelly Furtado les habían pedido que cantaran con ellas. Con el segundo disco acababan de desbancar de la lista de ventas latinas a Jennifer López y después ganarían otros cuatro premios Grammy más. Por si fuera poco, a Eduardo lo acosaban modelos de chupadas mejillas heroinómanas que aparecen en revistas de moda y René era novio de una miss universo, Denise Quiñones, joven periodista trigueña de Puerto Rico que había ganado el certamen internacional en 2001.

En ese momento, en el que René solía decir con frecuencia en entrevistas televisivas: "Ya que tenemos el micrófono en la mano hagamos algo más que mover las nalgas", Calle 13 cumplía sólo tres años de haber grabado sus primeras canciones en un estudio de Jiggiri Records, sello independiente creado por Tego Calderón,[1] rapero que aparece en la película *Rápido y furioso*. A Calderón se le conoce también en Puerto Rico como el precursor del reggaetón alternativo, una clasificación que igual suele usarse para lo que hace Calle 13, aunque la banda la rechaza porque se define a sí misma como urbana. El género urbano, de acuerdo con René, incluye a Rubén Blades[2] y a Manu Chao,[3] que son urbanos porque más allá del tipo de música que hacen hablan en sus letras acerca de todo lo que les rodea, en especial de política, sexo y religión. Pero la mezcla de reggae, salsa y hip-hop de la cual nace el reggaetón es inconfundible al escuchar Calle 13. Cuando estaban grabando en 2005 sus primeras canciones, René convenció a Eduardo de usar los sonidos de moda del reggaetón para mezclarlos con otro tipo de músicas, desde la electrónica hasta el tango. La intención era cantar lo que ellos quisieran, pero también era poder entrar a los barrios de Puerto Rico que estaban enfebrecidos con la música de Daddy Yankee, rey absoluto del escenario musical hasta que apareció Calle 13.

3. Sobre la posibilidad de que si Puerto Rico se independiza de Estado Unidos se acabe el aire acondicionado en la isla

Flor Joglar, la madre de René Pérez, fue una de decenas de jóvenes actrices de Puerto Rico que, ante la escasez de oportunidades en los circuitos comerciales, se integró a un proyecto alternativo llamado Teatro del Sesenta, compañía con propuestas arriesgadas, que montó el musical *La verdadera historia de Pedro Navaja*, con canciones del salsero panameño Rubén Blades y la notoria influencia del teatro épico creado por el alemán Bertolt Brecht.[4] La obra tuvo éxito en San Juan y fue llevada en 1983 al teatro musical de La Habana, Cuba. En una de las escenas, un banquero cínico canta feliz: "La miseria es lo más grande que ha creado la humanidad, la miseria siempre trae prosperidad, la miseria es un recurso que jamás se nos agotará". Reinaldo Pérez, el papá de René,

---

1 Actor y rapero puertorriqueño.
2 Reconocido actor, compositor y músico de salsa y jazz latino panameño. En 1994 fue candidato para presidente de Panamá sin conseguirlo.
3 Activista político, cantante y compositor francés de origen español. Era miembro del grupo Mano Negra y después dejó el grupo para ser solista. Canta en inglés, francés, español, portugués, entre otros idiomas.
4 Poeta y dramaturgo alemán de la época de la Segunda Guerra Mundial que escribía obras de carácter social. Durante el periodo Nazi vivió exiliado en la región de Escandinavia y los Estados Unidos.

Personajes latinoamericanos 221

además de participar en brigadas de apoyo a las luchas revolucionarias latinoamericanas del momento, defendía los derechos humanos de los obreros de Puerto Rico y escribía de vez en cuando artículos sobre música popular o sobre el saxofón alto, un instrumento que a veces toca entre gruesos expedientes laborales amontonados en su escritorio. Con esa base política, René y Eduardo comenzaron a viajar por el continente después de lanzar su primer disco. Pronto se hicieron más críticos de la realidad de su país, una isla de 3.5 millones de habitantes colonizada aún por Estados Unidos. Los viajes sirvieron para contrastar la realidad boricua con la de otros lugares. La ciudad de México, con sus 20 millones de personas, los impresionó. El día que arribaron por primera vez, mientras Eduardo escuchaba música rara que había conseguido en la calle, René se subió a la azotea de un edificio del centro de la ciudad y miró el horizonte de lucecitas encendidas caída la noche. No había final en su vista y tuvo la misma sensación de infinito que cuando se ponía a ver el mar en San Juan. Pensó que en México todo ocurría al mismo tiempo: ese día una granada había matado a ocho personas, pero Los Fabulosos Cadillacs[5] cantaban ante 70 mil personas.

Puerto Rico oficialmente es considerado "territorio no incorporado a Estados Unidos", lo que significa que pertenece a Estados Unidos, pero no forma parte del país. Mejor explicado sería así: Barack Obama es el presidente de los puertorriqueños, aunque los puertorriqueños no pudieron votar por él. René suele llamarles arrodillados a los que están a favor de que Puerto Rico siga siendo una colonia estadounidense, pero el cantante sabe que la desinformación y el miedo son las cosas que impiden que crezca la causa independentista en la isla. La imaginación y el espíritu boricuas están colonizados. En la escuela donde René estudió de niño, una maestra le dijo que si Puerto Rico se hacía independiente se iba a acabar para siempre el aire acondicionado en la isla.
(…)

5. *Sobre ser fokin de izquierda y tener unos Adidas que te contradigan*

Todo estaba listo para el gran show en Los Ángeles, California. René Pérez bajó de una limosina y al caminar por la alfombra roja de los premios MTV Latinoamérica, se quitó el saco para enseñar al avispero de fotógrafos una camiseta que decía: "Chávez[6] nominado Mejor Artista Pop". Esa noche del 15 de octubre de 2009, René fue, junto con Nelly Furtado,[7] el encargado de conducir la ceremonia que se llevaría a cabo con eventos simultáneos en la ciudad de México, Bogotá y Buenos Aires. A lo largo de dos horas, el cantante de Calle 13 se quitó y se puso una camiseta tras otra con mensajes como: "Mercedes Sosa sonará por siempre",[8] "Viva Puerto Rico Libre", "Micheletti rima con Pinochetti", "México nunca olvida el 2 de octubre de 1968" y una que causaría controversia en Colombia: "Uribe para militar bases". Al día siguiente del evento transmitido en la mayor parte de América Latina, la cancillería colombiana se quejó con los organizadores por la camiseta de René haciendo referencia al presidente Álvaro Uribe,[9] obligándolos a emitir un comunicado en el que se deslindaban de las

---

5 Banda argentina de Ska reconocida en toda Latinoamérica y España.
6 Hugo Chávez (1954–2013) político y militar de izquierda que gobernó Venezuela desde 1999 hasta su muerte en 2013.
7 Cantante canadiense de origen portugués.
8 Fallecida cantante argentina de trova latinoamericana, quien interpretaba canciones de protesta durante los años de los sesenta hasta el principio del año 2000.
9 Político colombiano de derecha que gobernó ese país del año 2002 al 2010.

afirmaciones que había hecho René. Toda referencia al mandatario colombiano fue borrada luego de las notas de la página web oficial del evento. Cuatro días más tarde, René envió una carta a la cancillería colombiana en la cual aclaraba que la frase de la camiseta había sido retomada de pláticas con amigos colombianos y que lo que había hecho en realidad era jugar con las palabras: "Uribe para bases militares", ya que a él, por experiencia propia en Puerto Rico, le parecía un error que un país aceptara ser sede de bases militares extranjeras. Por esos días, por medio de su cuenta de Twitter @calle13oficial, René contestó a algunos de los reclamos que se le hicieron. "Quiero un continente en donde exista la democracia ... y el que no le guste que me pare...yo peleo. y tengo huevos. no soy un artista pendejo", dijo. También habló sobre su ideología política. "Soy fokin de izquierda y tengo mis Adidas bien puestas que me contradicen. Y el que no se contradiga en esta vida que me lo diga en la cara".

Semanas después del escándalo de las camisetas, una tienda de ropa de Medellín imprimió algunas y las comercializó por medio de Facebook. Ha sido tal el éxito que en la ciudad de México y otras capitales latinoamericanas ya se venden también.

(...)

8. *Sobre la exigencia de que los filósofos de Cuba hagan preguntas fáciles por favor*

Un día antes de su concierto en el malecón de La Habana, en marzo de 2010, René y Eduardo, acompañados por su hermana Milena Pérez Joglar, fueron a la sala Che Guevara de la Casa de las Américas, para dar una charla ante músicos, poetas, escritores y estudiantes. El salón estaba a reventar y la periodista Xenia Reloba presentó a la banda para luego de anunciar que comenzarían el acto con las preguntas de los asistentes. —Que los filósofos hagan las preguntas fáciles por favor —interrumpió René, mientras Xenia veía a quién le daba el micrófono. —Yo amenacé a los muchachos de Calle 13 diciéndoles que había hasta filósofos —aclaró la anfitriona, al momento que un niño pedía la palabra. —Calle 13, ¿qué fue lo que los motivó a cantar, a hacer reggaetón y rap? —preguntó el pequeño hijo de Layda Ferrando, una productora de música cubana. El salón estalló en risas. —Parece simple —empezó a responder René— pero es muy complicada la pregunta. ¿Qué nos motivó a cantar? Creo que fue poco a poco. En mi caso fueron variando las motivaciones. Empecé con una idea, y con el tiempo la motivación fue creciendo y cambiando. Quizá la primera fue la necesidad. La sesión continuó. El periodista de Cubanos en la Red Osmel Francis Turner le preguntó a René si conocía música urbana de Cuba. —Crecí con la música de la nueva trova, Silvio,[10] Pablo,[11] por mis padres. Quizás eso ha influido a la hora de escribir. A Compay Segundo[12] me lo llevé a Georgia. Un día llevé a Compay Segundo a la clase de dibujo, y ése fue el día que más lindo dibujé. Y fue difícil porque la muchacha era gordita, la figura tenía muchas cosas. Y no te miento, dibujé tan bien que a la maestra, que era de Londres, le encantó. "He escuchado a Los Aldeanos, a Los Orishas[13] —me tienen que

---

10 Silvio Rodríguez: Famoso cantautor cubano de gran influencia en el mundo de habla hispana. Su música pertenece a la llamada Nueva Trova, movimiento musical surgido en Cuba a finales de los años 60 del siglo pasado después de la culminación de la Revolución Cubana de 1959. Las canciones de los cantantes pertenecientes a este grupo solían abordar la situación económica y social desde un punto de vista de compromiso social de izquierda.
11 Pablo Milanés: Famoso cantautor cubano de gran influencia en el mundo de habla hispana. Junto con Silvio Rodríguez son los más reconocidos miembros de la corriente musical cubana conocida como la Nueva Trova.
12 Compay Segundo (1907–2003) famoso cantante cubano de sones. Fue mundialmente famoso al formar parte del grupo de son cubano llamado Buena Vista Social Club.
13 Grupo cubano de hip-hop.

dar más de ellos porque no es fácil encontrarla— aunque hoy me dieron un paquete de música, pero quiero oír más música urbana". La sesión siguió. René habló sobre el uso de las redes sociales como una táctica para hacer crecer a Calle 13. Al acabar su explicación, un joven de mirada seria pidió la palabra. —¿Aquí en Cuba cómo revisas el Twitter? —preguntó, haciéndose después un silencio en el lugar. —Cuba es tan bonita que no me interesa revisarlo —respondió rápidamente René.

Y la banda recibió la ovación más grande de la mañana.
(…)

13. Sobre ser gay y querer ocultarlo con una novia

La entrevista en forma con los Calle 13 finalmente comenzó. Alguien del equipo recomendó conseguir vodka con strawberry, la bebida preferida de René quien, sin embargo, apenas toma un trago. —¿Los convence la izquierda que gobierna Bolivia, Venezuela y demás países de Latinoamérica? —Me convence —dijo René— en algunos aspectos y en otros no. A nivel de ideal sí, pero de funcionamiento en algunas cosas no. Por ejemplo Cuba, es un misterio, pero fuimos y descubrimos cosas buenas y malas. —En el momento que ustedes fueron había tensión por la muerte de Orlando Zapata[14] y por la huelga de Fariñas. ¿No pensaron que podían estar siendo usados por el gobierno? — Pudiese ser… Nosotros estábamos invitados desde hace un año y no sabíamos que eso iba a pasar. Igual lo hicieron así. —¿Ustedes defienden la causa cubana? Eduardo, que masca un chicle, es ahora el que responde. —Que 80 tipos se hayan montado a un barco y hayan liberado a un país completo es admirable. Pero cuando la izquierda se convierte en nebulosa, como que me da la sensación de que se convierte en derecha y no sé qué está pasando en Latinoamérica en ese aspecto, pero la revolución tiene unas cosas admirables. —Dejar —habló René— por mucho tiempo a un mismo gobernante fue un error porque pierde credibilidad, y si tú lo que quieres es incluir, si quieres que la gente de derecha cambie, no se van a ir. Dejan a un tipo gobernante 20, 30, 40 años. Nadie quiere eso, yo tampoco quiero eso: quisiera que con lo bueno y malo de Chávez se le diera la oportunidad a otra persona. Aunque (Juan Manuel) Santos[15] es sucesor de Uribe, no luce mal ante el ojo público. Uribe quería la reelección y le dio la oportunidad a Santos, eso hasta cierto punto debería pasar igual. —¿Ustedes son de izquierda? — ¿Que te puedo decir? —continuó respondiendo René—. Mi familia es de izquierda, yo como que tengo mis movidas, porque la izquierda que está funcionando actual, quizá no es la izquierda que está funcionando mejor. Ahora mismo yo no me voy con ningún presidente y me he reunido con muchos, pero me desanimo. Me gusta el principio de que no haya una pirámide, de hacer algo diferente porque en verdad el mundo está jodido y creo que hay que buscar alternativas. ¿De derecha? —¿Qué piensas sobre la derecha? —Mmm… Vivo en un mundo de eso, no creo, pero vivo en un sistema de derecha y funciono como un ciudadano que vive en ese mundo porque trabajo, me gano la plata, vivo mejor que otras personas, tengo lujos ¿entiende? Es como un gay que tiene que estar con una novia, pero es gay. Eso mismo: estoy casado con la derecha, pero en

---

14 Disidente político cubano que murió el 23 de febrero de 2010 como resultado de una huelga de hambre que mantuvo por 85 días. Luchaba por la liberación de los presos políticos del régimen comunista de los hermanos Castro.
15 Político colombiano que gobernó ese país del año 2010 hasta 2018. Recibió el premio Nobel de la Paz en 2016 como resultado del tratado de Paz conseguido entre las guerrillas de las FARC (Fuerzas Armadas Revolucionarias de Colombia) y el gobierno de Colombia.

verdad quisiera probar otras cosas. —¿A qué presidentes latinoamericanos han conocido y qué les ha parecido la experiencia? —Conocimos una vez a Correa,[16] fue muy rápido. Conocimos a Chávez[17] y habla bastante, me pareció un tipo bien. Me gustaría conocer a Uribe. No tengo problema con conocer a ninguno, la realidad es que no soy amigo de ninguno, ni voto por ninguno, ni votaría por ninguno. El compromiso que tenemos, no sé cuánto tiempo va a durar, porque de momento estoy cantando este tipo de música y esto es algo que lo estoy haciendo porque quiero, porque nadie lo va a hacer. Vicentico[18] no lo va a hacer, ni Cerati[19] ni un montón de músicos. Lo estoy haciendo porque estoy viviendo ese rol. El día que me canse colaboraré a puerta cerrada, no me interesa que nadie se entere. Ahora lo estoy haciendo y como lo estoy haciendo no me interesa ser amigo de ninguno, sino de la gente y que ésta confíe de que si yo voy a hablar con un presidente es porque le voy a tratar de exponerle qué está pasando. Es un rol que me cayó poco a poco, y que he asumido con gusto. No era la idea tampoco.

—¿Cuál era la idea?
—Hacer música, tocar, divertir a la gente, conseguir chicas, la idea de cualquier persona, pero cada vez todo fue más fuerte.

Actividades para después de la lectura

Comprensión

1. ¿De dónde proviene el nombre del grupo? (Lns. 1–2)
2. ¿Cuáles son los sobrenombres de los integrantes del grupo Calle 13 y de dónde surgieron? (Lns. 3–8)
3. ¿Por qué ellos consideran que pertenecen al género urbano? (Lns. 26–29)
4. ¿Por qué Flor Joglar, la madre de René Pérez, se integró a un proyecto alternativo de teatro en Puerto Rico? (Lns. 38–44)
5. ¿Cuáles son los géneros que se mezclaron para dar surgimiento al reggaetón? (Lns. 29–30)

Interpretación

1. Después de leer el artículo, ¿qué consideras que quiere decir René con esta frase? "Ya que tenemos el micrófono en la mano hagamos algo más que mover las nalgas" (Lns. 20–22 y todo el texto)
2. ¿En qué sentido la labor de los padres influyó en la filosofía del grupo Calle 13? (Lns. 39–54)
3. ¿Qué quiere decir esta frase tomada del texto?: "Puerto Rico oficialmente es considerado "territorio no incorporado a Estados Unidos", lo que significa que pertenece a Estados Unidos, pero no forma parte del país. Mejor explicado

---

16 Rafal Correa es un político ecuatoriano que fue presidente de ese país desde 2007 hasta el 2017.
17 Hugo Chávez fue un político venezolano que inició la Revolución Bolivariana. Fue presidente de Venezuela desde 1999 hasta su muerte en 2013.
18 Es el sobrenombre de un cantante argentino líder de la banda de Ska Los Fabulosos Cadillacs.
19 Gustavo Cerati fue un cantante argentino líder de Soda Stereo, banda de rock precursora del movimiento de rock en español.

sería así: Barack Obama es el presidente de los puertorriqueños, aunque los puertorriqueños no pudieron votar por él". (Lns. 63–66)
4. ¿Cómo interpretas lo que dice la maestra? En la escuela donde René estudió de niño, una maestra le dijo que si Puerto Rico se hacía independiente se iba a acabar para siempre el aire acondicionado en la isla. (Lns. 69–71)
5. ¿Qué crees que quiere decir René cuando dice esto?: "Soy fokin de izquierda y tengo mis Adidas bien puestas que me contradicen. Y el que no se contradiga en esta vida que me lo diga en la cara" Lns. 98–100)
6. ¿Qué piensa René sobre la izquierda y la derecha? (Lns. 140–151)
7. ¿Por qué crees que el grupo recibió una ovación muy grande cuando comentó que Cuba es tan bonita que no revisa el Twitter? (Lns. 129–134)
8. Después de leer el texto, ¿qué opinas acerca de la labor social y política de René? Piensa en lo que respondió:

"Ahora lo estoy haciendo y como lo estoy haciendo no me interesa ser amigo de ninguno, sino de la gente y que ésta confíe de que si yo voy a hablar con un presidente es porque le voy a tratar de exponerle qué está pasando. Es un rol que me cayó poco a poco, y que he asumido con gusto. No era la idea tampoco. —¿Cuál era la idea?

—Hacer música, tocar, divertir a la gente, conseguir chicas, la idea de cualquier persona, pero cada vez todo fue más fuerte". (Lns. 178–185 y todo el texto)

Discusión o debate

1. Los artistas, entre ellos los músicos, no deberían de hablar de política. Sus ideas políticas deberían de ser cosa personal y privada porque lo único que hacen es polarizar a sus seguidores y a la población.
2. Debemos conocer las ideas políticas y religiosas de los artistas antes de comprar o escuchar sus canciones. Solo hay que consumir productos culturales de personas que tienen las mismas creencias políticas y religiosas que las mías.
3. Es arrogante discutir sobre algo que no conoces realmente. Los músicos, en este caso, no son politólogos pero hablan de política como si lo fueran. Es como si una persona cuya carrera es de leyes, por ejemplo, hable con autoridad sobre medicina y recete medicamentos.

Ejercicios de vocabulario

Sustantivos abstractos

En la lectura se encuentran varios sustantivos abstractos, los cuales se refieren a cualidades que no son perceptibles a los sentidos; es decir, se refieren a sustantivos que no designan una realidad material, sino a conceptos como sentimientos, sensaciones o pensamientos.

Observa las siguientes oraciones tomadas del texto en las que el sustantivo abstracto se encuentra en itálicas.

1. Para ingresar a este barrio ubicado en Trujillo Alto, un municipio conurbado de San Juan que está en las colinas húmedas de Puerto Rico, había que detenerse en

una caseta de **seguridad** en la que Eduardo se identificaba como visitante, mientras que René lo hacía como residente.
2. Sobre la **posibilidad** de que si Puerto Rico se independiza de Estado Unidos se acabe el aire acondicionado en la isla.
3. Flor Joglar, la madre de René Pérez, fue una de decenas de jóvenes actrices de Puerto Rico que, ante la **escasez** de oportunidades en los circuitos comerciales…
4. Sobre la **exigencia** de que los filósofos de Cuba hagan preguntas fáciles por favor.
5. En mi caso fueron variando las motivaciones. Empecé con una idea, y con el tiempo la **motivación** fue creciendo y cambiando.

Formación de los sustantivos abstractos:

a) Según los ejemplos anteriores en las oraciones a, b y c, de los adjetivos *seguro*, *posible* y *escaso*, se obtienen los sustantivos abstractos **seguridad**, **posibilidad** y **escasez** con las terminaciones –*idad*, –*ez(a)*.
b) Según los ejemplos anteriores en las oraciones d y e, de los verbos *exigir* y *motivar* se obtienen los sustantivos abstractos **exigencia** y **motivación** con las terminaciones –*encia*, –*ción*.

Otras terminaciones son:

   –*ancia*: de *tolerante* y *distante*, se forman los sustantivos **tolerancia** y **distancia**.
   –*tud*: de *alto* y *joven*, se forman los sustantivos **altitud** y **juventud**.
   –*ura*: de *hermoso* y *tierno*, se forman los sustantivos **hermosura** y **ternura**.

Ejercicios

1. En el texto aparecen varios sustantivos abstractos. Busca en el texto los sustantivos que se forman a partir de los siguientes adjetivos y verbos:

1. real	_____	4. solidario	_____
2. limpiar	_____	5. clasificar	_____
3. abundar	_____	6. imaginar	_____

2. Escoge cinco de los sustantivos abstractos anteriores y forma oraciones a partir del texto:

1. _____
2. _____
3. _____
4. _____
5. _____

3. De los siguientes sustantivos abstractos, ofrece el adjetivo o el verbo del cual se forman. Observa el ejemplo:

Sustantivo abstracto: **grandeza** — **grande**

1. tolerar	_____	4. paciente	_____
2. feliz	_____	5. blanco	_____
3. excelente	_____	6. fortalecer	_____

Índice

Abuelas de Plaza de Mayo 61; *ver* Madres de la Plaza de Mayo
África 201, 206, 208
aguacate 27, 171
águila 140, 149
ají 166, 166n7
alpaca 95, 169, 171
Amazonas, 171
América del Sur 95, 166, 171, 173; *ver también* Sudamérica
América Latina 1, 18, 20, 23, 26, 35, 39, 58, 60, 68, 85n10, 86, 92–4, 99, 115n13, 128n12, 132, 139–40, 150, 156, 163, 166n8, 170, 174, 178, 181, 182, 192, 194, 196n7, 201, 218, 220–1, 221n5, 223
ananás 163
arepas 186–92

Bachelet, Michelle 20, 194, 196–200
Barcelona (España) 26, 137, 140, 152
Blades, Rubén 220
bloggers 40
Boca Juniors 154
Bogotá (capital de Colombia), 8, 15, 136, 206, 208, 210, 221
Bolivia 23, 40–1, 49, 49n1, 51, 65, 92, 95n4, 95n6, 114, 126, 126n8, 140, 142, 142n1, 143, 144n16, 147n21, 166, 116n7, 169n15, 173, 201, 223
Borges, Jorge Luis 152, 153
Buenos Aires (capital de Argentina) 26, 61–2, 64, 66, 71, 73, 76, 80, 89, 91, 136, 150, 152n5, 154, 156, 221

cacahuate 171
Caiza, Bernardo 126
Calle 13 108, 218–24
cangrejos 49
Cañón del Colca (Perú) 146
Caracas (capital de Venezuela) 50, 52
Carapeguá (Paraguay) 135–6, 136n5
Carepa (Colombia) 8
Cartel de Cali 214
Cártel de Juárez 116

Cártel de Sinaloa 116
Carter, Jimmy 179
Castro, Fidel 37–8, 37n2 40, 45
Cateura (Asunción, Paraguay) 142–9
Centroamérica 95n2, 140, 171
Cerro Pata de Gallo (Bolivia) 142–3
Chamorro, Violeta 20
Champions League 157, 160
Chávez, Hugo 47–50, 52–55, 221n6, 224n17; *ver también* chavismo
chavismo 47
Chiapas (México) 23, 30
chicle 171, 223
chilango (habitante de la Ciudad de México) 16, 84, 84n1
Chile 20–1, 24, 51, 95n4, 126n8, 146–7, 147n21, 194, 196–201, 196n1, 197n11
chile 27, 163, 166, 177
chinchilla 143
Chinchilla, Laura 20
Chipre 65
Chocó (Colombia) 3n4, 7–9, 11
chocolate 111, 163, 171, 179
chola (término de la lengua moche) 95, 98
cholo 92–7, 109, 115
Cien años de soledad 29, 34
Ciénaga de Unguía (Colombia) 8
Cienfuegos, Camilo 37
Ciudad de México (capital de México) 12–3, 15n6, 16, 28, 84n1, 87, 91, 221–2
Ciudad Juárez (Chihuahua) 20, 66, 80, 94, 109, 111–3, 115–8, 120–1
Clarín (Prensa argentina) 150
club de entomólogos gourmet 180
Cochabamba (Bolivia) 144
cocina indígena 174, 179
Colombia 1, 3n4, 4, 9–11, 15, 23, 49n1, 65, 126n8, 147n21, 166n7, 190n12, 193, 201–2, 205n3, 207, 209n16, 211–2, 212n26, 221
Comité Internacional de la Cruz Roja 65
comunismo 37
cóndor 140–2, 143n6, 144–9, 147n21, 171
Corchado, Alfredo 113
Cortés, Hernán 170

Costa Rica 15, 20, 23, 193, 201
Cruz, Reina 178
Cuartel de la Montaña (Caracas, Venezuela) 47, 49–50, 58
Cuba 35–44, 50–1, 74, 92, 108, 170, 193, 201, 218, 220, 222–3, 223n10, 225–6
Cubadebate (Prensa cubana) 40

Daddy Yankee 108, 218, 220
dialectología: diversas formas de hablar de los nativo hablantes del español, 156; habla caribeña, 163; voseo, 23, 212
dictadura argentina 26, 69, 70, 156
Dictadura *ver* gorilocracia latinoamericana
diversidad alimenticia 164
Don Quijote de la Mancha 4

ecoturismo 123
Ecuador 23, 49n1, 92, 95n4, 122, 124n1, 124n2, 124n4, 124n5, 124n6, 125, 126n8, 127, 131, 147n21, 166, 166n7, 182, 201
Ejército Zapatista de Liberación Nacional (EZLN) 35, 218
El Financiero TV (medio de comunicación mexicano) 109
El Malpensante (Prensa colombiana) 202
El País (Prensa española) 20, 40, 44
El Salvador 20, 23, 65, 101, 201
El Universal (Prensa mexicana) 178
El Universal (Prensa venezolana) 47
emigración 18, 84; *ver también* inmigración; inmigrantes
empanadas 188–9
equidad social 1
Escobar, Pablo 202, 204–17
Escobar, Reinaldo 37
España 13, 13n3, 15, 18, 40, 40n7, 87, 87n15, 128n12, 132, 138, 154n9, 193, 201, 206, 206n6, 215, 221n5
Estadio Monumental del River Plate 155
Estadio Único de La Plata 136
Estado de sitio 83, 86
Estados Unidos 16, 26, 92, 101, 103n2, 109, 111–2, 114–20, 134, 147n21, 166–8, 179, 201–2, 206, 208, 211, 220n4, 221, 224
Etiqueta Negra (Prensa peruana) 163, 174, 194
equidad de género 20, 24–5, 195
Equipo Argentino de Antropología Forense 59, 64, 74, 81–2
Excélsior (Prensa mexicana) 109
exilio 86–8, 196

Facebook 14, 36, 137, 222
FC Barcelona 152n3, 154n9
feminicidios 20
Fernández de Kirchner, Cristina 20
Food studies 182

Índice 229

Fort Bliss (Texas) 113–4, 118–9
Francia 13n4, 16n10, 140, 159, 166
fronteraD (Prensa digital España) 132
fútbol *o* futbol 1, 85, 85n8, 150, 152–61, 159n12, 206

Galán Sarmiento, Luis Carlos 205
Gallardo, Rob 109, 115–6, 119–20
Ganga (pandilla) 116
García Márquez, Gabriel 12, 58, 164, 218
Garreaud, Gastón 'Chany 146
gastronomía 113, 120, 163–4, 166, 166n7, 166n8, 178–80, 182, 192
Gatopardo (Prensa colombiana/mexicana) 12, 20, 35, 58, 83, 109, 174, 218
gay 34, 223; *ver también* homosexual; homosexualidad; muxes
Gelman, Juan 65, 65n22, 79, 88
Gelman, Marcelo 65, 69, 79
Generación Y (blog digital de Yoani Sánchez), 39–40, 44
género 20, 22, 24–7, 32, 154, 192, 194–7, 198n15; ver también violencia de género, género versus sexo 26, 32
gorilocracias latinoamericanas 147, 147n22
gourmet 179–80
gramática: cláusulas condicionales irreales 10; cláusulas restrictivas y no restrictivas 98; condicional 11; *ver* dialectología; género (epicenos) 149; gerundio 129; imperfecto de subjuntivo 11; infinitivo 45, 56, 80, 130; *ver* lenguas indígenas; *ver* morfología; participio 90; perífrasis verbales 80–2; pluscuamperfecto 90–1, 138–9; por *y* para 119; presente perfecto 90–1, 138–9; pretérito e imperfecto 154; pronombres relativos: (que, quien, el que), 98–9; (lo que, lo cual, cuyo) 216–7; saber, conocer *y* reconocer, 182–5; sistemas pronominales 23; verbos con preposición, 45, 55
Granma (Prensa cubana) 40
guaraníes 137
Guatemala 23, 68, 74, 85, 92, 95n2, 101, 132
Guatemala 23, 68, 74, 85, 92, 95n2, 101, 132, 201
guayaba 27, 163, 171
Guerra Civil Española 87, 89
Guerra Fría 83
Guevara, Che 27, 37, 40–1, 54–5, 65, 74, 79, 222
Guinea Ecuatorial 201
Guzmán, Joaquín (Chapo) 116, 204

Haití 170
Hancco, Julio 163–7, 169–71
Hetfield, James 134–8
Hispanoamérica 16
homosexual 26, 29, 33, 196

homosexualidad 31, 196n6; *ver también* gay; homosexual; muxes
Honduras 20, 23, 101, 132, 201
hormiga 174, 176, 178, 181–4
hormigas coloradas 176
Huahuasonqo, Ambrosio 165
huevo 26–7, 94, 74n9, 169, 177
huevo de cóndor 144
huevo de tortuga 27

identidad 1, 17, 29, 41, 49, 68, 77, 83, 85, 89, 92, 157, 161, 165, 174, 186
iguanas 27
incas 95, 95n4, 126, 126n7, 163, 165n5, 169n15, 171, 173
índice de natalidad 20–1
indocumentados 101–3, 106–7, 125
inequidad 9, 24; *ver también* equidad social
Infante, Ernestina 187–8, 193
inmigración 18, 84, 89, 101–2, 107; *ver también* emigración; inmigrantes
inmigrantes 83–4, 89, 94, 98, 106–7, 115–6, 129
insectos 177–9
Internet 21, 25, 36, 38–45, 52, 93, 108, 133, 147, 194, 201
Isla Santa Cruz (Ecuador) 125
Islas Galápagos (Ecuador) 122, 128–31
Istmo de Tehuantepec (México) 28, 28n2

jitomate 163; *ver también* tomate
Juárez, Benito 178, 182
jumil 178, 178n8
Juventud Rebelde (Prensa cubana) 37, 40

kunas 2–4, 8

La Plata (Argentina) 61, 67
Las Antillas 23, 170–1
Latinoamérica *ver* América Latina
legalización de la mariguana 117, 119
lenguas indígenas: aimara 96; influencia de las lenguas indígenas en el español 170; lengua taína 171; lenguas del Caribe 171; lenguas de Sudamérica 163; náhuatl 16, 95, 95n4, 143n7, 163, 171, 179; quechua o quichua 95–6, 99, 125–7, 143, 163, 165, 169, 171; tupí-guaraní 163; zapoteca 174
Letras Libres (Prensa mexicana) 132
Lima (capital de Perú) 15, 136, 174
llama 62n9, 95n7, 143, 143n6, 144n9, 149, 165, 206
Lorenz, Konrad 145, 145n18
Los Yungas (Bolivia) 143

Machado, Antonio 7
machismo 20, 21, 26, 197–8

Madres de Plaza de Mayo 64–5, 85; *ver* Abuelas de la Plaza de Mayo
Madrid (capital de España) 26, 68, 134, 137, 156, 202, 206
Maduro, Nicolás 51, 53, 57
maíz 51, 163, 168, 171, 173, 179–80, 184, 186, 188n1, 189n6, 190, 192
mango 27, 136, 189
Mapuche (pueblo indígena de Chile) 198, 198n16
Mar del Plata (Argentina) 64
Maracaibo (Venezuela) 15
Maracay (Venezuela) 189, 189n8
Marcapasos (Prensa venezolana) 47, 186
marianismo 26
mariguana 115–7
Maris, Stella 78
maternidad 20, 22
matriarcado 27, 32, 34
McLuhan, Marshall 8, 8n8
Medellín (Colombia) 8, 203, 205–6, 210–1, 213, 213n35
medio ambiente 1, 148, 187, 198
Megadeth 134
Mendoza, Abigail 174, 179–81, 183
Metallica 132, 134–8, 134n1
metate prehispánico 174, 179
México 12–4, 20, 26, 28, 28n2, 30, 35, 65, 83, 86–9, 87n14, 91–2, 95, 95n2, 101, 103n8, 104, 109, 109, 111–20, 115n17
misoginia 218; *ver también* violencia de género
Money Magazine de CNN (Prensa) 112
monos capuchinos 143, 147
montoneros 72, 75
morfología: formación de diminutivos 192–3; formación de sustantivos abstractos 225–7; verbos que se forman a partir de adjetivos para indicar cambio de estado 161
Mushun Ñan (camino nuevo) 126
música 27, 48, 51, 128, 133–40, 209n15, 218–25
Muxes de Juchitán (México) 26–7, 29–34

Naciones Unidas 7, 9, 65, 194, 198; *ver también* ONU Mujeres
National Geographic (Prensa estadounidense) 146, 179
New York Times (Prensa estadounidense) 156, 164, 179
Nexos (Prensa mexicana) 109
Nicaragua 20, 23, 201
Notimex 40, 40n6
Nueva York (Estados Unidos) 15, 63, 65, 103, 107, 117, 124, 128, 198
Nuevo Herald (Prensa estadounidense) 40

Oaxaca (México) 30, 34, 174, 176–8, 180, 182–3
ONU Mujeres 24–5, 194, 198, 198n15
Orquesta de Instrumentos Reciclados 132–6, 138
Orquesta Sinfónica de Cateura 132, 138
ortografía 12–3, 15–9; reglas de acentuación, 18
O'Rourke, Beto 177, 181, 183
oso andino 143
Oxfam 164

Pacheco, José Emilio 86–7, 90
País Vasco (España) 13, 13n4
Panamá 23, 49n1, 114, 201, 220n2
papa 163, 165–71, 178, 182
Papatumadi 4
papaya 27, 163, 171
Paraguay 67, 132, 136n5, 137, 147n21
Paramilitares 1, 3, 6–7, 9–10
París (Francia) 26, 179
Pérez, René 218–21, 224, 226; *ver también* Calle 13; Residente y Visitante
Perfil (Prensa argentina) 150
Perón, Isabel 85
Perú 23, 37, 49n1, 65, 92, 94–7, 95n4, 95n5, 95n6, 147n21, 163, 165–6, 166n7, 166n8, 166n11, 168–70, 169n15, 174, 176, 201
Pizarro, Francisco 170
plátano 27
política 19–20, 27, 30–1, 33, 41, 43–4, 47, 52, 59–60, 70, 83, 96–7, 117–8, 138, 147, 195, 195n5, 197–8, 199n19, 200, 202–4, 209–11, 214, 218–22, 225
pollo 7, 27, 168, 184
populismo latinoamericano 47
Potosí (Bolivia) 146
Proceso (Prensa mexicana) 35, 218
publicidad 12, 14, 16–7, 96–7, 151, 217
Puerto Ayora (Ecuador) 124, 126
Puerto Rico 108, 201, 218–22, 224–5
pulpos 27
puma andino 143, 149, 165

quetzal 140
quinua 163, 171
Quito (Ecuador) 124n5, 126, 136

Ramos Elorduy, Julieta 179, 183
Raymundo, Amelia 174, 177–8, 181, 183
raza 3, 92–4, 97, 99
redes sociales 36, 44, 52, 219, 223; *ver también* Twitter; Facebook
Reforma (Prensa mexicana) 109
República Dominicana 108, 193, 201
Residente y Visitante 108, 219

Índice 231

Reuters (agencia de noticias 186
río Arquía (Colombia) 3
río Atrato (Colombia) 8
río Unguía (Colombia) 7
River Plate 152, 154
Rostworowski, María 95, 98
Rozo, Camilo 8

Sabina, Joaquín 13, 18
Salasaca (Ecuador) 123, 125–8
salasacas (residentes de las islas Galápagos) 125–9, 131
saltamontes 176–8, 180–2
San José de Costa Rica (Costa Rica) 15
San Sebastián Gastronómika 179
Sánchez, Yoani 35–45
sandías 27
Santiago (Chile) 136, 196, 196n1
Santigo de Cuba (Cuba) 39
Secretaría de Educación 28
SIDA 30, 32; *ver también* VIH
Simon and Garfunkel 140–1
Smith, Adam 168
Snow, Clyde 61–4, 70, 82
Soho (Prensa colombiana) 1, 122
Sudamérica 49n1, 83, 95n7, 126, 134, 140, 143n7, 144n17, 159, 163, 165n2, 173, 198n16; *ver también* América del Sur

tamal 17, 26–7
Teotitlán del Valle (México) 179
The Clinic (Prensa chilena) 194
Time (Prensa estadounidense) 40, 44
Tlamanalli (restaurante de cocina nativa) 179
tomate 27, 163–4, 171
Torrelavega (España) 15
tortilla 27
tortilla española 167
Tungurahua (Ecuador) 123–5, 124n2
Tupí-guaraní 163
Turbo (Colombia) 4, 8
Twitter 14, 36, 42, 222–3, 225

Ulrich, Lars 137
Unidad de Pandillas de la Policía de El Paso 115
Uruguay 23, 85, 147n21, 173, 201

Valencia, Eyda Luz 9
Vargas Llosa, Mario 39
Venezuela 23, 47–50, 49n1, 51n2, 53–4, 123, 126n8, 132, 147, 166n7, 186, 188n4, 189–90, 192–3, 201, 221n6, 223, 224n17
vicuña 144, 149, 206

VIH 30; *ver también* SIDA
Villaflor, Azucena 65
violencia 10, 22, 64, 85, 88, 90, 109, 112–3, 117–9, 120
violencia de género 22
Virreinato de la Nueva España 171
Virreinato del Perú 171
vizcacha 143

vocabulario: *ver* lenguas indígenas; *ver* gramática: saber, conocer y reconocer; significados en español de *to become* 33–4

Zacatecas (México) 12
Zapoteca 26, 29, 177, 179
Zona del Darién chocoano (Colombia), 3
Zoológico Municipal Andino, 142